青岛市市南区数字化学习创新应用案例分析

青岛市市南区教育体育局　编　著

中国海洋大学出版社
·青岛·

图书在版编目（CIP）数据

青岛市市南区数字化学习创新应用案例分析/青岛市市南区教育体育局编著. —青岛：中国海洋大学出版社，2015.9

ISBN 978-7-5670-0998-1

Ⅰ.①青… Ⅱ.①青… Ⅲ.①计算机辅助教学—教案（教育）—中小学 Ⅳ.①G434

中国版本图书馆 CIP 数据核字（2015）第 223323 号

出版发行	中国海洋大学出版社	
社　　址	青岛市香港东路 23 号	邮政编码 266071
出 版 人	杨立敏	
网　　址	http://www.ouc-press.com	
电子信箱	hpjiao@hotmail.com	
订购电话	0532-82032573（传真）	
策划编辑	孟显丽	
责任编辑	矫恒鹏	电　话 0532-85902349
印　　制	青岛海大印务有限公司	
版　　次	2015 年 10 月第 1 版	
印　　次	2015 年 10 月第 1 次印刷	
成品尺寸	166 mm×240 mm	
印　　张	21	
字　　数	355 千	
定　　价	35.00 元	

编委会

顾　　问	焦建利　陈凯泉
主　　编	赵辉
副 主 编	孙方凯　王红　姜作新　黄荣　董坤凌
执行副主编	于泳　王山
编　　委	关茜　孙松梅　邱军　于文　陈翠玉
	石秀竹　许占斌　胡霞　松梅　韩强
	解育红　颜秉君　李莉　徐慧颖　梁青
	李艳　杨蔚　鞠衍萍　刘琨　杨希婷
	张培欣　臧旭东　姜蓓　王洁
主　　审	李文军　于立平　秦新

变革是一项旅程

青岛市市南区是我在工作中接触比较多的一个地区。

早在"十二五"之初,我受市南区教体局的邀请,到区教育研究中心为校长和老师们做讲座,那次的题目是《开放教育世界中的十把金钥匙》。由此,我与市南区的教育管理人员和一线教师朋友们相识。之后,在各种大小、在不同地方举行的会议上,我们时不时地见面,每次都聊得非常投机。有时候,到青岛开会讲学,也会有机会见面畅谈,从技术支持的教师专业发展,到数字化环境下的课堂教学改革,如此等等,都是我们共同关心的话题。这使我对市南区教育信息化工作有了更多更深的了解,也由此与市南区结下了深厚友谊。

市南区教体局始终重视教师教研和信息化教学改革的探索和研究,他们有明确的目标和方向,有扎实的落地措施,有切实可行的具体方案,以及良好的教研氛围,他们的研究一直在稳步推进和不断的深化。微课、翻转课堂、创客教学、一对一数字化学习等,几乎所有的数字化教学的新动向在他们的实践中都不同程度地有所体现和践行。不仅如此,更加难能可贵地是,每一个项目,他们不仅都积极尝试着用于课堂,而且还不断地进行着基于实践的理性思考和总结归纳。

所以,在他们汇编的这本案例集里,我们看到了语文老师用平台进行阅读速度和效率的测试,数学老师用几何画板软件讲授函数,科学老师用 Starry Night Backyard(多星之夜)带领孩子们观察广袤的星空……每一个案例都在试图说明一种研究的态度:有没有用,好还是不好,都要眼见为实,用实证来说话。他们对教育技术在教学中的应用有着很朴素且执着的认识：无助于提高课堂效益，无益于提高学生学习水平的技术，一定不是好的教育技术。

这一点，正是我非常欣赏的。

如果说需要提一点建议的话，我想，在后续的实践、探索和研究过程中，我们一线老师如果能够在实践探索的同时，更加注重对所采取的教学干预和行为的理论依据的追溯，对技术与教学的"融点"再多一些理性的思考、提炼与升华，那样，我们就可以更加明晰自己所运用技术之初衷究竟是什么，所能改变的现象与本质到底有哪些。有了对这些的了解，我们的思路就能够更开阔些，方式更灵活些，技术与教学的融合就能更加水乳交融、出神入化。

"十三五"在即，这本汇集了市南区老师们实践智慧的案例集既是成果，也是起点。我们在说一个时间节点的时候，很容易把过去和现在分隔开，但在描述一项研究的时候，却很难划分得那么清楚，因为正如市南区的老师们经常引用的迈克尔·富兰的那句话："变革是一项旅程。"在这样的漫长旅程中，我们将携手前行。

感谢市南区教师同行们的探索，感谢他们的分享！

焦建利

2015 年教师节于广州

初中篇

走进"翻转课堂" 感受文言之美
——"翻转课堂"研究案例《记承天寺夜游》
　　青岛第七中学　武　文 / 3

微课带来大变化
——浅议微课在语文阅读教学中的应用
　　青岛第七中学　房璐璐 / 10

运用 pad 提高学生语文阅读能力的研究
　　青岛第二十四中学　杨　莹 / 17

借力 pad 课堂，云端实现梦想
——《托尔斯泰》的人物描写
　　青岛第七中学　李春岩 / 22

初中语文短语类型 pad 教学课
　　青岛第五中学　郑　红 / 27

运用几何画板提高学生数学建模能力的研究
　　青岛第五十九中学　钱　晶 / 33

数字化环境下的数学复习课
　　青岛第五中学　田　文 / 41

《截一个几何体》
　　——利用信息化平台进行微课教学课例研究
　　　　青岛第二十四中学　王永钢 / 51

电子书包教学优化初中数学复习课的案例研究
　　　　青岛第五十七中学　王　倩 / 58

运用几何画板提高课堂教学效率
　　　　青岛第二十四中学　刘艳珊 / 68

"翻转课堂"在思想品德教学中的应用
　　　　青岛第七中学　张　萍 / 75

运用微课实现思想品德课"翻转课堂"
　　　　青岛第二十四中学　韩美香 / 82

实现可视性时空穿越　打造现代化高效课堂
　　——将信息技术引进德育课教学的新尝试
　　　　青岛第二十六中学　王　宏 / 88

运用pad提高学生英语阅读能力的研究
　　　　青岛第五中学　牛泽茜 / 93

小视野，大世界
　　——微课环境中的地理"翻转课堂"
　　　　青岛第二十四中学　董丽华 / 100

基于电子书包环境下地理课堂教学的研究
　　　　青岛第二十四中学　王婷婷 / 107

运用翻转模式打造高效课堂研究
　　　　青岛第二十六中学　戚金鹏 / 112

"翻转课堂"助力历史复习
　　　　青岛第七中学　赵　欣 / 120

基于微课与电子书包云平台的"翻转课堂"教学研究
　　　　青岛第二十四中学　雷　云 / 125

化学教学中运用pH传感器渗透数形结合思想
　　　　青岛第五十一中学　尹　蕊 / 131

电子书包(pad)支持下的生物翻转课堂
　　　　青岛第五中学　葛　珺 / 137

运用信息技术提高学生英语学习的研究
　　　　青岛第五十七中学　刘兴杰 / 142

"翻转课堂"在海洋教育教学中的应用及案例分析
　　　　青岛市市南区教育研究中心　松　梅 / 148

小学篇

巧引妙导教无痕　批文入境学有迹
　　——《清平乐　村居》数字化教学浅析
　　　　青岛市实验小学　张　瑾 / 155

运用电子书包让高效阅读更高效
　　　　青岛银海学校　王贵勐 / 161

数字化环境下的课堂教学
　　——以《闻官军收河南河北》为例
　　　　青岛文登路小学　李　晓 / 170

"电子书包"下的习作教学
　　　　青岛八大峡小学　刘书芹 / 176

借助"电子书包"探索"小班化"教学之路
　　　　青岛基隆路小学　房　璐 / 182

运用微课指导学生学习部首查字法的研究
　　　　青岛宁夏路第二小学　朱玺婵 / 189

运用电子书包促进学生建模思想的建立
　　　　青岛太平路小学　王　琪 / 193

开发电子书包功能，助力生本课堂的研究
　　　　青岛太平路小学　王　隽 / 199

运用现代信息技术手段　帮助学生理解知识难点
　　　　青岛市实验小学　李　艳 / 206

借助微课提高学生自主学习能力的研究
　　　　青岛嘉峪关学校　陈　静 / 212

微课在小学"空间与图形"中作用的研究
　　　　青岛宁夏路小学　王树忠 / 218

运用微课培养学生的自主学习力
　　　——《100以内数的认识》教学案例
　　　　青岛新世纪学校　赵　晶 / 222

数字化推动英语教学走向个性化
　　　——电子书包在小学英语教学中的应用
　　　　青岛市实验小学　王　蕾 / 230

微课在课前复习中的有效运用
　　　　青岛宁夏路第二小学　郭　培 / 235

让音乐教育乘着信息技术的翅膀飞翔
　　　——微课堂《音的强弱》
　　　　青岛大学路小学　赵　倩 / 240

运用信息技术提高学生音乐学习能力的研究
　　　　青岛莱芜一路小学　孙　倩 / 248

微课教学在技巧教学中的应用
　　　　青岛榉园学校　朱　克 / 256

"翻转课堂"和"133"课堂管理策略在篮球教学中的运用
　　　　青岛榉园学校　杜　龙 / 261

"翻"出来的快乐
　　　　青岛文登路小学　孙亮星 / 266

小学美术教学中微课的应用
　　　　青岛新昌路小学　李　敏 / 270

巧用电子书包搭建信息技术课堂新舞台
　　　　青岛八大峡小学　吕　杰 / 275

微课在 logo 语言教学中的应用
　　　　青岛文登路小学　陈　琰 / 284

运用电子书包提高学生信息技术素养的研究
　　　　青岛南京路小学　姚　帅 / 290

寻找金钥匙打开美好品行的大门
　　——《遇到困难的时候》教学设计
　　　　青岛文登路小学　姜雨均 / 295

巧用多媒体提高小学生在品德与社会课堂中的参与度
　　　　青岛宁夏路第二小学　赵焕梅 / 300

借助微课突破重点、难点，寻求高效自主学习
　　　　青岛基隆路小学　刘晓凤 / 305

浅议微课在综合实践活动中的应用
　　　　青岛南京路小学　雷　达 / 310

运用微课优化《照相机和眼睛》教学案例
　　　　青岛新世纪学校　陈　冲 / 314

运用多星之夜软件优化《秋季星空》教学案例
　　　　青岛新世纪学校　马　瑞 / 319

初中篇

走进"翻转课堂" 感受文言之美

——"翻转课堂"研究案例《记承天寺夜游》

青岛第七中学 武 文

一、案例概述

所谓翻转课堂,就是教师创建视频,学生课外(在学校或在家中)观看视频中教师的讲解,回到课堂上师生面对面交流并完成作业的一种教学形态。现在,"翻转课堂"作为一种新的教学形式已经盛行全球。

在平日的教学实践中,"翻转课堂"的优势不言而喻。例如,"翻转"可以让学生自己掌握学习,无论是学习成绩较好的学生还是学习上有困难的学生,都可以根据自己的实际情况安排学习内容,实现学生的个性化学习。"翻转"增加了学习中师生的互动,改变了课堂管理模式,让教师更多地了解学生,还可以让教师与家长的交流更加深入,等等。

本案例是在八年级下册文言文《记承天寺夜游》教学实践的基础上,初步探究"翻转课堂"在初中文言文教学中的可能性和可行性。本次探究贯彻了翻转课堂的"以学为主,先学后教,以学定教"的教学理念,取得较好的效果。

二、教学设计

"翻转课堂"实质上就是"先学后教",注重的是学生的自主学习,进行的是个性化教育。课堂的大部分时间都放手给学生自由支配。学生可以根据自己的学习程度和学习能力对教材内容进行研究,筛选难点和疑点,通过教师的点拨获取知识和提升能力。但是,放手不等于放任,教师在课堂上讲得少了,幕后的工作却更多了。一个高质量、易操作的课堂视频能够充分地为学生提供自主学习的有利条件。在讲授《记承天寺夜游》之前,我搜集了大量资料,将苏轼"少年得志"部分制作成PPT,用录屏软件录制视频。节选了《百家讲坛》里部分内容剪辑成"潇洒东坡"视频,并配有"预习任务单",在课前对学生提出明确要求,让学生有组织地在教师给出的任务驱动下进行学习。

在课堂教学过程中配有"学习任务单",用来检测学生的自学情况,并给予学习思路方面的指导;最后还有课外文言文阅读,用来检测和提升本堂课学习的效果。

这节课中,通过小组合作互助环节引导学生在相互讨论交流中解决问题,通过讨论和交流,学习较好的学生为组内学习有困难的学生进行讲解,课堂中的问题趋于共性化,梳理出各组内的共性问题,提高了课堂讲评的针对性和高效性。

三、教学过程

上课前发"学习任务单"。

(一) 自主检测

1. 苏轼(1037—1101),_____(朝代)著名文学家、书画家,"_____"之一,字_____,号_____,四川_____人。

2. 元丰二年(1079)年,苏轼因"_____"获罪入狱,随后被流放至湖北黄州。

3. 以下解释正确的一项是( )。
　　A. 念无与为乐者(想念)　　　　B. 相与步于中庭(相约)
　　C. 庭下如积水空明(形容水清澈) D. 但少闲人(但是)

教师活动:幻灯片出示答案,统计正确率,讲解错的多的部分。

(二) 导入新课

(在黄州)他给天下写出了四篇他笔下最精的作品。一首词《赤壁怀古》,两篇月夜泛舟的前、后《赤壁赋》,一篇《记承天寺夜游》。单以能写出这些绝世妙文,仇家因美生妒,把他关入监狱也"不无道理"。

这是大学者林语堂《苏东坡传》第16章的一段话,说的是苏东坡在贬谪期间写的作品里面有四篇是绝世妙文,今天我们学习的《记承天寺夜游》就是其中一篇。

在学术界,人们认为《记承天寺夜游》是神品。仅有85字的文章是神品,神在哪里?这节课让我们好好来品味它!

出示本节课的活动内容:有味地朗读,有味地欣赏。

(三)学习新课

1. 有味地朗读

一读正音,注意句读。

二读节奏,文言味道。

(1)强调:遂、荇、横、柏(拿不准的可以查《古汉语字典》)。

(2)读出文言味道。

放慢速度,拉长腔,如"念""盖""但"等。

2. 小组互助,梳理问题

请自行疏通文意,并书面翻译画线的句子。

翻译要求:① 以直译为主,无法直译的地方可以意译。

② 遇到有困难的字词,可查阅工具书或者参考课下注释。

③ 依然解决不了的问题,请在讲义上做出标记,并由小组记录员记录整合。

记承天寺夜游

苏轼

元丰六年十月十二日夜,解衣欲睡,月色入户,欣然起行。念无与为乐者,遂至承天寺寻张怀民。怀民亦未寝,相与步于中庭。庭下如积水空明,水中藻、荇交横,盖竹柏影也。何夜无月?何处无竹柏?但少闲人如吾两人者耳。

1. 庭下如积水空明,水中藻、荇交横,盖竹柏影也。

2. 但少闲人如吾两人者耳。

本课学生找出的不理解的字词有:户、遂、横、盖、闲人。

小组讨论解决,小组之间互助解决,教师帮助解决。

3. 能力提升(选作)

① 以下选项中加点字意思相同的一项是(　　　)。

A. 寻张怀民　　　　　　寻病终

B. 遂至承天寺　　　　　遂迷,不复得路

C. 选贤与能　　　　　　念无与为乐者

D. 但当涉猎　　　　　但少闲人

②以下选项中与"莲,花之隐逸者也"句式相同的一项是(　　)

A. 水中藻、荇交横,盖竹柏影也。

B. 见渔人,乃大惊。

C. 相与步于中庭。

D. 何夜无月?

全体诵读一遍,注意拉长字音,读出文言味道来。

4. 探究释疑

上课前收集学生的"预习任务单",整合学生的疑问并加以讨论解决。

(1) 为什么"解衣欲睡"还要出门?(张天佑、胡梦琦、蔡林倩等)

(2) 为什么去承天寺?(丁柏福、王子源、彭子超)

(3) "水中藻荇交横"是什么意思?如何理解"闲人"?(程煜翔、万津溶、杨小黎等)

……

5. 补充资料

张怀民:1083年被贬黄州,初寓居承天寺,张怀民虽屈居主簿之类的小官,但心胸坦然,决不挂怀贬谪之事,公务之余,以山水怡情悦性,处逆境而无悲戚之容,是位格清高、超逸的人。

苏轼和张怀民是好朋友,苏轼还写了一首词:《水调歌头 黄州快哉亭赠张偓佺》送给他。

尝试背诵课文。

元……　解……　月……　欣……　念……　遂……　怀……　相……　庭……　水……　盖……　何……　何……　但……

背诵升级:

元……　　　　　　　　念……

怀……　　　　　　　　庭……

何……　　　　　　　　但……

最后看着图片再集体背诵一遍。

6. 品读文章

有味地欣赏:寻找"一点之美"

有味地朗读:我读出了一点_____

预设:文言的味道

宁静的氛围

夜游的兴致

复杂的情绪

……

反复品读和诵读,读出感情。

6. 课内测试

以下选项有错误的一项是(　　　)

A. 月色入户(户:门)。

B. 遂至承天寺(遂:于是,就)。

C. 《记承天寺夜游》以寥寥数语,描绘了月夜小景,语言朴素而含有深长的意味。

D. 在《记承天寺夜游》中,作者的微妙心境包括了赏月的欣喜、漫步的悠闲、贬谪的悲凉和对朝廷腐败的愤慨。

(四)拓展延伸

面对承天寺这轮空明的月亮,面对豁达的苏东坡,你想说什么?

预设:①月亮意象。②到自然中释放心灵。③如何面对人生的坎坷。

(五)作业

(1)整理本课笔记(重点词、句)。

(2)阅读《临皋闲题》,做相应练习。

(3)推荐阅读:

余秋雨《苏东坡突围》。

林语堂《苏东坡传》。

结束语:这篇85字的神品的确很美!美在文字的精湛,美在内容的丰满,美在月色的描写,美在情感的波澜,美在"闲人"的意味。罗丹说:"这个世界不是缺少美,而是缺少发现。"苏东坡进而悟得:为何缺少发现?少"闲"!希望同学们放慢脚步,认真观察,拥有发现美的眼睛和敏于感受的心灵。让我们诗意地栖息在大地上。

四 效果评估

"翻转课堂"的形式学生们很喜欢,觉得很有新意;课堂上面对自己提出的问题,自己查字典,小组讨论,自己解决问题;百家争鸣,在思考的过程中锻炼了思维、提高了能力、培养了文言文的自学习惯,有很大的收获。

课堂小测验的命题来源于对"预习任务单"的统计,课堂讲授有侧重,避免了重复;讨论质疑环节,学生不再是面对教师设计的问题思考,而是自己提问自己解答,很多平时上课不发言的学生还帮助别的组补充,成就感满满。

课后的测验结果也显示学生对课文内容的掌握情况有了很大提升。我对自己所任教的两个班级做了实验,同一篇课文《记承天寺夜游》,五班用"翻转课堂"的形式讲授,四班用传统方式讲授,第二天进行测试,五班比四班的优秀人数多6个。

五 案例总结

(1)学习过程中自查自纠,合作互助,激荡思维。留给学生自我思考和自我评价的空间,提高自我反思的能力。

(2)梳理疑难问题,解决共性问题,让课堂成为学生展示聪明才智的大舞台。

(3)总结解题方法和技巧,授之以渔。

在每一次的学生讲解中,我们会发现学生的思维在学生间最容易产生共鸣。他们有很多奇妙而实用的想法,所以教师应该大胆地把机会留给学生,这样会发现学生其实是很优秀的。

初中文言文的"翻转课堂"的教学模式,虽然在一次教学活动中得到了实践,但是真正推行"翻转课堂"的教学模式,推动课堂的转型,还有很多问题需要解决,如备课的时间加长、学生需要看微课的时间支持和设备支持等。愿我的点滴探索能够带给关于"翻转课堂"的研究一点帮助和启示。在今后的教学中,我们会不断地思考和开拓,使"翻转课堂"在高效课堂的实施过程中得到长足的发展。

附 《记承天寺夜游》预习任务单

《记承天寺夜游》预习任务单

学校:_____ 班级:_____ 姓名:_____ 评价:_____

一、请观看微课并完成以下练习。

友情提示:看微课之前先看一遍预习任务单,带着问题进行微课学习,观看结束后,自主答题检测。

🎈 我的收获

1. 苏轼,字_____,号_____,_____(地名)人。_____(朝代)_____家、_____家,_____之一。他的代表作有_____、_____等。

2. 我的补充:
_____
_____

二、请根据《记承天寺夜游》资料包内容进行自主学习。

1. 朗读课文,请读准字音,注意朗读节奏。

(1)请借助课下注释和工具书,读准字音。在朗读中,你认为哪些字的读音应该加以注意?请抄写在下面,并注音。
_____
_____

(2)请注意朗读节奏。

我读了_____遍,做到熟读。

我读了_____遍,可以背诵。

(3)请注意朗读的情感。

通过反复诵读文章,我读出了_____。

2. 请解释加点字。

① 念无与为乐者　　② 相与步于中庭

③ 庭下如积水空明　　④ 但少闲人

🎈 我的质疑(请从字词句解释、内容理解和写法等方面思考)
_____
_____

🎈 我的拓展

请搜集描写月亮的诗句,并想一想月亮都可以代表什么、望月都有哪些情感?
_____
_____

微课带来大变化

——浅议微课在语文阅读教学中的应用

青岛第七中学　房璐璐

一、案例概述

随着计算机、网络和多媒体等信息技术的发展及其在教育教学中的应用,数字化教学资源日益受到人们的青睐,开发高质量的数字化教学资源已成为教育信息化的迫切需要。

每一次课堂教学的改革,都是对传统教学模式的冲击,也是对教师个人能力的历练。当"微课"的概念如一夜春风来到身边的时候,我们恍然发现真正的"微时代"到来了。微课教学慢慢显现出了它巨大的教育能量,尤其是在语文阅读教学中,微课的出现的确给我们带来了大变化。

本文以我在教授人教版八年级下册第四单元第17课《端午的鸭蛋》时微视频与阅读教学相结合的案例为依托,浅谈微课在语文阅读教学中的应用。其中,微视频时长4分03秒,作为学生课前预习资料,内容包括汪曾祺生平简介、汪先生散文风格及其作品中涉及的饮食文化与精神内涵的介绍,以期学生通过观看视频能够更好地把握汪曾祺散文代表作《端午的鸭蛋》中流露的恬淡、闲适及文白间杂的文风背后对故乡风土人情的深情眷恋。

二、教学设计

初中语文课本中收录的文章大都是名家经典。以八年级下册的第四单元为例,仅此单元便收录了沈从文、汪曾祺、琦君、萧乾、冯骥才等散文名家的有关文章,他们的作品无一不受到中国传统文化的浸润,带有浓郁的中国特色,流露出淳朴、自然、闲适之美,字里行间都是对平淡的世俗生活中人情风俗的热爱。阅读他们的文章,可以使学生受到美的熏陶。

但是在传统的语文教学中,作家作品介绍这一环节往往采用幻灯片呈现或学生搜集资料整理后进行课堂口头交流的形式,有时受限于时间、流于形式而效果不佳,其他形式的语文教学资源,尤其是视频资源也很有限,无论是学生的预习资料还是教师的备课资料,很多时候要借助"百度"搜索,内容良莠不齐。

在备课环节,我就设想借助多媒体技术把一些重要的作家作品和其他语文知识录制成音像资料,如果我们的教学课件能够像中央电视台的科教纪录片那样制作精良、内容丰富又切合教学的实际需要,则必将有助于提升语文课堂的教学品位。

微课技术恰恰满足了我的这种需求。在教授此单元时,我录制了"走近名家系列"视频资料,以激发学生的课外阅读兴趣。借助微课,我向学生介绍了散发着理想浪漫主义气息、有浓郁的民族地域情结的散文家沈从文,在平淡质朴的生活中用散淡的笔墨书写人生之美的作家汪曾祺,万水千山总割舍不下盈盈故乡情的台湾女作家琦君,以及致力于民间文化保护、作品中处处充盈着民俗文化气息的作家冯骥才和京派代表作家萧乾。

学生课前看视频、完成任务单作业,课上交流讨论、解决疑惑,课后整理总结,形成自己对作家作品更深层的认识,拓宽了语文课堂的视角。

三、教学过程

学生预习阶段通过观看视频和阅读文章,可以顺利完成"学习任务单"中的1、2两题("学习任务单"见附录)。由于视频中对汪曾祺生平及散文风格进行了非常细致的介绍,学生在阅读《端午的鸭蛋》时,已经能够把握住这篇散文恬淡、闲适、文白间杂的文风,以及字里行间流露出的淡淡的幽默。第3题则在此基础上深入探究汪曾祺散文的语言特点,引导学生摘抄、批注(或鉴赏)——这也是语文课堂上要讨论的核心问题之一。

而在课堂上,教师则根据学生作业完成情况梳理问题,引导学生把握语言鉴赏的着眼点(富有表现力的词语、句式、修辞等),规范鉴赏语言的表述。

(一)课前预习效果反馈

小组成员互阅"学习任务单",完成第1、2题答案订正。

（二）讨论交流第3、4题

> 3.视频中介绍了作者散文的风格特点,你能否从文中找到几句话来分析印证呢?将你的摘抄和分析写在下面的横线上。

学生课前已经将自己的答案写在学案纸上,课上回归文本,小组展开讨论,教师巡视过程中参与讨论。

课堂实录再现：

学生：我发现了汪曾祺先生经常使用感叹句和疑问句,字里行间都透露出了由衷的自豪和喜悦之情或者是童真、童趣。例如：

① 哦！你们那里出咸鸭蛋！
② 还不就是个鸭蛋！
③ 好像我们那穷地方就出鸭蛋似的！
④ 但和我家乡的完全不能相比！
⑤ 这叫什么咸鸭蛋呢！
⑥ 这就能辟邪吗？
⑦ 鸭蛋有什么可挑的呢？
⑧ 这有什么好看呢？

学生：汪曾祺先生散文语言就像在与人拉家常,想到哪里就说到哪里。例如：

我的家乡是水乡。出鸭。高邮大麻鸭是著名的鸭种。鸭多,鸭蛋也多。高邮人也善于腌鸭蛋。高邮咸鸭蛋于是出了名。

教师：补充一下,这个例句当中,汪曾祺先生运用了长短句,使语句有节奏感,长短交错,读来还别有韵味。

学生：课前的微课中介绍到汪曾祺先生语言有文白夹杂的特点,我在文中找到了几处。文言词汇使语言典雅,白话文又是口语化的,别有韵味。

① "这一条我看后却觉得很亲切,而且'与有荣焉'。"（"与有荣焉"写出了作者看到旁人夸奖家乡的咸鸭蛋时内心的骄傲与喜悦,使用文言词汇像是刻意而为之,表现出自己的洋洋自得）

② "我对异乡人称道高邮鸭蛋,是不大高兴的,好像我们那就穷地方就出鸭蛋似的！不过高邮的咸鸭蛋,确实是好,我走的地方不少,所食鸭蛋多矣,但和我家乡的完全不能相比！曾经沧海难为水,他乡咸鸭蛋,我实在瞧不

上。"

③"高邮鸭蛋的特点是质细而油多。蛋白柔嫩,不似别处的发干、发粉,入口如嚼石灰。油多尤为别处所不及。"

教师:其实汪曾祺先生笔下精彩的语句真的是太多太多了,随便撷取一处,细细品味,便令人口齿生香,大家不妨反复读一读,品一品。示例如下:

①"双黄鸭蛋味道其实无特别处。还不就是个鸭蛋!"
②"我在北京吃的咸鸭蛋,蛋黄是浅黄色的,这叫什么咸鸭蛋呢!"
③"鸭蛋有什么可挑的呢?有!""这有什么好看呢?"
④"筷子头一扎下去,吱——红油就冒出来了"

(此处,提醒学生注意语气和重读音节)

本文可读可赏的语句非常多。由于有了前期的微视频学习,学生在课前做了精心的准备,课堂上就会得心应手、讨论异常激烈、热闹而且的确从多个角度品味出汪曾祺先生散文平淡而有韵味的特点。

第4题引导学生探讨的是汪曾祺写作《端午的鸭蛋》的意图,体会小小咸鸭蛋中蕴藏的对于故乡的眷念与自豪,透过文本寻找蕴含在字里行间的情感,帮助学生学会细读、深读文本。

四 效果 评估

语言赏析是散文阅读教学中的一个难点,在传统的教学过程中,学生品味语言环节往往耗时长,但效果却并不一定好。究其原因是学生对于文本和作家本人缺乏深入的了解,仅依靠课堂阅读很难产生感情共鸣,因此,赏析语句也不过是根据教师给出的思路依样画葫芦,人云亦云,缺少个性化阅读体验。

有了微课介入的课前学习环节,给了学生充分思考和个性化阅读的空间。微课因其教学时间短,所涉及的教学内容问题集中、主题聚集,传播形式多样等特点,非常适合作为学生课余自主学习的资源。将一些在课堂上因受限于时间很难展开但却精彩而必要的内容制作成微课,供学生课余根据自己的兴趣爱好和需要选取收看,是一种非常便捷的学习方式,也是将语文课堂由课内延伸至课外的一条非常便捷的途径。微课资源的生成,极大地丰富了学生的语文学习资料库。

此外,微课形式灵活、内容精美,容易引起学生的注意,可以有效地激发学生课外阅读的兴趣。

将微课带入初中语文阅读课的课堂,的确在学生群体中产生了良好的反响,在学完本单元后,就有不少学生跑到图书馆或书店继续寻找汪曾祺、沈从文等人的作品阅读。

时代的发展对教育提出了新的要求,教育已经不再仅仅是为学生建立扎实的知识基础,而是要全面培养学生的素质,实施素质教育。当今社会的各个领域都要求人才拥有独立解决问题的能力和独特的创造性眼光,这就需要教师首先转变自己固有的仅注重知识传授的教学观念,接受新时期的适应社会发展需要的新观念,充分适应全新的信息技术要求,同时将其运用于教学过程中。这样,才能既培养出顺应时代要求的全新人才,又利用先进的教学工具进一步充实教学方法。

微课教学是现在教育界热烈讨论并探索实施的一种综合运用多种信息技术的教学手段。作为一名年轻的初中教师,要培养具有创造力的学生,自己本身也应该具有创造力。因此,微课教学的探索与实践,对教师个人的教学水平与能力提出了更高的要求。积极参与到微课教学的研讨中,对于教师的专业化成长具有非常重要的意义。

五、案例总结

小小的微课程,给传统语文阅读教学带来了全新的活力。原本课下被动查找资料、课上流于形式的口头交流的预习模式,被微课这种精心设计的信息化教学手段彻底打破了,语文课堂实现了多元化的教学,"学程"与"教程"得以有机的整合。而这种变化,恰恰是符合学生的认知规律和他们活泼好奇、乐于探索的天性的。"位微不卑、课微不小、步微不慢、效微不薄"——网络上对微课程的十六字评价真的是再恰当不过了。小小的微课程,必将彻底改变我们的教学现状!

在这场轰轰烈烈的教育技术革新中,青岛市市南区的语文教学研讨给了青年教师接触新技术并将新技术尝试应用于课堂的诸多机会;在学校的系列培训中,我们年轻教师也有幸获得了许多走出去学习的机会。在新技术必将影响并彻底改变我们的教学模式的关键时期,我们也一定会成为教育技术革新的弄潮儿!

附 《端午的鸭蛋》

《端午的鸭蛋》自主学习任务单

17课《端午的鸭蛋》

一、学习目标

1. 通过观看微视频,自主完成"学习任务"部分的第1~4题。

2. 学习流程。

(课前)看视频、完成第1~4题—(课上)质疑、交流、讨论—(课后)结合学习资料包,完成话题作业。

二、学习任务

通过观看教学录像自学,完成下列学习任务。

1. 根据汉字写拼音(要求:书写正确、规范、美观)。

门楣(　　)　硝药(　　)　苋菜(　　)　城隍(　　)

腌蛋(　　)　络子(　　)　车胤(　　)　元稹(　　)

囊萤映雪(　　)　门槛(　　)　大襟(　　)

2. 走近作家作品。

《端午的鸭蛋》作者＿＿＿＿,＿＿＿＿(籍贯)人,被贾平凹誉为＿＿＿＿。师从＿＿＿＿,散文风格＿＿＿＿、＿＿＿＿。

他既是一位作家,也是一位＿＿＿＿、＿＿＿＿。本文是他的一篇非常有代表性的散文,你还知道他有什么代表作品?＿＿＿＿(写出一篇即可)

3. 视频中介绍了作者散文的风格特点,你能否从文中找到几句话来分析印证呢?将你的摘抄和分析写在下面的横线上。

_____

_____

4. 天下有那么多美食,作者为什么偏偏要写端午的鸭蛋呢?

_____

_____

三、困惑与建议

_____

_____

四、讨论话题(二选一)

1. 结合学习资料包中汪曾祺其他散文,进一步谈谈你对汪曾祺散文语言特点的理解。

我阅读了_____,感受到汪曾祺先生的散文具有_____的特点。例如,他在文中写到_____。

分析:_____

2. 课外阅读沈从文先生的散文、小说代表作,自选角度谈一谈你对沈从文作品语言特点的认识。

_____

_____

运用 pad 提高学生语文阅读能力的研究

青岛第二十四中学　杨　莹

一　案例概述

语文是最重要的交际工具,是人类文化的重要组成部分。语文阅读教学要贯彻国家的教育方针,面向现代化、面向世界、面向未来;要以马克思主义和科学的教育理论为指导,联系学生现实生活,加强语文实践,积极进行教学改革,提高语文阅读教学质量。作为一名语文教师,必须自觉贯彻素质教育的要求,努力改革课堂教学,全面提高教学质量。云技术及 pad 技术,改变了人们固有的思维习惯和生活方式,也给语文阅读教学改革带来了勃勃的生机。可以说,云技术及 pad 技术的介入给语文课堂教学注入了新的活力,优化了课堂教学结构,活跃了课堂气氛,激发了学生的学习兴趣,对提高教学效率起到了一定的作用。

语文教师必须正视网络环境下阅读和写作方式的变革,积极探索基于网络环境的新型教学模式,大力促进云技术及 pad 技术教育与语文课程的整合;应当尽快认识网络,熟悉网络环境,充分调动网络教学资源为我所用;应当以同步提高学生语文能力和信息素养为己任,以网络环境下的阅读和写作指导为突破口,身体力行,教会学生高效学习。

本案例选取的是鲁迅的散文集《朝花夕拾》。由于课本对鲁迅的作品分散在不同的学期中,比较杂乱。为了帮助学生理清鲁迅的人生轨迹,我将六册课本鲁迅的文章进行了整合,学生利用 pad 查阅大量资料,在课堂上与老师实现有效对话,通过大量、高效的阅读,扩大了阅读量,提高了信息检索能力,真正实现了高效课堂。

二、教学设计

《朝花夕拾》是中学生必读名著之一,一共有10篇文章,适合学生阅读,而pad课最大的好处是通过推送文章扩大学生的阅读量,于是本节课的教学目标就确定为了解《朝花夕拾》的主要内容和了解鲁迅的人生轨迹,并掌握阅读此类文章的一些方法。

本案例的学习者为七年级学生,学生的基础较好,已经开始接触了一两篇鲁迅的文章,初步感知了鲁迅的写作风格;同时,他们学习了几篇散文,已经初步具有分析散文的能力。这个班的学生也有使用pad学习的技能,但是对于分析散文中的人物形象和分析感情方面的能力还有所欠缺。

基于这种概括能力的欠缺,教师在上课时精心制作了两个5分钟的微课,内容是如何概括散文主要内容和分析人物形象。微课的设计具有可操作性和实用性,给学生自主学习的机会。学生通过学习微视频的内容,掌握了概括的方法,为课堂的探究活动做好铺垫,有利于提高课堂效率。

本节课推送了三篇文章《藤野先生》《阿长与山海经》《父亲的病》,加上名著导读中的《五猖会》和之前学过的《从百草园到三味书屋》,半本名著就攻下来了。通过概括事件、分析人物形象,引导学生体会作者的感情,并通过一篇文章的阅读,掌握阅读方法,学以致用自学另外一篇这样既掌握方法,又理解了文章,一举两得。当然,本节课的最终目标是使学生初步了解鲁迅,通过这几篇文章体会鲁迅的人生轨迹、高尚人格,体会他被称为"文学家、思想家、革命家"的原因,并希望学生在课下继续了解鲁迅,完成研究性报告。这样,学生对鲁迅就有了比较全面的了解。

本节课使用了pad的多种功能,包括推送文章、自主选择微课学习、速读、精读、学生投影、抢答、手写输入、标注,实现交互式教学,让交互工具辅助教学,切实提高了课堂效率。

三、教学过程

在这节课的教学中,我请学生先在pad电子书上看《朝花夕拾》的名著导读部分,接着利用pad教学的推送功能推送了10道选择,检测学生的阅读成果。iSchool系统会自动记录学生对每道习题的答题时间、答题结果,自动统计并形成分析结果,给出学生的答题速度和正确率,最终教师可以对学生的错题进行点评。

接着教师用pad先后向学生推送两篇文章《阿长与山海经》《藤野先生》,学生先自主阅读,进行独立的阅读体验,接着采用速读与精读相结合的形式:速读用pad推送选择进行检测,精读用手写板输入回答的形式作答。

(一) 速读检测,学生上传答案

① 下面哪些词语是对长妈妈外貌的描述?(　　)

　　A.黄　　　B.胖　　　C.长　　　D.矮

② 长妈妈谋害了我的(　　)。

　　A.猫　　　B.隐鼠　　C.狗　　　D.鸟

(二) 精读

文章围绕阿长写了哪些事情、体现出阿长是一个什么样的人?请你圈点勾画文中的具体语句来分析。

学生直接在pad上圈点勾画。

接着总结阅读方法:阅读这样写人记事类的文章,我们需要阅读哪些信息,运用哪些方法呢?用同样的方法阅读《藤野先生》,掌握《藤野先生》中的事件和人物形象。

对于这本书的阅读,信息量较大,有些探究活动往往非一人力量所能完成,需要小组的合作,通过充分的研讨、广泛的交流深化对文章的理解。在合作交流中,通过互相帮助,让所有学生都能得到发展,达到共同进步,具体学习进度做如下安排。

1. 小组合作活动一

教师提问:我们在阅读的过程中会发现,同样写人的文章在写法上也会各有特色,那这两篇文章写法上有什么不同吗?

学生通过小组合作探究得出结论并在文章中找到依据。先讨论完成的,可以使用pad抢答功能示意。

(1)《阿长与山海经》通过欲扬先抑的写法来表达作者的怀念之情。

(2)《藤野先生》通过对比体现人物形象,突出表现了藤野先生毫无民族偏见的高贵品质,表达了"我"对"他"的崇敬与怀念之情。

从而教师引导学生总结了鲁迅的一段人生轨迹:弃医从文,鲁迅决心拿起了文学这把锋利的武器与当时黑暗的社会进行顽强的斗争。

接着，教师再用 pad 推送一篇文章《父亲的病》，经过同样的阅读方法，请学生总结出鲁迅弃医从文前的一段经历，也就是为何走上学医救民的道路，从而总结出鲁迅年轻时候的一段人生轨迹。

2. 小组合作活动二

从《朝花夕拾》的几篇文章中可以看出鲁迅是一个什么样的人，请学生在手写板上结合文章得出依据，并通过毛主席对鲁迅的评价进一步感受鲁迅的人格魅力。

课后作业以小组为单位合作完成，通过 pad 上思维导图的形式进行总结并上传展示。请学生做一份关于《朝花夕拾》的思维导图，并完成小组内的研究报告。

四、效果评估

在传统的课堂上，简单的黑板、粉笔、教科书会导致一堂语文课成了纯粹的分析课，效率低下，完不成学习任务。若按照传统的课时上，学生恐怕要分好几学期才能将鲁迅的文章学完；若用传统的纸质阅读材料，消耗大，准备时间长，且密密麻麻的字使学生缺乏阅读兴趣。将现代教育技术应用于课堂教学，既直观又清晰，也加深了学生对于知识的理解。运用现代多媒体技术，从多方面、多角度来解决教学中的重点和难点，开拓了学生的视野，有助于提高课堂效率，增大知识的覆盖面。

本案例通过自主学习、合作探究，学生掌握了如何运用 pad 阅读散文，不仅学到了阅读知识，还学到了阅读散文的方法，并理清了我们在教学过程中经常忽略的鲁迅的人格魅力。

五、案例总结

pad 教学就是把抽象的文字信息转化为形象的图像、感性的音乐，从而使学生把握教材的内涵，理解其所要表达的思想感情。运用 pad 技术可以扩大课堂教学的信息传递量，满足各层次学生的需求。运用多媒体，可以把一些散于各课的基础知识形成系统展示给学生，帮助学生构建知识网络，大大扩充了信息的传递量。尤其是对不同层次的学生，可以根据自己的需求获得认知的满足。有些教材内容丰富，课时较多，所学知识比较分散。在阅读课上，利用 pad，可以化零为整，把文章结构、各部分的关系集中在 pad 上推送给学生,形成整体认知。同时,pad技术最强大的是交互式功能,在课堂上,学生的一举一动都可以通过pad记录并保存下来,这也为学生未来的巩固学习提供了良好的平台。

值得一提的是,对于学生来说,微课是针对某个知识点而制作的,适合学生进行个性化的深度学习。对于没有掌握该知识点的学生,课后通过微课学习进而掌握该知识点;对于已经掌握该知识点的学生,课后通过微课学习进行巩固。学校的pad上有大量的语文微课,可以供学生自主学习,共享优质教育资源。课堂上教师也可以推送几个微课,让学生有的放矢地选择他们需要学习的知识点,提高课堂效果。有条件的学生还可以制作微课上传,这样做,可培养他们发现问题、分析问题、解决问题的能力,以及自主学习的能力。

教师在备课时要坚定"生本"理念,定位课堂,备课时对课堂展开的设计,不应以预设的课件结构为中心来进行,而应以教师组织的学习活动来安排;备课要从面向课文内容设计,从面向pad功能设计,转向面向学习过程来设计,规划好整体教学环节,确定每个教学环节需要开展的活动、需要的资源与工具、需要完成的任务与学习目标等;要精心设计学生自主、协作和探究的学习活动,给学生从容的时间思考,利用技术表征知识把外界信息内化到学生的认知结构中。

总之,pad教学为提高课堂教学效率、促进教师专业化发展、转变教与学互动方式提供了有效的途径。

借力 pad 课堂，云端实现梦想

——《托尔斯泰》的人物描写

青岛第七中学　李春岩

一、案例概述

在 pad 语文课堂上，单调的大作文变成学生感兴趣、有法可依的小片段练习。学生学习人物传记大师茨威格的人物描写方法后当场练习，并把自己的作品上传到 pad"班级画廊"，全班学生可以任意浏览、点评。电子课本的使用，让学生在课堂上实现了海量阅读的梦想。教师发出指令后，学生根据自己的需要用 pad 看老师推送的优质语文教学资源，声音、视频随意点击，因为戴着耳机，大家互不干扰。最后，教师教学生运用思维导图总结本堂课学到的人物描写方法，学生的思路越来越清晰，教师也真正利用云端技术实现了"授之以渔"的梦想。

二、教学设计

（1）教学目标。

① 学习并运用人物的三种描写技巧。

② 通过海量阅读，理解托尔斯泰的内心世界。

（2）请同学们速读课文第 1～5 段，看看茨威格笔下的托尔斯泰长什么样，留给人们什么样的印象？

（3）请阅读下面的句子，想一想作者运用了什么表现手法？

（4）人物描写之秘诀一：侧面描写。

请扩充你写的人物描写片段，运用侧面描写刻画他（她）的一个显著特征。

人物描写之秘诀二：修辞方法。

请扩充你写的人物描写片段,运用比喻、夸张的修辞方法,刻画他(她)的一个显著特征。

请阅读电子课本,结合重点语句,了解托尔斯泰的内心世界。

人物描写之秘诀三:画龙点睛法。

请在你的人物描写片段中,加入眼睛的描写。

(8)请用思维导图,总结今天学的人物描写方法。

(9)作业。

① 欣赏影片《战争与和平》《安娜·卡列尼娜》《复活》。

② 请运用今天学的眼睛的描写方法,描写自己的一位老师或者家人(200字左右)。

作者简介和生字这两部分内容在课前以微课的形式课前翻转并做练习。课堂从人物描写开始,主要学习人物的描写方法并当堂练习,把自己的描写上传到班级画廊,学生浏览点评,教师指正错误,表扬优秀作品。

三 教学过程

(1)导入。

托尔斯泰出生在俄国,他自幼接受贵族教育。他同情农民,渴望改革农奴制度。他想把自己的私人财产分给农民,然后像一个普通人那样去生活。他因此遭到了整个贵族阶级的排斥。

他把自己现有的著作权和稿费无条件地转让或捐出。他的行为直接导致了妻子的不解。他两次离家出走,一次半路而归,另一次在途中得肺炎,最后在一个小火车站去世。遵照他的遗嘱,遗体安葬在伯利亚纳庄园自己当年亲手栽的树下,没有墓碑,茨威格称这是"世间最美的坟墓"。

82岁,他走完了自己的一生,留给我们的是《战争与和平》《安娜·卡列尼娜》《复活》这些巨著。他是世界十大文豪之一,美国文学评论家哈洛·卜伦称他是"从文艺复兴以来唯一能挑战荷马、但丁与莎士比亚的伟大作家"。

(2)托尔斯泰是个贵族,是世界级文豪,是个大明星。听完老师的描述,你想象中的托尔斯泰是什么样?请投票!

A. 英俊潇洒,相貌堂堂　　　B. 清新俊逸,品貌非凡

C. 丑陋不堪　　　　　　　　D. 高贵、是个绅士

学生投票很少选C。

教师:看来我们想象中的托尔斯泰是英俊潇洒、风度翩翩,是个绅士。真

正的托尔斯泰我们已经无缘得见,我们只能通过茨威格的文字描绘去证实我们的想法了。

(3)请同学们自读课文第1~5段,看看茨威格笔下的托尔斯泰长什么样?给第一次见他的人留下怎样的印象?

学生:粗鄙、丑陋、崎岖。

教师:这些词语都是贬义词,而且茨威格还觉得不够,似乎还想把人们对托尔斯泰的不良印象无限度地加深,他调动了其他的表现手法。

(4)请阅读下面的句子,想一想作者运用了什么表现手法。

那些第一次见到他的人,一开始都无一例外地感到失望。……他刚进门,差不多就一路小跑而来,然后突然收住脚步,望着一位惊呆了的来客,友好地微笑。他带着轻松、愉快的口气,又迅速又随便地讲着表示欢迎的话语,同时主动向客人伸出手来。来访者一边与他握手,一边深感疑惑和惊讶。什么?就这么个侏儒!这么个小巧玲珑的家伙,难道真的是列夫·尼克拉耶维奇·托尔斯泰吗?这位客人不无尴尬地抬起眼皮直勾勾地打量着主人的脸。

(此处用屏幕播放,同学看自己的pad)

学生:侧面描写。

教师:同学们,这段话写了人们见到托尔斯泰后的表现,作者用这种心理落差来表现托尔斯泰相貌实在丑陋。这种人物描写方法值得我们学习。

请扩充你课前上传的人物白描片段,运用侧面描写刻画他的一个显著特征。写完后上传到"班级画廊"中"人物描写一"。

学生用pad写句子,写完上传、点评(此处设抢答环节)。

教师:看来同学们学会了侧面描写。我们再回到文章中来,作者除了运用侧面描写外,许多处用了修辞方法,请问作者运用了哪些修辞方法?

学生:比喻、夸张。

(5)请同学们分析下面两组句子在表达效果上有什么不同。

① A.长髯覆盖了脸颊,遮住了嘴唇,遮住了皱似树皮的黝黑脸膛。

　B.长髯覆盖了脸颊,遮住了嘴唇,遮住了黝黑脸膛。

② A.宽约一指的眉毛像纠缠不清的树根,朝上倒竖。

　B.宽约一指的眉毛,朝上倒竖。

学生:A组效果好。

教师:我们看用了修辞和不用修辞在表达的效果上明显不同。运用比喻和夸张使句子更加生动形象,更能突出人物的典型特征,很值得我们在写作的时候学习。

（6）请扩充你写的人物描写片段,运用比喻、夸张的修辞方法刻画他（她）的一个显著特征。写完后上传到"班级画廊"中"人物描写二"。

学生用 pad 写句子,写完上传、点评(此处设抢答环节)。

教师:同学们的描写形象生动,且都运用了修辞方法。下面让我们回到茨威格的描写中来。我们对照一下托尔斯泰的照片发现,茨威格用了长长的 5 段文字描写出来的托尔斯泰却是没有眼睛的。为什么茨威格没有描写托尔斯泰的眼睛呢?已经有同学发现,作者只是在前五段没有写,他用了后文整整四个段落来写这双眼睛。我们来看下面的课文第 6～9 段。

（7）请读电子教材回答,托尔斯泰的眼睛有什么特点?

学生:犀利的,蕴含丰富感情和强大威力。

教师:作者在描写这对眼睛时,词语的感情色彩与上文有什么不同?

学生:前面都是贬义的,现在都是赞美的。

教师:这种先丑化后美化的写法叫作什么?

学生:欲扬先抑。

教师:看着照片,有了这双眼睛并没有使托尔斯泰由一个丑陋的俄国人变成一个风度翩翩的绅士,那茨威格为什么不遗余力、浓墨重彩地去描写这双眼睛呢?

学生:因为当我们注视这双眼睛的时候能看到他的才华、他的天赋,走进他的内心世界。

（8）眼睛是心灵的窗户,老师觉得在这几段文字中有几个句子可以让我们直接看到托尔斯泰的内心世界。

① 这道目光就像一把锃亮的钢刀刺了过来,又稳又准,击中要害。

② 托尔斯泰这对眼睛里有一百只眼珠。

③ 当这一副寒光四射的匕首转而对它们的主人时是十分可怕的,因为锋刃无情,直戳要害,正好刺中了他的心窝。

教师:先选择其中的一句话,读老师推送的电子课本,看看你能读出这双眼睛背后的托尔斯泰有着怎样的内心世界

学生看老师推送的电子课本。电子课本除了课文外还有与托尔斯泰和家庭决裂、离家出走、病死于火车站的影片《最后一站》片段,还有《战争与和平》《安娜·卡列尼娜》《复活》的作品评价。

学生结合老师推送的资料,回答对句子的理解。

教师：很高兴，我们对托尔斯泰的认识已经从外表逐渐走向了内心，让我们明白了人的高贵不在于相貌而在于灵魂。

鲁迅说："要极简省地画出一个人的特点，最好是画他的眼睛。"

请在你的课后作业中，加入眼睛的描写。

（10）这节课，我们跟著名的人物传记作家茨威格学习了人物描写的方法。请同学们用思维导图总结这节课对于人物描写方法的学习。

学生用pad总结，写完上传、点评（此处设抢答环节）。

（11）作业。

① 欣赏影片《战争与和平》、《安娜·卡列尼娜》、《复活》。

② 请运用今天学的眼睛的描写方法，描写自己的一位老师或者家人。

四 效果评估

从教学效果来看，pad小班化课堂比传统课堂便捷、有趣。

在课堂习作环节，学生把自己写的人物描写传到班级画廊，每个学生都可以点击班级画廊，看到全班同学的作品；而传统课堂是无法做到这点的，只能四人或者六人小组互相交换自己的作品，费时又费力，而且是不可能看到全班每一个同学的作品，也做不到想看谁的就看谁的。

在抢答环节，一些平时从不举手的学生也积极地抢着回答问题。每次抢答，全班大多数学生迅速地按了抢答按钮，大家踊跃发言，积极参与，展现了极高的学习热情；而在传统课堂上，初二的学生每次举手的最多不过10人，即使是简单的问题，大家的热情也不太高。

在投票环节，投完票学生便可当场看到大屏幕上的各种选项的统计结果，教师也可以点击选项的柱状图，查看每个学生的投票情况，能迅速地了解学生的掌握情况；而传统课堂需要教师批阅出卷子，然后再统计结果，当堂很难出结果，一般需要课后批完下节课再讲。如果当堂讲的话，需要学生交换批阅，很难保证完全真实地反映每个孩子的情况。

五 案例总结

本堂课借助电子书包教室，开展了丰富多彩的pad教学活动。pad教学课堂相比于普通课堂有很大的优势和独特的魅力，"班级画廊"、"思维导图"、"电子课本"这些环节使课堂容量史无前例地增大，而且趣味横生。

初中语文短语类型 pad 教学课

青岛第五中学　郑　红

一 案例概述

目前的语文语法教学中容易出现两种问题：一是过度淡化语法知识的传授，认为语法知识难教，考试分值不高，是学生学习的一个难点；二是将语法知识教得过于死板，就词论词，而且教学方法单一。针对这些情况，我计划在初二阶段的短语类型教学中，采用一种新式的教学方法，积极引入 pad 来进行教学。

二 教学设计

（一）教学目标

（1）学习短语类型的名称，并掌握短语中词与词之间的结构层次关系。

（2）掌握判断短语类型的方法，并能熟练进行短语类型的判断。

（3）加深对汉语言语法的理解，增强对祖国语言的热爱。

（二）教学重点和难点

（1）识记短语类型。

（2）熟练、准确地判断短语类型。

（三）教学方法

练习巩固，合作探究。

（1）课前预习先掌握五种短语结构类型。

（2）多媒体方式让学生讨论各类短语结构的概念和例子，在讨论中体会。

（3）利用 pad 优势，让学生逐层展开联系和巩固。

（四）教学工具

多媒体课件，pad。

（五）教学课时

1课时。

三、教学过程

（一）导语

提问：最小的能够独立运用的语言单位是什么？

学生思考回答：词。

词与词组合在一起就形成了大于词而又不成句的语法单位——短语。正如词有不同的词性分类一样，短语也有不同的结构类型，今天我们就一起来学习短语的结构类型。

（二）预习订正

根据课本内容填空，学生小组自行解决。

判断五个短语的结构类型：

心情舒畅　　可爱的人　　调查研究　　机灵得很　　禁止吸烟

小组合作后，师生共同讲解，教师初步了解学生的自学情况。

（三）知识梳理

根据预习带领学生回顾五种短语结构类型并板书。

教师：我们根据预习过的知识来具体梳理一下五种短语类型（学生代表来谈自己的学习与理解，教师引导，总结出五种短语类型的概念）。

1. 并列短语

并列短语是由两个或两个以上的名、动词或形容词并列组成的短语，词和词之间是平等的联合，没有轻重主次之分。

2. 偏正短语

偏正短语是由名词、动词或形容词与它们前头的起修饰作用的成分组成短语，其中名词、动词、形容词是中心语，修饰名词的成分是定语，修饰动词、形容词的成分是状语。定语、状语与中心语的关系，是偏和正的关系。

3. 动宾短语

动宾短语是由动词和后边受动词支配的成分一起组合成的短语，其中，受动词支配的是宾语,表示动作行为的对象、结果、处所等。宾语主要由名词、代词或名词性的短语充当。

4. 后补短语

后补短语是由动词、形容词和在它们后边起补充说明作用的成分一起组成的短语,起补充说明作用的成分是补语。

5. 主谓短语

主谓短语是由两个表示被陈述与陈述关系的的词组成的短语,其中表示被陈述的对象是主语,用来陈述的是谓语。主语一般由名词、代词充当,谓语一般由动词、形容词充当。

板书:并列短语　　　并列关系

　　　偏正短语　　　修饰与被修饰关系

　　　动宾短语　　　支配与被支配关系

　　　后补短语　　　被补充与补充关系

　　　主谓短语　　　被陈述与陈述关系

(四) pad 练习

第一部分:基础练习。

比较判断短语类型:

历史悠久(　　)　　悠久历史(　　)

描写景物(　　)　　景物描写(　　)

市场繁荣(　　)　　市场的繁荣(　　)

表达见解(　　)　　表达的见解(　　)

我的弟弟(　　)　　我和弟弟(　　)

我国文学(　　)　　我国的文学(　　)

第二部分:提高练习。

(1) 写出下列短语的结构类型:

风俗习惯(　　)　　变化规律(　　)

历史悠久(　　)　　整修一新(　　)

废寝忘食(　　)　　前程远大(　　)

襟怀坦荡(　　)　　挥手之间(　　)

销售计划(　　)　　色彩缤纷(　　)

风和日丽(　　)　　激动不已(　　)

禁止吸烟(　　　　)　　　　辛勤耕耘(　　　　)

(2)给下列短语归类:

A.星火燎原　　B.最后一次演讲　　C.谈骨气　　D.反对自由主义

E.讨论并通过　　F.认真学习　　G.幸福快乐　　H.实践证明

I.清楚得很　　J.打扫干净

并列短语:_____　　偏正短语:_____

动宾短语:_____　　后补短语:_____

主谓短语:_____

第三部分:综合练习。

找出下列各组短语中与其他三个短语结构不同的一个短语,并指出这个短语的结构类型。

(1)A.祖国万岁　　B.品质优良　　C.天气晴朗　　D.思想品质

(2)A.看了两眼　　B.打扫教室　　C.洗得干净　　D.热了起来

(3)A.十分伟大　　B.我的书包　　C.小声地说　　D.追歼敌人

(4)A.讲解语法　　B.种植玉米　　C.制造火箭　　D.讲述清楚

(5)A.报纸杂志　　B.丰功伟绩　　C.身体健康　　D.严肃认真

(6)A.文化教育　　B.半斤八两　　C.山河壮丽　　D.庄严肃穆

(7)A.坚强的战士　B.感情线索　　C.优良传统　　D.想象丰富

(8)A.特别美丽　　B.花红柳绿　　C.豪华住宅　　D.复习资料

(9)A.单纯真诚　　B.我和老师　　C.我的旅途　　D.报刊书籍

(10)A.参观访问　　B.品学兼优　　C.性格温和　　D.会议结束

(五)拓展练习

名著语法练习:

(1)这种所有浓淡颜色的错综交结,真正是一架赤、橙、黄、绿、青、蓝、紫的彩色缤纷的万花筒,总之,它是十分讲究的水彩画家的一整套颜色。

选文出自_____,"彩色缤纷"的短语类型是_____,两部分之间的关系是_____。"十分讲究"的短语类型是_____。

(2)他站在路边上,深深地弯着腰,帽子拿在手里。事后我大大地教训了他一顿,毫不同他客气。

选文出自_____,作者是_____,国籍是_____。"弯着腰"的短语类型是_____。"拿在手里"的短语类型是_____,再找一个结构相同的短语：_____。

四 效果评估

在教学过程中，pad课可以实时对学生的习题正确率进行监控，并帮助老师及时发现学生易错点。

在练习中我发现学生对掌握偏正短语和后补短语还有一定的难度。在具体练习中，学生普遍掌握了形容词+名词的"定中"短语结构，但是对副词+形容词的"状中"短语类型有疑问。此外，部分学生对动宾短语和后补短语的判定还有困难。例如"住一晚"和"写作业"两个短语，有的学生会对"住一晚"是后补短语不理解。出现这种错误的学生大约会占到40%。

同时，在分析各种短语类型内部的相互关系时，有的学生容易出现死记硬背的现象。例如有20%的学生不理解动宾短语的"支配与被支配的关系"的含义。以往有些学生不好意思在课堂上提问，使用pad后学生就可以及时向教师提问。

以往的语法练习课，教师要在课堂中下发试卷，学生在练习时教师要深入到学生中，用红笔对部分做得快的学生进行面批面改。这样的操作过程使很多其他做完习题的学生在旁边等候，不但时间花费长，而且效率慢。pad课可以在学生练习结束后自动生成答案，学生可以有针对性地去研究自己的错题。本节课的题型以选择题和填空题为主，题量虽大，但借助了pad的自主批阅模式，大大节省了教师的批改时间，与完成同等数量的纸质习题相比，至少节约了三成的时间。而这部分省下的时间，可以充分用在小组交流讨论上；并且，pad本身具有的完成率和错题率统计也使得教师能够迅速掌握学生当前的做题情况，针对错题有较多的有针对性讲解的时间。

五 案例总结

通过使用pad来授课，我发现在课堂上教师和学生对pad的使用都非常感兴趣，特别是课堂抢答功能、pad训练题目的练习等都深受学生的欢迎。学生在练习时充分地动了起来争着抢答，这样不仅可以激励学生上课认真听课、积极思考问题，而且可以督促学生课前预习。借助pad，教师能够及时、随时地掌握每一个学生的课堂学习情况。pad不仅仅省去了教师的板书和当堂红笔批改的过程，甚至只需要在pad屏幕上点击一下，就可以查看到任何一位学生的解题过程和答案情况,互动性非常强。通过 pad 教学,大大提高了课堂效率,实现了高效课堂,还帮助教师真正关注了每一个学生的学习状态。

　　本次语法 pad 课,大部分学生掌握了短语的类型及特点,能够记住一些典型的短语实例,但由于语法内容难度较大,仍有一部分学生在实际运用中感觉比较困难,尤其是对容易混淆的短语类型如动宾短语和动补短语等常常判断错误。在课堂容量上依然显得偏大,可尝试将学习目标再定得细一些,化大为小,让学生真正做到知识到位、能力提升。

运用几何画板提高学生
数学建模能力的研究

青岛第五十九中学　钱　晶

一　案例概述

　　数学课程标准指出:"数学课程的设计与实施应重视运用现代信息技术,特别要充分考虑计算机对数学学习内容和方式的影响,大力开发并向学生提供更为丰富的学习资源,把现代信息技术作为学生学习数学和解决问题的强有力工具,致力于改变学生的学习方式,使学生乐意并有更多的精力投入到现实的、探索性的数学活动中去。"在传统的数学课堂上,简单地做题、讲题会禁锢学生的数学思维,而有效地利用几何画板对于学生学习能力以及问题意识的培养乃至创新精神的塑造具有重要意义。

　　本案例选取的是《哪一款手机资费套餐更合适》(北师大版八年级上册)。首先,教师通过课件展示了生活实际情境引出探究活动内容,使学生清晰、直观、明确地了解了本节课所要探究的内容——根据所学知识探究哪一款手机资费套餐更合适。其次,由于八年级的学生对于数形结合的思想理解得不够透彻,对于抽象的知识以及分段函数的掌握不够深刻。为了让学生体会数形的内在联系和变化规律,顺利突破本节课的重点和难点,激发学生的学习兴趣,我引用几何画板把抽象的知识形象化,让学生在直观学习的过程中体会数字化教学和网络工具的实效和应用价值。此外,本节课例也利用了短小、精悍的微课视频教给学生如何用几何画板画函数图象,为课堂探究做好铺垫,提高课堂效率。传统的课堂上,学生通过代数运算和大量的计算来解决这个问题,不直观,效率低,学生对探究活动没有兴趣。运用数字化教学资源能有效地提升教学质量和学习效果。

二、教学设计

本节课的教学目标是通过建立一次函数的数学模型,解决简单的实际问题,提高建模意识和建模能力;根据一次函数中的自变量、因变量进行最优化选择,培养学生利用几何画板和微课教学资源自主探究的能力,培养学生的数学学习兴趣。

本案例的学习者为八年级学生,学生的基础较好,已经开始由形象思维向抽象思维过度,在学习了一次函数的概念、表达式、性质和应用等相关知识内容后,已经初步具有概括和建立并简单应用一次函数模型的能力。这个班的学生有初步的网上学习的技能,但是还不具备熟练应用几何画板自主学习的能力。

基于对学习者能力的分析,学生不能熟练运用几何画板绘制函数图象,教师在上课之前精心制作了8分钟的微课,内容是如何使用几何画板绘制一次函数图象。微课的设计具有可操作性和实用性,给学生自主学习的机会。学生通过课前学习微视频的内容,熟练掌握使用几何画板绘制一次函数图象的方法,为课堂的探究活动做好了铺垫,有利于提高课堂效率。

本案例涉及的是实际问题,信息量较大,有些探究活动往往非一人力量所能完成,需要小组合作,通过充分的研讨、广泛的交流,深化学生对知识的理解。在合作交流中,通过互相帮助,让所有学生都能得到发展,达到共同进步的目的。小组合作学习已经成为促进学生数学知识学习、数学能力发展的一种新的教学方式和新的学习方式,成为构建数学高效课堂的一个策略。

三、教学过程

(一)根据实际情境,建立数学模型

在这节课的教学中,出于对真实情景的引用,我没有使用课本提供的情境,有意识地创设贴近生活的实际情景,激发学生的学习兴趣,使学习真正内化为学生的内在需求,从而使他们主动地投入到课堂学习中。本节课呈现的情境是当前移动公司推出的"全球通上网套餐"。

月使用费(元/月)	套餐内包含业务内容和数量					套餐外单价(长市漫一口价,单位:元/分钟)	套餐外流量 1 M = 1 024 KB
	普通通话时长(国内主叫国内,单位分钟)	被叫免费范围	包含国内数据流量	数据业务	服务价值		
58	50	全国	200 M	来电显示,139邮箱5元版	全球通标准服务,电话客户经理专署服务。	0.25	超出后流量单价0.000 5元/KB
88	200		300 M			0.19	
128	420		400 M			0.19	

在给出全球通套餐后,以小组为单位合作完成下列任务:

(1)分析资费套餐:每月的资费受哪些因素影响?

(2)围绕所要研究的函数关系,确定三种套餐相应的函数表达式。

在第一环节中,由于情境问题的信息量较大,教师应引导学生排除其他干扰因素,思考影响手机资费的主要因素是什么。通过分析套餐的数据容易得出有通话时间和上网流量。我们发现一共有三个变化的量,可以控制一个变量不发生变化。假设在上网总流量不超出套餐规定的情况下,设通话时长为 x 分钟,月使用费分别为58元、88元、128元的月手机资费总额分别为 y_1,y_2,y_3。关于 x 的函数关系式为:

58元套餐 $y_1 = 0.25x + 45.5$　　($x > 50$)

　　　　　$y_1 = 58$　　　　　　($x \leq 50$)

88元套餐 $y_2 = 0.19x + 50$　　　($x > 200$)

　　　　　$y_2 = 88$　　　　　　($x \leq 200$)

128元套餐 $y_3 = 0.19x + 48.2$　　($x > 420$)

　　　　　$y_3 = 128$　　　　　($x \leq 420$)

(二)小组合作探究

活动一:已知自变量求因变量。

老师预计自己下个月的通话时间为220分钟,上网流量不超过套餐规定,请帮老师选择用全球通上网套餐中的哪种更划算。

活动二:多角度进行最优化选择。

在上网流量不超出套餐的规定范围内,根据通话时间选择什么情况下用58元套餐更划算?什么情况下选择88元套餐?128元套餐呢?说说你的理由。

活动三：已知因变量求自变量。

老师月平均手机资费总额是 164 元，上网流量没有超出套餐的规定范围，你能在确定话费的情况下比较通话时间的长短，确定三种套餐哪一种最优惠吗？

活动四：最优化选择（多个影响因素）。

老师预计下个月通话时间是 220 分钟、上网流量 350 M 的情况下，请帮老师选择用全球通上网套餐中的哪种划算。

这个课例的目的是使学生学会运用数学知识进行手机资费套餐的最优化选择，重点和难点在于探究："在上网流量不超出套餐的规定范围，根据通话时间选择什么情况下用 58 元套餐更划算？什么情况下选择 88 元套餐？128 元套餐呢？"课堂上学生讨论激烈，教师参与学生的讨论，最后呈现学生的多种方法。教师发现有的小组用方程进行计算，有的小组用课前学会的几何画板绘制函数图象观察。通过全班探究讨论，学生发现如果只用方程做，每种套餐的手机资费都是分段函数，选择哪一段函数不明确，得到的方程有很多：

$$0.25x + 45.5 = 0.19x + 50$$
$$0.25x + 45.5 = 88$$
$$0.19x + 50 = 0.19x + 48.2$$
$$0.19x + 50 = 128$$
……

列的方程较多，计算量很大，只有结合函数图象才能清晰、直观地看出选择哪一段函数来列方程。如果只绘制函数图象，无法得到精确的交点坐标，所以方程结合函数图象，运用数形结合的思想来解决最优化选择问题是最好的方法。学生自主使用几何画板进行函数图象的绘制，教师展示学生作品。

58 元套餐的函数图象：

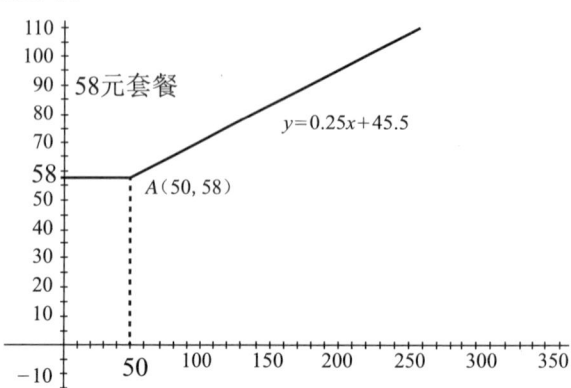

88元套餐的函数图象：

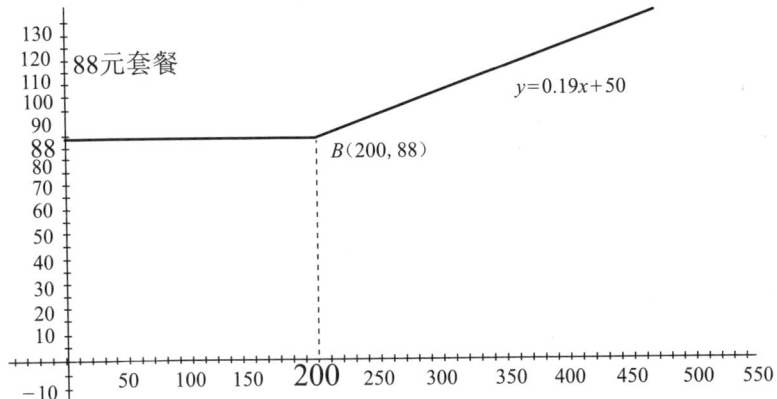

128元套餐的函数图象：

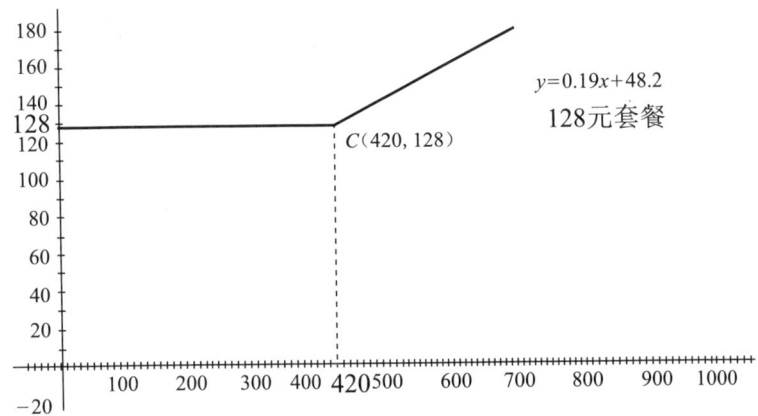

学生将三种套餐的函数图象放在同一个坐标系中，得到如下图象：

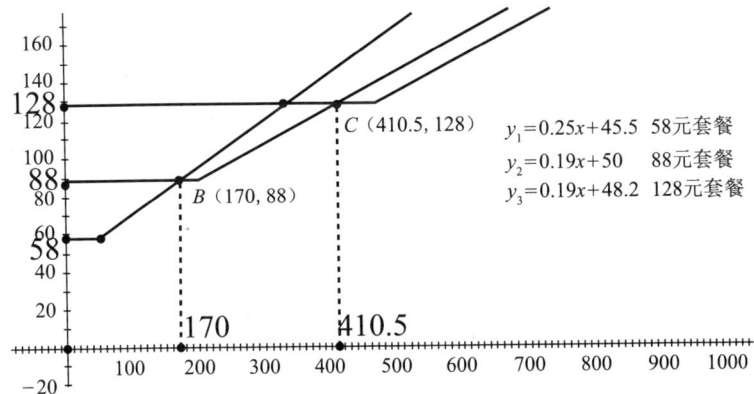

通过几何画板的演示,学生观察函数图象,很容易得出结论:$x \leqslant 170$,选择58元套餐;

$170x \leqslant 410$,选择88元套餐;

$x > 410$,选择128元套餐。

通过学生的自主探究,教师让学生谈谈自己在探究过程中的收获,学生认为运用几何画板把抽象的数学内容变得形象、直观,而且几何画板将数形结合的思想运用到了极致,体现了数学的美,学生感到这节课收获很大。有了这一环节的探究,为下一个活动的探究做了铺垫,学生选择运用几何画板解决活动三的探究问题:

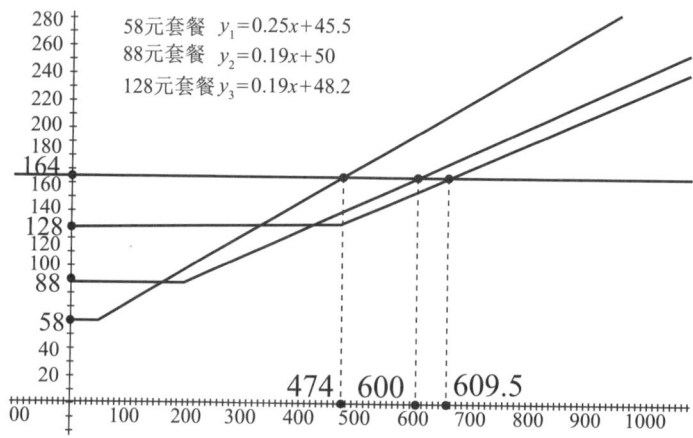

数形结合思想是一个非常重要的数学思想。数学家华罗庚说:"数缺形时少直观,形缺数时难入微。"几何画板为"数形结合"创造了一条便捷的通道。

(三)课后作业

课后作业以小组为单位合作完成,通过报告的形式进行展示。模仿这节课的分析过程,解决哪种上网方式更合算。

四 效果评估

在传统的课堂上,简单的黑板、粉笔、教科书会导致这节数学课成了纯粹的计算和纯粹的作图,效率低下,完不成学习任务。将现代教育技术应用于课堂教学,既直观又清晰,也加深了学生对于知识的理解。运用现代多媒体技术,从多方面、多角度来解决教学中的重点和难点,开拓学生的视野,有助于提高课堂效率,扩大知识的覆盖面。

本案例通过学生的自主学习、合作探究,学生掌握了如何运用现代技术解决实际问题,不仅学到了数学知识,还学到了探究的方法。通过学生的课后作业可以看出这个案例是成功的。以下是一组学生完成的作业中的一部分(探究报告的数据分析整理环节)。

"乐享3G聊天版"的三种套餐:

月基本费 (元)	国内通话	手机上网 (M)	免费接听范围	超出后语音资费 (元/分钟)	超出后流量资费 (元/KB)
89	360	120	国内	0.20	0.000 3
159	900			0.15	
389	2 600				

假设上网流量不超过120 M,设每月通话 x 分钟,三个套餐的花费分别为 y_1、y_2、y_3 则可得关系式:

$y_1 = 89$ $(x \leqslant 360)$

$y_1 = 0.2x + 17$ $(x > 360)$

$y_2 = 159$ $(x \leqslant 900)$

$y_2 = 0.15x + 24$ $(x > 900)$

$y_3 = 389$ $(x \leqslant 2\,600)$

$y_3 = 0.15x - 1$ $(x > 2\,600)$

为了更好地发现 y_1、y_2、y_3 的大小关系,列出关系式的函数图象(下图)。

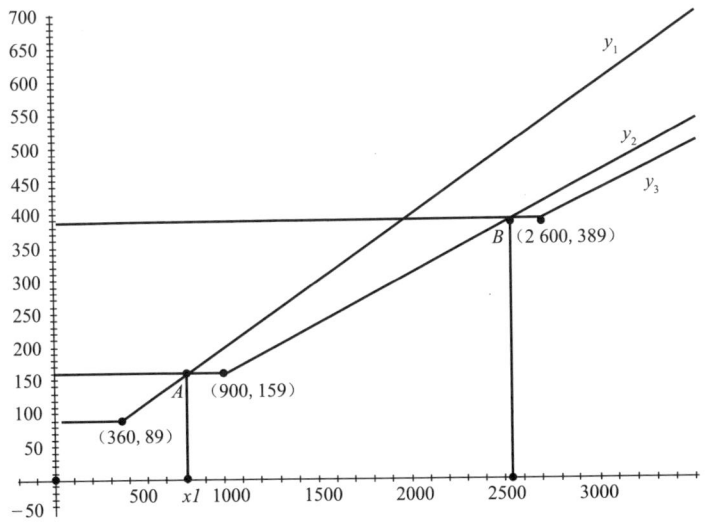

得出结论:在流量不超过 120 M 时,如果通话时间在 710 分钟以下选 89 元套餐,通话时间在 900～2 434 分钟之间选 159 元套餐,通话时间在 2 434 分钟以上选 389 元套餐。

学生的作品体现出了本节课运用几何画板的价值。本案例的教学设计能给学生以更多的操作机会,有效地培养了学生的动手动脑的能力,加深了学生的感性认识。学生反映这样的课看得清楚,听得明白,易理解,不会忘。

五、案例总结

本课例在常规教学中,往往是给出理论上的方法,没有运用数字化资源,不让学生经历探究的过程,这样处理教材使数学课堂失去了应有的魅力,难以激发学生学习数学的热情和兴趣。而用几何画板辅助教学则完全不一样,让图形出来说话,充分调动了学生的直觉思维,有助于提高学生学习的兴趣,能把数形结合的精华之处一步一步地展现在学生的面前,让他们感受其中的规律,尝试成功后的喜悦,培养了他们学习数学的兴趣。这样,课堂不再只是优生的课堂,学困生也主动、积极地参与到课堂学习中,增强了他们学习数学的信心,同时还有助于培养学生敏捷的思维以及观察问题、分析问题、解决问题的能力。

现代化的信息技术教学虽然可以给课堂注入生气、带来活力,但要使用好这些现代化的电教手段,教师必须要钻研教材,认真备课,仔细准备课件,熟练使用软件,精心组织教学,这样才能达到预期的结果。

数字化环境下的数学复习课

青岛第五中学 田 文

一 案例概述

现代的信息技术已经逐步在向着数据主导的方向过渡,社会经济的各个领域都在不断地通过数据的引导进入一个新的精细化管理和运营的时代。大数据时代,教育行业也在这一趋势的影响下逐步发展,不断涌现出越来越多的基于数据的应用,使教育面临挑战和改革,更加追求教育的高效率与个性化。基于这样的背景,电子书包应运而生,它是集课前预习、授课、检测、知识补救、课后作业、错题积累等为一体的数字化学习,特别是为学习过程中的数据采集以及数据分析提供了坚实的技术支持。

本课例《平行线和三角形证明的复习》是期末复习中基于八年级上册第六章《平行线的证明》以及八年级下册第一章《三角形的证明》的内容单元检测后的试卷讲评课。

课前部分:首先,教师对试卷进行数据统计,得到题目通过率并进行数据分析,以便能够确定课堂讲解的重点和难点。其次,将每道题目的解析做成微视频,以便于学生课前自主学习。

预习部分:学生根据自己的需要选择对应的题目解析视频,先进行自主改错,并将题目的疑惑书写在预习作业中。教师则利用电子书包中的投票,统计出自主预习后仍然有疑惑的题目数据,利用预习环节查看学生的难点反馈,组织教学重点和难点。

课中部分:教师对于出错较多的题目进行讲解。由于是几何复习课,牵涉的几何图形较多,配合几何画板使用,可以更加直观地展示图形及其关系,对于画板中图形的变换及时截屏推送做变式练习,达到巩固加深、拓展提高

双重教学效果。最后利用电子书包推送一组练习,当堂反馈本节复习内容,再次巩固重点和难点。

二、教学设计

本节课的教学目标是通过检测以及讲评要求学生:① 会用平行线、三角形的有关定理推论进行相关的证明、推理;② 掌握证明的基本方法,体会证明的意义,协调发展推理能力,发展数学思维,会进行适当的变式练习;③ 关注题目在变化过程中,比如折叠、旋转等过程中,数学方法的应用。

本案例为试卷讲评课,学生为八年级学生,学习了平行线与三角形这两部分相应的证明,具备了较好的几何知识基础,有一定的抽象思维和逻辑思维能力,对于简单的几何证明能够进行条理的说理。但综合复习刚开始,对于平行线和三角形的综合考察问题,特别是关于平移折叠旋转的图形变换并不熟悉,空间想象能力有欠缺,思路和方法并不清晰。

(一)课前工作

1. 章节检测

时间:45分钟。题量:16题。题目见附页。学生统计检测各小题通过率,如下图所示。

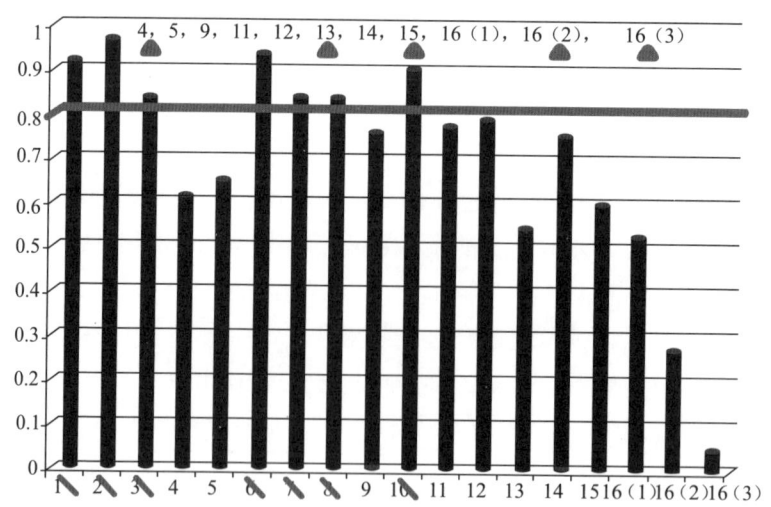

2. 微视频自主改错

教师将检测的每一道题目录成简短的微视频,内容包括本题目的讲解、综合证明题的书写步骤、出错原因总结等,放置在预习环节发送给学生。pad截图如下所示。

平行线和三角形的复习　预习2	查看预习接收情况
任务一 根据你所做错的题目观看相应的微视频,并写出你的疑问和收获。比如:很简单,我全会了;或者第九题还存在一定问题;或者我认为第十二题可以进行变式练习…… [查看学生提交的预习成果]　[参与讨论]	任务附件: ☐ 选择1—5 ☐ 选择6、7、10 ☐ 选择8 ☐ 选择9
任务二 根据你所做错的题目观看相应的微视频,并写出你的疑问和收获。比如:很简单,我全会了;或者第九题还存在一定问题;或者我认为第十二题可以进行变式练习…… [查看学生提交的预习成果]　[参与讨论]	任务附件: ☐ 选择11 ☐ 12 ☐ 13
任务三 根据你所做错的题目观看相应的微视频,并写出你的疑问和收获。比如:很简单,我全会了;或者第九题还存在一定问题;或者我认为第十二题可以进行变式练习…… [查看学生提交的预习成果]　[参与讨论]	任务附件: ☐ 14 ☐ 15 ☐ 16

3. 投票统计

学生根据自己的检测情况有选择地进行观看,将观看微视频后的改错情况提交并做投票,标注自己观看微视频后仍然有疑问的问题。预习资源和投票结果如下图所示。

4. 如图所示,是一块三角形的草坪,现要在草坪上建一凉亭供大家休息,要使凉亭到草坪三条边的距离相等,凉亭的位置应选在(B)。

　　A. △ABC 的三条中线的交点
　　B. △ABC 三边的中垂线的交点
　　C. △ABC 三条角平分线的交点
　　D. △ABC 三条高所在直线的交点

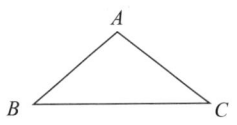

考察:三角形角平分线性质
总结:到三条边距离相等→角平分线交点
　　　到三个顶点距离相等→中垂线交点

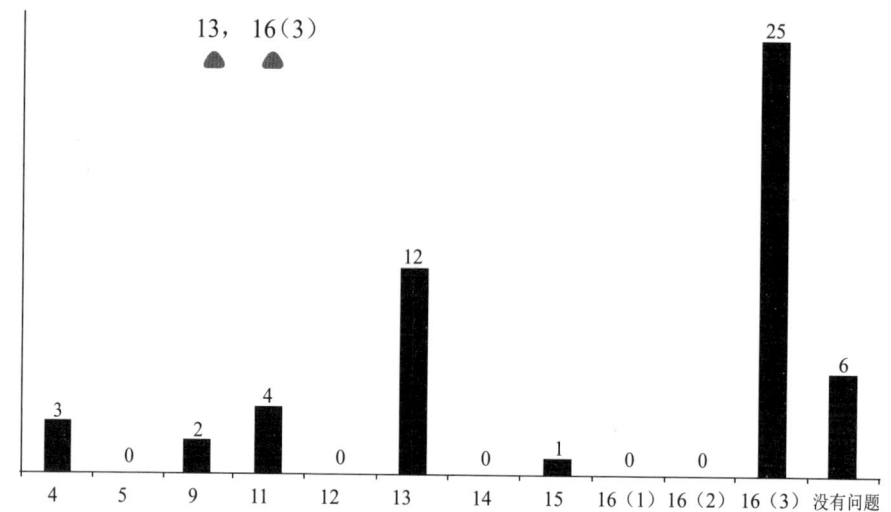

采用"翻转学习"的方式,学生首先通过微视频进行自主改错,根据错的题目选择相应的视频,根据自己的需要选择学习的内容,尊重学生个体间的差异。优秀的孩子测试接近满分,只需要观看一两个知识点就可以,困难的学生测试分值较低,选择一些简单的知识点观看应该可以自主改错。然后,教师再利用电子书包的投票功能,得到学生集中疑惑的题目,有的放矢地组织课堂教学。

(二) 课中部分

环节一:问题反馈。班级集中观看教师整理的两部分结果,检测发现的结果和观看微视频投票后的结果。师生共同确定本节课重点。

环节二:预习反馈。对于问题不太集中的知识点也就是经过微视频投票后极少数人有问题的知识点进行梳理反馈。配合几何画板进行个人展示、讲解,穿插小组活动交流。

环节三:解决问题—深化问题—方法总结。对于问题集中的难点,配合几何画板进行全班讲解分享,拓展深化,总结方法,穿插小组合作交流。

环节四:反思总结。小组交流后,学生总结本节课的收获和疑问,可以从数学思想或者数学方法上进行启迪。

环节五:过关检测。对于本节课整理的知识点进行简短的小测试,电子书包推送后查看学生掌握情况。

课后作业:同学们将课堂上呈现的变式练习和难点问题的说理过程整理在题纸上。

三、教学过程

（一）发现问题

检测发现的问题如下图所示。

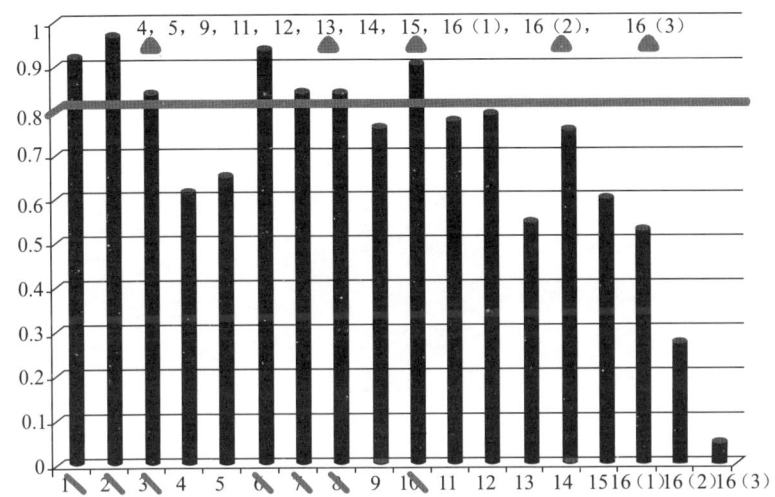

投票发现的问题如下图所示。

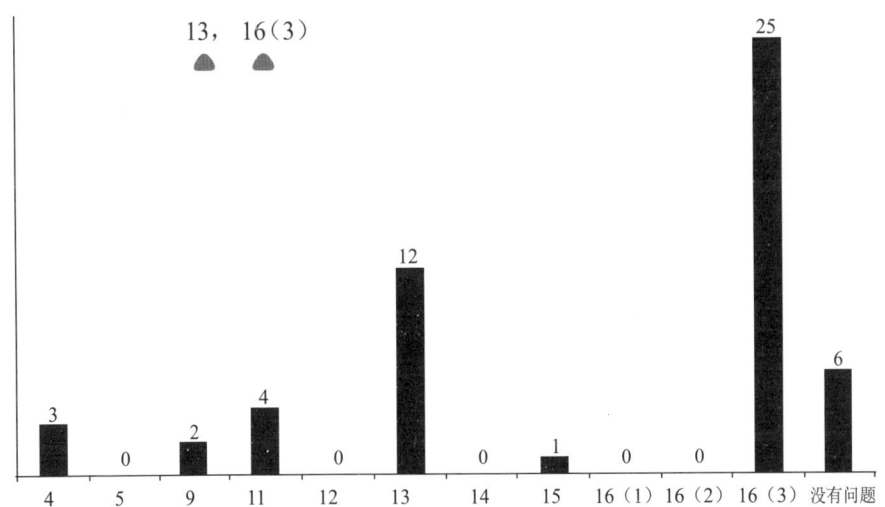

设计意图：通过 PPT 呈现题目分析。第一次检测分析，6 个题目通过率在 80% 以上，不再做详细研究，剩下的题目都存在不同的问题。第二次学生微视频自主预习后，对检测有问题的题目进行投票，针对投票票数比较高的题目进行重点讲解,对于投票数不高的题目可以预览学生预习资源的改错,或者进行简单的变式练习巩固。

(二)预习反馈

(1)学生预习资源:如下图第4题和第15题。

4. 如图所示,是一块三角形的草坪,现要在草坪上建一凉亭供大家休息,要使凉亭到草坪三条边的距离相等,凉亭的位置应选在(B)。

   A. △ABC 的三条中线的交点
   B. △ABC 三边的中垂线的交点
   C. △ABC 三条角平分线的交点
   D. △ABC 三条高所在直线的交点

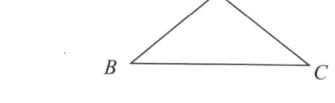

考察:三角形角平分线性质

总结:到三条边距离相等→角平分线交点

　　　到三个顶点距离相等→中垂线交点

设计意图:

对于投票结果中个别有问题的题目,教师在学生提交的预习任务中选取有代表性的全班展示,进行纠错讲解。可以看到如上图中,学生截屏题目微视频中的解析,并用彩笔标注出重点注意的问题。

第9题变式:如图1,小明课间把老师的三角板的直角顶点放在黑板的两条平行线 a,b 上,转动三角板的位置,已知∠1度数,求∠2度数。

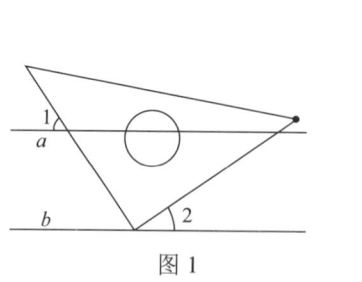

图1

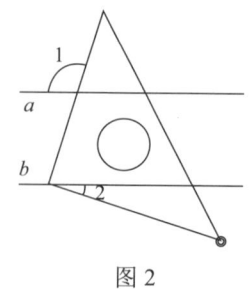

图2

拖动几何画板,使三角板的位置不断变化,与两条平行线的夹角也随之变化,学生通过pad直观感受题目的变化,亦可以自己随意拖动进行变式练习。当三角板停在某一个时刻时,教师截屏利用课堂提问发送,学生接收并思考,完成后提交。教师选取有代表性的,请学生上台讲解,总结方法(图2)。

第11题变式1: $l_1 \parallel l_2$,改变∠α 的位置。已知∠1、∠2的度数,求∠α。

拖动几何画板,使夹角在平行线内部和平行线外部的左右不同方向,得到六种不同的情况,将六种情况分组截屏推送,每个小组练习一种情况,教师在终端调取出每个小组的研究成果,并由学生讲解,师生共同总结学习方法。

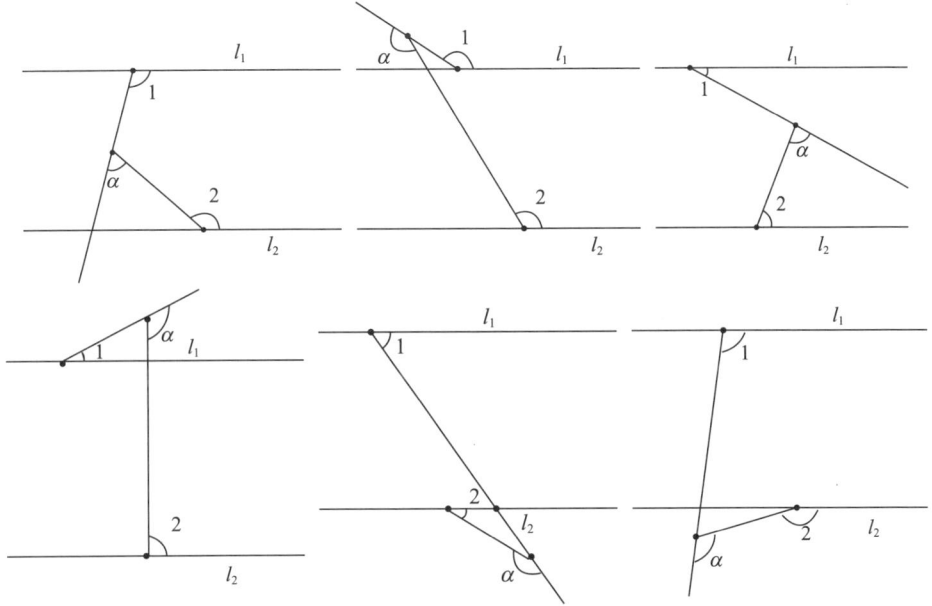

设计意图:对于投果结果中个别有错误的题目,如第9题和11题,通过题目变式练习检验学生自主预习效果,并且总结出这一类题型的做题方法,达到举一反三的效果,形成解决问题的有效方法。

(三)解决问题—深化问题—方法总结

13. 如图,把△ABC纸片沿DE折叠,当点A落在四边形BCED内部时,则∠A与∠1+∠2之间有一种数量关系始终保持不变,是(　　　)

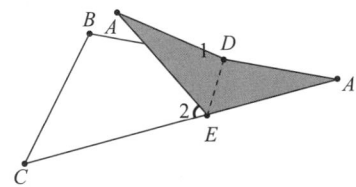

拖动几何画板进行变式,使点A落在四边形BCED外部的不同位置时,小组交流原题中的关系是否成立。教师截屏变式推送,学生分享,师生共同总结方法。

16. 如图，△ABC 为等边三角形，点 O 是 △ABC 内的一点，∠AOB=110°，∠BOC=α，将 △BOC≌△ADC，连接 OD。

（1）证明 △COD 为等边三角形。

（2）当 ∠α=150°，△AOD 是什么三角形？

（3）探究：当 α 为多少度时，△是等腰三角形？

通过拖动几何画板，在变化过程中学生找到成为等腰三角形的以下三种情况。教师对以下三种情况分别截屏课堂即时推送，学生接受后对其进行分析讨论小组交流，最后全班分享。

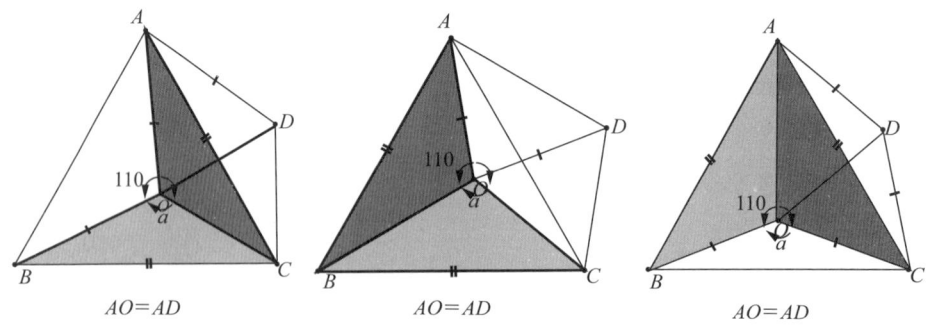

变式练习如：当 α 在什么位置的时候，△AOD 是直角三角形？

学生可以课后自己通过几何画板的拖动找到不同的情况，进而分析出边角关系。

设计意图：对于投票结果中出错较多的题目，如第13题、16（3）题，课堂集中解决，可以适当进行变式，总结解决问题的方法。比如，第13题通过原题呈现和变式练习，整理思路——构造三角形利用外角推论解；而第16（3）对学生来说难度很高，引导学生整理思路，从条件入手，分类讨论，由边到角，寻找等量关系列出方程，或者由边至全等三角形也可以得到角的等量关系求出 α，总结方法能解决这一类数学问题。

（四）总结反馈

引导学生从数学方法、数学能力、数学思维等多方面感悟，分享交流。

（五）当堂反馈

利用电子书包推送练习，即时收集数据，根据数据组织下一步教学。

四、效果评估

传统课堂中复习课形式单一,教师就题讲题,一堂课往往也处理不完一张测试卷,而期末学生的复习时间又很宝贵,效率低下,课堂没有生机,加之几何图形变换抽象,学生理解困难。使用电子书包加入,利用预习资源环节,可以很好地实现"翻转课堂",既可以监测学生是否预习,也能了解到学生预习的情况,并且课堂中可以随时采用学生在预习中留下的资源。利用投票做数据收集和分析,可以很好地帮助教师分析教学的侧重点和难点,有的放矢的教学大大地提高了课堂效率。同时传统课堂可以做到变式,但是学生手边得不到即时生成的新图形,只能看屏幕中的图形进行证明,很不方便,效率低。而电子书包让每个学生都可以利用学习终端直观感受到利用几何画板展示的图形的变换,在变换过程中提出更多问题,随时截屏推送,得到更多的课堂生成性问题,课堂变得更加鲜活生动,在拓展学生思路的同时又进一步巩固了基础知识。

五、案例总结

虽然我们有强大的技术配备支持,但是在上课的过程中还是感觉到一堂课的精髓仍然在于如何备课,比如教师的整体思路,包括每一个教学环节的设定,所以不要以为pad在手就是与传统课堂完全不同的课型。其实,pad只是提供了一些技术上的支持,让课堂更加高效,但我们的教学重点仍在于自己每个教学环节的设定,pad在上课的过程只是锦上添花而已。

对于电子书包学习终端的一些个人建议改进的地方:

(1)教师机服务端学生评价机制需要完善。每一次课堂提问、推送记录、练习等,只要是学生提交的内容,教师能立即进行评价会好一些,评价相对多元化一些。目前只有等级,可以是分数,可以是表情,可以是教师自创的留言图画等,这样课堂更加生动,也更加有亲情味。

(2)学生机的安卓系统目前并不支持几何画板的运行,而几何画板对于初中生是很重要的工具。学生借助几何画板,可以得到动态下的图形,引发更多的探究与创新,所以应该开发出几何画板的APK格式,使得电子书包真正融入到教学中。学生端不支持分数等特殊符号的录入,由于分数线亦是经常用到的,所以在输入法中应该有所体现。

(3)在系统里面对课件做了适当的修改就不能导出,导入的资源若能随时修改随时导出会更加方便。

（4）建议区域共享内容再扩大化，比如PPT、几何画板所做课件可以随时随地共享，那么将是区域教学中一笔宝贵的财富。

《截一个几何体》

——利用信息化平台进行微课教学课例研究

青岛第二十四中学　王永钢

一、案例概述

（一）基本认识

近年来，随着"翻转课堂"和可汗学院在全球迅速走红，"微课"（或者称为"微课程"）成为教育界关注的热点话题。学生可以随时随地使用自己的手机等移动终端设备，通过互联网来学习原来在课堂上由教师讲授传递的学习内容；教师也可以改变自己的教学方式，将上课讲授的关键内容（教材的重点、难点、易错点）制作成微视频让学生自主学习，通过上课则帮助学生解决不懂的问题，师生互动讨论或者给予学生个性化的辅导。这种近乎理想化的教学模式极大地激发了追求教育改革的人们的浓厚兴趣。从2012年下半年以来，随着"翻转课堂"和可汗学院的传播，这种录制教师上课的"微视频"和"学生课前自主预习、课中教师辅导疑难"教学组织流程相结合的"微课"开始在国内流行。

（二）微课的优点

利用微课进行授课，学生的学习不受时间和空间限制。一方面因为学生个体的学习差异，学习接受能力各不相同，所以学生可以针对自己不懂的问题独自学习、反复学习、课前学习、课后学习。这样，将知识的学习交给了学生，学生真正地做到了有针对性的自主学习。另一方面，教师也从知识的传授者，转变为对学生学习方法的指导、对学生不懂的问题进行解惑的辅助者。

(三) 现阶段的不足

利用微课进行课堂的学习还没有非常成熟的方案和成果。学生自主学习的学习习惯的养成是一个漫长的过程。在利用微课上课的过程中教师应考虑如何处理共性，进行全班或者是学生的个别辅导。特别是对于初中，数学教学，如何在学生的学习过程中产生互动生成，能够体现学生的思维过程；如何在微课的应用中让每个学生都有不同程度的进步；如何在微课的学习后能够对学生更有效的辅导，是数学教学中需要解决的问题。

二 教学设计

下面我以《几何体的截面》这节课为例，讲一下我利用微课进行授课的过程。

(一) 本节课的教学目标

（1）经历切截几何体的活动过程，体会几何体在切截过程中的变化，在面与体的转换中丰富几何直觉和数学活动经验，发展学生的空间观念。

（2）通过截一个几何体的活动，认识圆柱、圆锥、正方体、长方体、棱柱等几何体截面的特性。学生要能够动手操作，切截出几何体的截面形状可以是三角形、四边形、五边形、六边形；其中，三角形包含特殊的等边三角形和等腰三角形，四边形包含长方形、正方形。学生还要掌握圆锥、圆柱、球体等几何体的截面形状，发展学生的空间想象能力和动手操作能力。

(二) 本节课的教学模式

采用的是"翻转课堂"的课内小翻转，互动生成的教学模式。

(三) 本节课的教学策略

本节课主要使用主动参与教学策略与合作学习教学策略。

（1）课前准备小组合作学习：首先使用的智慧数学平台网站上布置这节课的预习任务，通过对小组课前的任务分配，学生在动手操作之前先来想象用一个平面去截正方体，它的截面是怎样的一个平面图形，再用实物来操作一下（让学生课下准备几个用萝卜刻成的正方体）用来印证能否截出想象中的截面。小组成员将每个人切截出的平面相互展示，探讨交流截面是什么形状，它们是如何切截而来的。对学生的成果进行积极的评价，引起学生学习的兴趣。

（2）课上提问促使学生主动参与：首先提出用一个平面怎样去切截能得

到不同的平面图形。这时学生拿出在家截出的正方体,可以看到学生能够截出很多不同的形状,但是如果问学生是怎样截出来的,大多是一种感受,没有办法正确表述。

这时教师要用以下问题来引导学生。① 你是怎样切的?你的切面与正方体是怎样相交的? ② 这个面与正方体的棱或者面之间有怎样的关系?学生会主动带着问题进行思考,让学生将思考结果进行交流。很多学生会说他的截面平行于上、下底面,平行于棱等。学生的回答没有顺序,不够系统。这时让学生来看老师制作的微课,从体系上来让学生系统的学习。

(3) 微课学件配合使用,让学生在学习过程中主动参与、积极思考。如果只是讲述形式的微课,学生难以形成知识自主生成的过程,不利于学生主动探究、自主学习。教师提前制作了本节课的学件,用几何画板制作一个可以旋转的正方体,用一个平面去截这个几何体就会得到不同的形状。这个过程中,学生可以边听边思考,还可以具体动手操作,发现几何体截面的形状。然后让学生自己动手操作,去切截圆柱、圆锥、球等立体图形(几何画板),把得到的结论在小组内讨论、展示、交流。

(4) "翻转课堂"实施过程中师生互助、生生互助、合作学习:一方面,学生把学习过程中遇到的问题,通过智慧数学平台上传到讨论区,学生之间可以互相跟帖,学会的学生可以对提出的问题进行说明、解决。另一方面,教师可以在讨论区开设在线答疑的帖子,学生有的问题会集中地反映在帖子之中;对于个别性问题,教师既可以单独指导学生,也可以在平台上留言,让更多的学生能理解老师的思考过程。这就体现了师生互助。对全班性反映出的问题,这就是课堂交流讨论的重点和难点所在。这时全班以小组沙龙的方式进行讨论,再来操作验证,全班进行合作学习。

(5) 利用信息化平台将课堂练习、小结、课外拓展与合作学习评价融为一体。解决完上述每一个这种集中性问题以后,都跟有检测反馈的练习。练习采用选择题自动比对答案,填空和解答题给出标准答案,学生自主比对答案的办法。对每一道错误的题目,还相应地设置了矫正练习。借助平台的交互功能,我们可以看到每位学生的答案,可以帮助每位学生进行批改。另外,平台强大的统计功能也能统计出每道题的通过率,这样教师对学生掌握的情况就一目了然,能够更有针对性地讲解和布置练习,对学生的学习作出合理化的评价,引导学生积极学习。对于学生出错的问题,系统可以建立网络上的错题本,有助于学生进行有针对性的学习。

基础练习后的拓展与提高,可以让学生接触更前沿的数学知识,提高学生的学习兴趣,引导学生主动参与合作学习。

在新课的小结阶段,学生采用两种方式来总结自己的所学。第一是使用思维导图,将每节课的知识不断扩充到初中数学学习的知识体系之中;第二是学生把所学到的可以归纳到论坛中,便于同学之间的交流总结。

在课后的论坛中,我又设置了作业贴、预习贴、课后练习拓展贴,使学生可以全方位地利用网络资源充实自己的学科学习。

(6)"翻转课堂"对师生提出更高的要求。这种学习方式的转变对学生来说是巨大的和带有冲击性的,这时,对于学生的学习指导就显得尤为重要。教师除了对每节课的学习任务、学习要求有明确的规定以外,还要随时了解学生的学习进度,监管学生电脑学习内容,监督学生自主完成练习的速度。学生也要改变被动接受的学习态度,更加主动地参与其中学习过程,合作交流,让学习更有效率。

下面我就几何体的截面为例,谈一下这节课的教学过程。

三 教学过程

课题:§1.3 几何体的截面　课型:新授课

(一)问题提出　自主学习

(1)登录智慧数学平台网站(www.smartxuexi.com)。在 1.3 课时的论坛交流中,教师设置了对这节课的学习要求,让学生提前观看;在学习的过程中如果有疑问,可以在在线讨论中留言,教师解答学生的问题。

师生活动:教师课前设计学习要求贴、课堂在线讨论帖用于与学生的交流。

(2)学生拿出自己制作的小正方体,小组内展示用一个平面去截正方体后它的截面是什么形状,然后小组内交流。

教师需要关注:学生是怎样切的?切面与正方体是怎样相交的?这个面与正方体的棱或者面之间有怎样的关系?

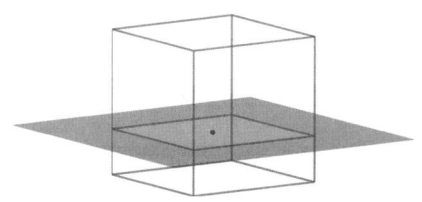

师生活动: 小组内合作交流展示几何体,并考虑还有哪几种。

预设资源: ① 用平行于某一面的平面去截正方体;
② 用平行于一条棱的平面去截正方形;
③ 用垂直于对角线的平面去截正方形。

(3) 学生观看 1.3 节微课,自主学习。

预设资源: 学生看微课,教师回答讨论区里的问题,另一方面教师班内巡视解决学生突发性问题和几何画板学件的演示问题。

(二) 问题交流、在线答疑、总结展示

(1) 学生把存在的疑问发帖到在线讨论区,教师给学生解答问题。遇到没看懂的方法可以让学生重复看,教师还准备了几何画板学件,学生可以自己操作,观察总结截面形状。

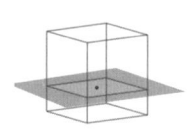 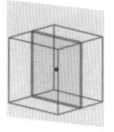 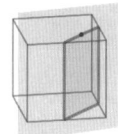 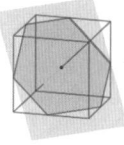 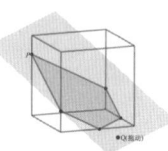

师生活动: 组内一人操纵画板多人演示,随机提问,随时解决。

(2) 学生小组内演示交流如何截正方体、它截面的形状是怎样的,学生思考能不能产生七边以上的多边形。

师生活动: 引导学生思考正方体只有六个面,截面与之相交不可能产生七边形。

(3) 教师布置任务,让学生思考并操作棱柱、圆柱、圆锥、球体的截面是什么形状,小组交流总结。

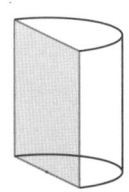 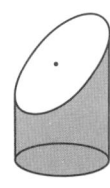 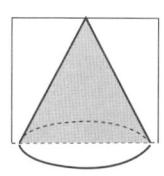 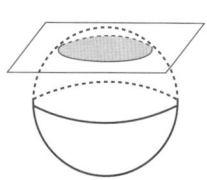

（4）学生自己将收获制成本节课的思维导图。

（三）当堂检测，拓展提高

（1）学生完成练习一、练习二的题目，根据平台数据统计，着重解决全班性问题。

（2）学生进行拓展学习，学习与本节课有关的数学故事。

锯开的树木的横断面上有一圈一圈的痕迹，这就是树木的年轮，树木的年轮蕴含着大量信息，如通过年轮的数目可以推断出树木的年龄，通过年轮的宽窄可以了解历年的气候状况等。

 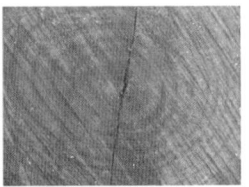

用平面截几何体，可以得到一些有趣的图形。而在医学诊断上，也有一种与"截几何体"类似的仪器和方法，能够帮助我们了解病人身体的状况，这就是"CT"。

计算机的体层成像（computerized tomography，缩写成CT），是用X线束对人体的某一部分按一定厚度的层面进行扫描，然后测定投射后的放射量，并将这些信息通过计算机进行处理，重建人体断层图像，并做出诊断。

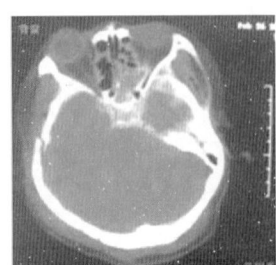 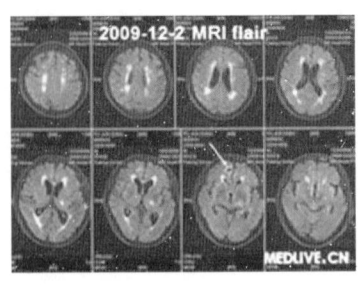

(四) 作业布置

必做题:
① 完成练习一、二的矫正练习。
② 制作本节课思维导图。
③ 完成下节课的预习任务。
④ 完成课本1.3课时内容学习。
选做题:配套练习册1.3。

四、效果评估

  微课教学的优点很多,我们突出的感受是:学生自学的速度是有差别的,部分学习速度快的学生可以自学下一课程,而有问题的学生可以利用系统不断地比对和矫正答案,或是思路点拨,或是重新再学一遍,这种学习照顾了学生之间的差异化。根据学生的能力,自己来安排学习的内容和深度,是彻底的自主学习。课堂的学习是一种沙龙的形式,总结,补充,是对自学能力的指导。微课教学方式非常新颖,学生非常有兴趣,参与度也非常高,并且节约了学生整理材料的大量时间。学件的应用也能弥补学生学习微课中探究过程的不足,学生非常喜爱这种上课的方式。

五、案例总结

  本节课,学生能够借助计算机技术很好地完成学习任务,但是另一方面学生对实物的切截还没做到每一种都操作到。计算机容易解决的问题,在学生的具体操作中也许并不好操作,如六边形的截取等。利用微课上课,学生学习习惯的培养是非常重要的,如何在单位时间内提高学生学习的实效性是今后研究的重要内容。我们要更加注重对学生学习兴趣、学习能力、学习方法的培养,以及学习制度的建立。另外,对于数学学科来说,平台的数学符号、图形等录入速度还受限制,手写版的训练也需要一个较长的过程;答案比对功能,对于数学解答题还存在难题。利用微课平台学习要关注学生内心世界,不能用机器取代人与人之间的沟通,我们应做好学生的心理辅导。

  随着网络的发展,借助网络学习的微课教学应该成为未来的发展趋势,现阶段的实验中即使遇到很多困难,我们也要坚持下去。只要持之以恒地进行研究,一定能够取得成功。

电子书包教学优化初中数学复习课的案例研究

青岛第五十七中学　王　倩

一　案例概述

伴随着数字化教学资源建设的深入和计算机及网络技术的进一步发展,面向学生的数字化教学资源包的设计与开发已成为现实,基于学生电子书包应用的新教学研究正得到越来越多教育工作者的青睐和深入实施。在初中数学课堂中,我们更多的不是去展示电子书包有多少吸引眼球的功能,而是更好地利用电子书包优化教育教学模式、提高课堂效率,逐步实现针对个体的教学,从而让每个学生都能切身地感受到自己在课堂中的主体地位,这对培养学生学习数学的兴趣、主动探究问题获取知识的能力有重要意义。

本案例选取的是《相交线与平行线——复习课》(北师大版七年级下册第二章)。针对本节复习课,面临的主要问题是:① 本章重难点在于探索平行线的性质和判定,但在本章中小知识点较多,复习起来相对耗时较长,如有对顶角、余角、补角、垂直、三线八角等;② 因为是初次接触几何证明,学生的掌握程度参差不齐,差异较大,复习时不能满足部分同学的需求;③ 几何证明题中,教师固定的出题模式往往限制了学生的思维,如果能给出开放性的探究题让学生自己发现自己探究,会大大激发学生的积极性和学习能力。基于以上三点考虑,我采用电子书包授课对传统课堂进行了改良。关于问题①,通过发布预习作业(包括章节思维导图和知识点综合小练习),让学生提前完成对知识点的巩固,利用 pad 的批阅与统计功能找到薄弱点上课集中讲授,个别问题通过小组合作解决;对于问题②,我推送给学生一个知识点配套练习资源包,学生针对预习中的错题可以去资源包里找到相应的练习进行巩固,没有问题的学生可进入下一个环节的复习;为了更好地解决问题③,我们在 pad 上使用了一个类似几何画板的数学软件——GeoGebra(简称 GGB),学生可根据题目自己在 pad 上动手操作,经历"提出问题—猜想与假设—操作验证—推理证明—规律总结"的数学活动,将原本枯燥的几何证明更生动直观地展现在学生面前。与传统课堂相比,电子书包授课除了大大提高了课堂效率、更好地实现了分层分类教学外,还能引导学生掌握探究数学问题的方式方法。

二 教学设计

本节课的教学目标是经历对本章所学知识回顾与思考的过程,将本章内容条理化、系统化形成思维导图;在丰富的情境中,抽象出平行线、相交线等基本几何模型,从而进一步熟悉和掌握几何语言,能用语言说明几何图形;经历把现实物体抽象成几何对象(点、线、面等)的数学化过程,通过多个角度去思考问题,提高学生的识图能力,以及分析问题、解决问题的能力。

本案例的学习者是七年级的学生,基础相对薄弱。学生在本章已经完成了部分相交线与平行线有关知识的学习,学习了对顶角、余角、补角以及平行线的特征和判定直线平行的条件等,并初步体会了这些知识在一些简单问题中的具体应用,具备了一定的利用数学知识解决实际问题的能力。

在这堂课的教学中为了更好地实现教学目标、提高课堂效率,我将基础知识梳理部分前置,把课堂更多的时间放在易错点巩固和典型例题的探究上,并通过课前翻转、分层学习和小组合作的方式达到本节课的预设效果,具体的设计如下。

(一)课前准备

通过课前预习,给学生发布两个预习任务:
(1)完成章节思维导图;
(2)完成全章知识点 7 道练习。

教师在课前要批阅学生的思维导图并把修改意见回传给学生;练习部分是电脑自动批阅,教师只需浏览每题正确率、出现的错误答案和出错学生做相应的记录就可以清楚地了解学生的掌握情况。

（二）课堂环节

（1）查漏补缺。

① 展示优秀思维导图，引导学生对照思维导图辨析易错点；

② 由学生小组内交流讨论解决课前练习中错误率较高的题；

③ 然后学生从习题资源包中找到自己错的知识点的配套练习进行训练，练习是自动批阅并配答案解析。

（2）典型例题探究。教师将例题以GGB的格式推送给学生（可以让学生在pad上动手通操作控制平行线和点 F 的位置），如图所示。

例1：已知 $AB \parallel DE$，点 F 是平面内任意一点。连接 FB、FE，探索 $\angle ABF$、$\angle BFE$、$\angle FED$ 三者之间有何数量关系？

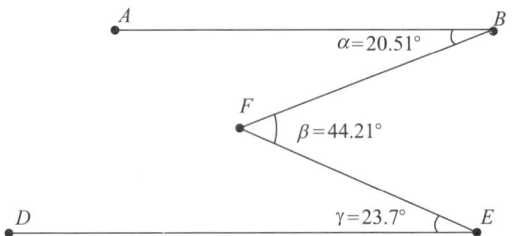

通过发布任务单的形式引导学生在小组合作交流中，互相帮助，对问题进行深入探究。探究任务单如下：

① 小组合作讨论先确定 F 点的位置会出现哪些不同的情况；

② 拖动 F 点位置观察三个角的大小关系做出猜想；

③ 针对每种情况分别进行几何证明，小组合作每人证明至少一种情况，用尽量多的方法；

④ 将大家的意见汇总，总结规律最后每组以报告的形式上交。

（三）摇身一变

变式1：已知 $AB \parallel DE$，点 F 是平面内任意一点。连接 FB、FE，作 BG、EG，分别是 $\angle ABF$、$\angle FED$ 的平分线，则 $\angle BGE$ 的大小与谁有关，并证明。

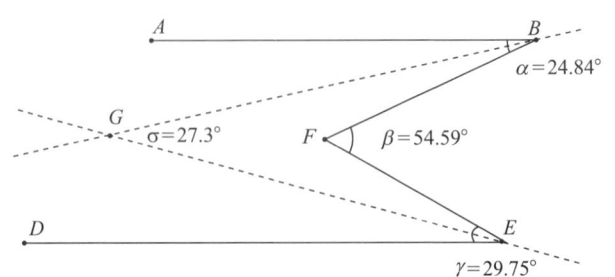

变式2：分别探究①，②中∠1，∠2，∠3，∠4，∠5之间有何数量关系。

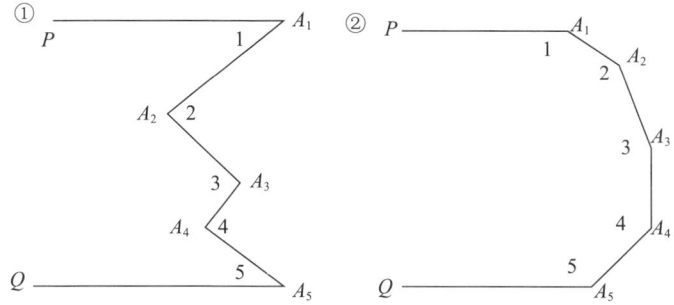

以小组为单位从变式1、2中选择你感兴趣的问题进行探究，并进行证明（如果课上没有时间完成，可留作课后作业）。

三　教学过程

课前两分钟教师通过屏幕投影展示学生预习作业制作的优秀思维导图（如下图），整体感知本章的内容，并由小组长结合导图在小组内提问易错知识点。

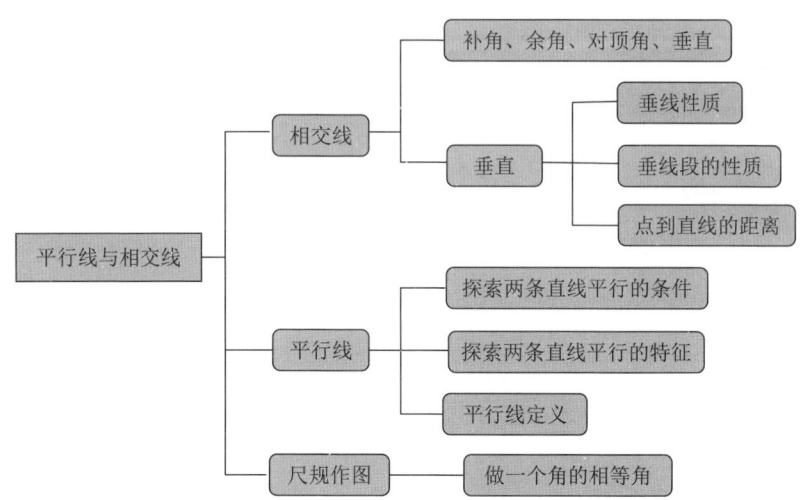

本堂课第一个目标就是对本章所学内容进行查漏补缺，根据课前预习的反馈(如下图一)发现3、4、5题的正确率较低，其相对应的知识点为互余和互补的性质以及平行线的性质与判定的问题。所以直接请三位学生在教师pad上利用屏幕广播功能分别对三道题进行讲解，讲解时利用放大镜和笔在原题进行勾画和标记(如下图二)，节约了在黑板上作图的时间。

查看全班得分排名

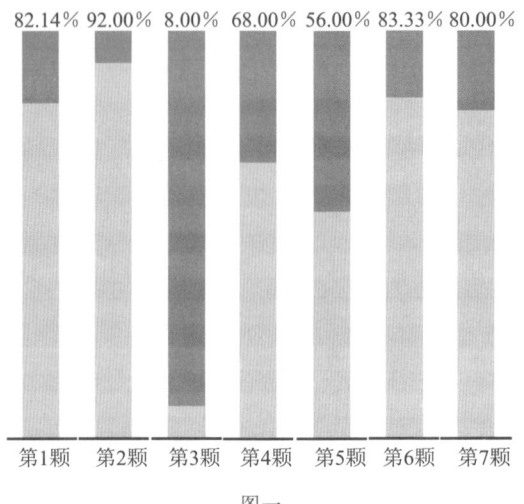

图一

7.【单选题】如图,AOB 为一条直线,$\angle 1 = \angle 2$,$\angle 3 = \angle 4$,则图中互余的角有(　　)对。
   A. 5
   B. 4
   C. 3
   D. 2

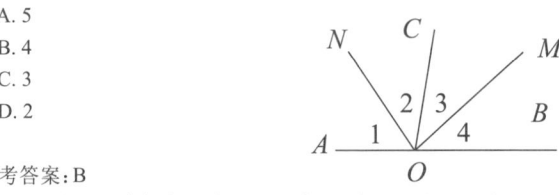

参考答案:B
提交:40人　　未提交:0人　　正确:32人　　错误:8人　　正确率:80%

图二

  学生讲解后,教师给 5 分钟的时间,小组内解决个别存在的问题。此时,教师向学生推送配套知识点练习资源包,学生根据自己的错题选择相对应的知识点进行训练并提交,教师再将批改结果和答案解析回传给学生,这时老师便可进行针对个体的讲解和点拨。

  完成针对性标变式练习资源的学生便可进入本节课的第二部分,进行例题的探究。教师推送 GGB 压缩文件"典型例题",学生接收后从 ES 中(一个可以打开压缩文件的 APK)找到 GGB 文件解压并打开例题。对学生而言，本题的突破点在于认识到 F 点的位置可以影响图形的结构和三个角的大小，从而通过移动 F 点来确定有所有不同的情况，至于他们的大小关系可以通过角度标记进行猜想，而本题的难点在于证明∠ABF、∠BFE 和∠FED 之间的等量关系。

借助任务单的提示学生的活动如下：

① 先确定 F 点的位置。

学生在探究典型例题的过程中，通过使用 GGB 可拖动这组平行线和 F 点，不停变换图形的结构；学生还将自己拖出的不同情况截屏上传到班级画廊，教师鼓励学生自己完成后去班级画廊里找一找有没有自己没找到的情况、判断一下总共有多少种情况呢。此时大部分学生认为有 8 种情况，如下图所示。

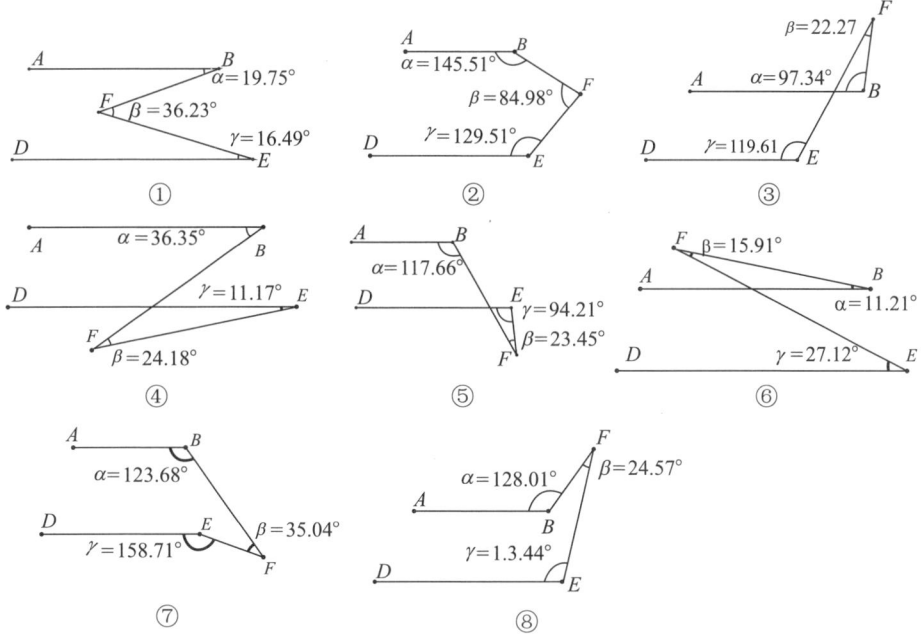

这时有的小组通对∠ABF、∠BFE 和∠FED 之间等量关系的计算发现八种图形中有重复的情况！经过一番讨论，多数小组发现其中⑦⑧是一种情况，而有两个小组认为③~⑥也是一种情况。在这两个小组的提示下其他小组达成共识 F 点的位置只有四种不同的情况。其实，这不仅训练了学生分类讨论的思想，更主要的是让学生进一步体会到分类中的不重、不漏的原则。

② 猜想∠α、∠β、∠γ三者的关系。

教师在制作例题时已标记出角度,当学生拖动点F的位置时三个角的度数便会随之发生变化。学生根据标记出的角度,很容易发现每种情况三个角的大小关系。所以,大部分小组能按照分类大胆地猜想三个角度之间的等量关系。

③ 小组合作,共同证明。

因为有四种不同的情况,为了高效完成探究任务,每人选择一种情况进行证明即可,此时组长根据组员的学习情况进行分工。学生可以在pad上直接用手写板进行做答并上传到班级画廊;也可以在本子上作图证明,拍照上传到画廊(注意要备注你的小组)。本小组的工作完成后学生可以在班级画廊里欣赏别人的成果,看看谁的方法最多、哪种方法最简、有哪些自己没想到的做法、通过这四道小题给了你那些启示等。

④ 小组讨论和班级展示。

学生先在组内汇总四种情况的所有解法,每个人对自己做的部分进行讲解,解答组内成员提出的疑问。选出完成得又快又好的小组进行班级展示,投影这个小组的四个屏幕,由这个小组对本题进行讲解(注意每种情况只讲一种解法),其他小组进行补充。

下面展示某小组的成果展示(这个小组是直接在GGB这个软件上做的辅助线和解题过程,清晰直观)。

第一种情况:∠β = ∠α + ∠γ。

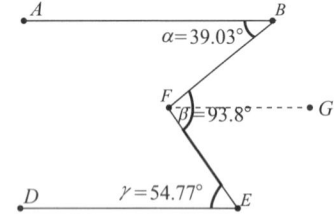

过点F做FG∥AB,则FG∥DE.
∴∠α = ∠BFG,∠γ = ∠GFE
∵∠BFG + ∠GFE = ∠β
所以∠α + ∠γ = ∠β

第二种情况:∠α + ∠β + ∠γ = 360°。

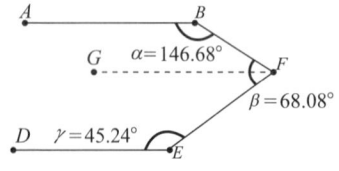

过点F做FG∥AB,则FG∥DE.
∴∠BFG + ∠α = 180°,∠GFE + ∠γ = 180°
∵∠GFE + ∠BFG = ∠β
所以∠β + ∠γ + ∠α = 360°

第三种情况：∠α+∠β=∠γ。

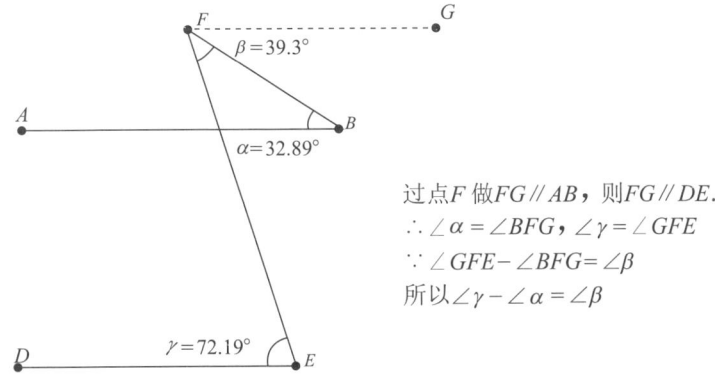

过点F做FG∥AB，则FG∥DE.
∴ ∠α=∠BFG，∠γ=∠GFE
∴ ∠GFE−∠BFG=∠β
所以∠γ−∠α=∠β

第四种情况：∠α+∠γ=∠β。

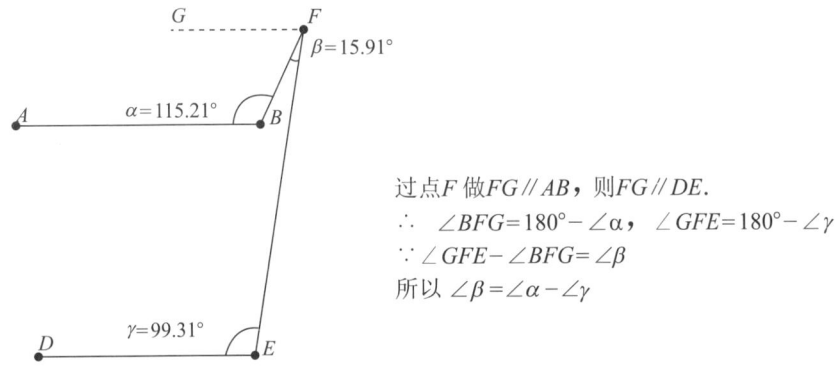

过点F做FG∥AB，则FG∥DE.
∴ ∠BFG=180°−∠α，∠GFE=180°−∠γ
∴ ∠GFE−∠BFG=∠β
所以∠β=∠α−∠γ

该小组的学生在展示完自己的做法后做出总结，他们认为像这一类需要添加辅助线解决的平行证明题，一般可以添加与已知线的平行线来帮助我们证明。

在他们展示结束后其他小组的同学继续补充。

其中第一种情况有一组学生补充了三种辅助线的做法，并且提出辅助线不仅可以做平行线，也可以在平行线间构造截线，帮助我们证明。

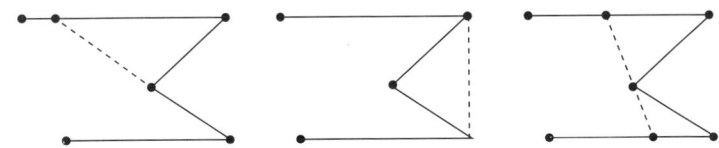

第二种情况其他小组也补充了两种添辅助线的做法。

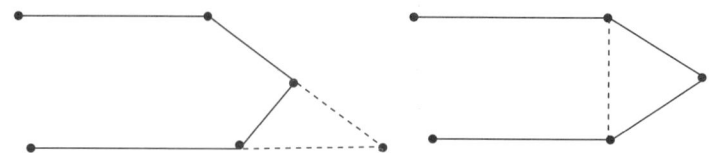

第三种情况有小组认为不用添辅助线一样也可以证明,也有小组提出了添加辅助线的不同方法。

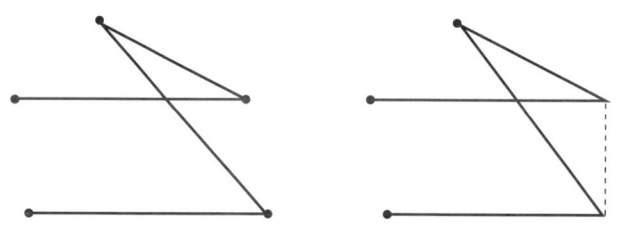

第四种情况同样又出现了两种不同的添加辅助线的方法。

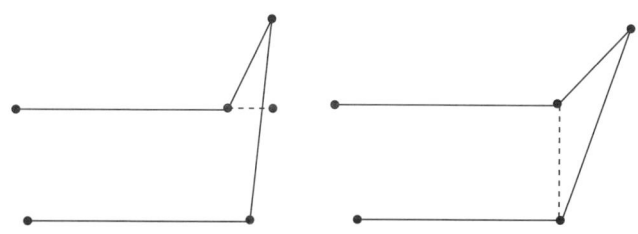

这时经过各组同学的共同努力,基本已经利用GGB把将所有辅助线的添法都列举出来,并尝试总结加辅助线的规律。学生认为一般有两种情况:一种是添加与已知直线的平行线,还有一种就是添加已知平行线的截线。此时教师指出其目的都是为了形成三线八角,便于进行平行线的证明。

最后留下两个变式练习作为课后作业让同学们选择其中一题解答。建议掌握情况较好的学生尽量要完成变式2。

四 效果评估

在传统的课堂上,简单的黑板、粉笔、教科书会导致这节数学课成了要在大量的画图和证明中度过,耗费大量的时间。将电子书包应用于课堂教学,既直观又清晰,也加深了学生对知识的理解。运用现代多媒体技术,从多方面、多角度来解决教学中的重点、难点,开拓学生的视野,有助于提高课堂效率,扩大知识的覆盖面。

从教师角度来讲,虽然课前要做大量的准备工作,但是 pad 的智能批阅、及时统计和有效反馈的功能是很强大的,帮助教师节约了很多时间,并且能有重点地进行知识点和习题的讲解,这与常规复习课相比,无疑是向前迈进了一大步。

从学生的课后反映来看,大多学生认为:第一,这样的方式可以少做很多不必要的练习,高效地完成课堂任务,节约了很多时间;第二,通过组内互教的方式也更容易理解和接受,并且自己的问题都能得到切实的解决;第三,自己在 pad 上动手探究来找规律并证明的方式充分调动了学习的积极性,不像在纸上做题那么枯燥,让图形动起来,更直观容易理解;第四,在授课过程中可随时将自己认为重要的地方进行截图保存,也可去班级画廊里下载例题完成较好的同学的成果进行学习,大大节约了记笔记的时间;第五,对分类讨论、从特殊到一般等数学思想方法有了更深刻的理解和体会,学会寻找问题的内在联系和规律。

五 案例总结

在本案例中,传统的课堂教学模式基本是通过大量的习题和讲解完成对本章的复习,学生在复习课中会感到枯燥乏味,甚至有很多学生是在一遍遍地做自己已经熟练掌握的练习,没有分层分类的教学,浪费了学生很多时间和精力,对拓展题的了解也仅限于画图证明,没能深入到问题的本质。

运用 pad 教学后,首先,其代替老师的人工批阅和统计功能提高了教师工作效率;其次,逐步实现分层分类的教学,不仅提高教学效率还能照顾到每个学生的感受和接受能力;第三,将学生的学习成果上传到班级画廊,每个人都可以资源共享,充分发挥了合作学习的力量;第四,运用 GGB 这个 APK,让学生自己动手在变化中探索数学的奥秘,有助于提高学生学习数学的兴趣。动态几何调动了学生的直觉思维,同时还有助于培养学生观察问题、分析问题、解决问题的能力。

当然运用电子书包授课也有一定的局限性,在学生还未熟练使用的情况下,书写证明过程和打字还是在一定程度上浪费了时间,对教师的课堂掌控和把握能力也提出了很高的要求,这还是一个不断探究和摸索的过程。今后我们要不懈的努力与实践,能将电子书包与初中数学学科的教学逐步实现完美结合,真正让 pad 融入到我们的课堂中去,成为优化我们课堂教学、评估我们教育教学质量的智能化好帮手。

运用几何画板提高课堂教学效率

青岛第二十四中学　刘艳珊

一、案例概述

几何画板对于广大数学教师而言并不陌生，它是目前应用最为广泛的一个几何学教学软件。它利用"几何元素在动态状态下保持几何关系的不变性"这一原理，为平面几何、解析几何、射影几何等学科提供了一个强有力的教学辅助工具。把几何画板运用到数学课堂多媒体教学中，学生就能直接观察到图形的运动路径，使抽象的知识变得更加形象和直观，学生接受起来就很容易了。同时，如果学好了几何画板，直接在课堂上操作，通过多媒体演示，既节省了时间，又提高了课堂效率。用几何画板教学，开阔了学生的视野，为学生提供了学习活动的场所，对发挥学生主体性，激发学生想象力、创造力十分有益。

本案例选取的是《结识抛物线》（北师大版九年级上册）一节。在授课过程中，通过学生动手画图象与几何画板演示生成图象相结合，抽象出 $y=ax^2$ ($a\neq 0$) 的图象与性质，让学生在直观学习的过程中体会函数图象之间的关联和性质，同时感受数字化教学和网络工具的应用价值。本课例因为利用了几何画板，与常规作函数图象再总结图象性质相比，使得函数图象这部分内容的课堂教学时间大大缩短，提高了课堂效率。传统的课堂上，学生用列表、描点、连线的方法作出 $y=ax^2$ ($a\neq 0$) 的各种图象，浪费了大量的课堂时间，解决函数图象性质问题，不直观，效率低，而运用了几何画板能有效地节省作图时间，提高教学质量和学习效果。

二 教学设计

本节课的教学目标是学生通过对二次函数解析式各项系数范围的研究分析,对二次函数的几种特殊形式形成整体感知;了解二次函数 $y=ax^2$ ($a\neq 0$)的图象是抛物线,掌握用描点法画图的方法,理解并能判断二次函数图象的顶点、对称轴和开口方向等直观性质。对函数图象及性质的研究方法形成再次认知,体会其中的数形结合,引导学生掌握从具体到抽象及类比的思想方法和思维方式。

案例的学习者为九年级学生,学生的基础较好,已经开始由形象思维向抽象思维过度,在学习了一次函数、反比例函数的概念、表达式、性质和应用等相关知识内容后,已经具有画函数图象、根据图象抽象概括函数性质的能力,但是不具备熟练应用几何画板自主学习的能力。因此,本案例采用班级集中讲授的教学模式,多媒体辅助教学。

三 教学过程

(一) 整体感知特殊二次函数 $y=ax^2$ ($a\neq 0$)

在本环节中学生通过对"你认为二次函数最简单,最特殊的形式是什么?可否参照二次函数的一般式把你认为最特殊的二次函数的形式写出来?"问题的思考,学习数学问题研究方法,即从简单到复杂、从特殊到一般。学生自然想到当 $a=0$ 时,二次函数最简单、最特殊。接下来学生就明确了学习内容与目标,即研究二次函数 $y=ax^2$ ($a\neq 0$)的性质,对于 $y=ax^2$ ($a\neq 0$)的 a 的取值教师要引导学生思考 a 可取哪些值。通过这一问题的思考,培养学生全面思考问题的能力。学生会从有理数的分类考虑,可以有整数、分数,正有理数、负有理数,接下来就要从 $a=0,1,2,3,\cdots;a=-1,-2,-3,\cdots;a=\dfrac{1}{2},-\dfrac{1}{2},\dfrac{1}{3},-\dfrac{1}{3}\cdots$ 这些取值中选取一个最简单、最特殊的 a 值进行代入,再一次使学生体会到"从简单到复杂,从特殊到一般"的思想方法。

在绘制二次函数 $y=x^2$ 的图象之前,学生需要通过类比一次函数、反比例函数的学习过程与性质,发现研究二次函数性质的方法就是作出函数图象,继而开始作二次函数 $y=x^2$ 的图象。期间,学生通过对"画图象的步骤有哪几步?""列表时选取几个点能够刻画函数图象?""x 的值取哪些值方便运算?"等问题串答案的组内交流,得出画图象注意事项,即二次函数图象列表描点时要尽量多取一些数值、多描一些点,这样既可以方便连线,又能较准确地表达函数的变化趋势。

为了使学生亲身经历制作图象的过程,学生绘制图象期间教师要收集4种资源,即4幅图象,包括没有用光滑曲线连接点的图象、图象两端没出头的图象、没有写表达式的图象和正确的图象。利用实物投影展示资源,目的是使学生亲身经历作图过程的同时,通过组内同学之间的交流合作找出作图要点,即:① 用光滑曲线连接;② 图象两端要出头;③ 图象旁边及时标注表达式。

通过以上活动,学生体会到了研究函数问题的方法,在过程中又学习了如何绘制二次函数图象,为后面其他二次函数图象性质的研究打下了方法基础。

(二) 抽象概括 $y=x^2$ 的图象性质

有了动手操作基础后,教师带领学生们利用几何画板做出正确的二次函数 $y=x^2$ 的图象,即改变几何画板中变量 a 的值使之等于1,则几何画板自动生成 $y=x^2$ 的图象。

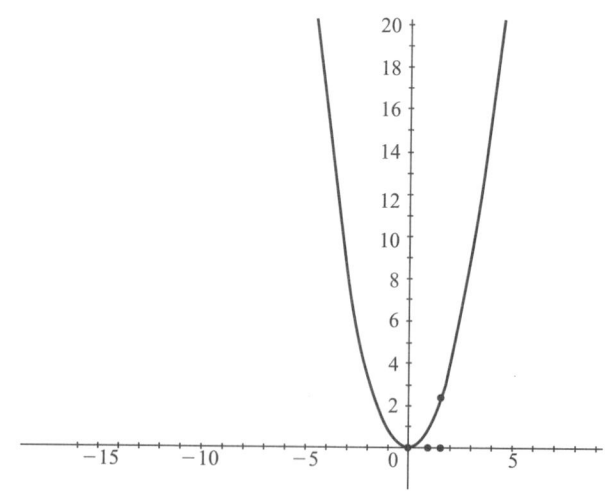

通过图象对抛物线进行定义,学生类比其他函数图象性质,小组交流、总结当 $a=1$ 时二次函数 $y=x^2$ 的性质。

① 对称性:抛物线关于 y 轴对称,y 轴就是它的对称轴,即直线 $x=0$。

② 顶点:对称轴与抛物线的交点叫作抛物线的顶点,$y=x^2$ 的图象有最低点,是$(0,0)$。

③ 抛物线 $y=x^2$ 在 x 轴的上方（除顶点外），开口向上，并且向上无限伸展；当 $x=0$ 时，函数 y 的值最小，最小值是 0。

④ 当 $x<0$（在对称轴的左侧）时，y 随着 x 的增大而减小；当 $x>0$（在对称轴的右侧）时，y 随着 x 的增大而增大。

通过几何画板生成图象，学生表示因为多媒体比实际绘图准确，所以从直观感受上更容易接受。几何画板操作简单，且图象的性质更加清晰，与常规教学相比，既节约了绘图时间，又给学生以动手操作的新颖、有趣的课堂体验！

（三）$y=ax^2(a\neq 0)$ 图象的性质

有了前面探究的基础，学生接下来就要猜测并组内讨论。当 $a=-1$ 时，二次函数 $y=-x^2$ 的图象与 $y=x^2$ 的图象有哪些不同？初三的学生具有了一定的抽象思维基础，这一问题发展了学生的抽象思维能力。学生根据表格数据猜测，当 x 取相同值时，y 的值变为原来值的相反数，则图象上对应的点的位置变为三、四象限的点，随着图象点的位置的变化，图象整体的性质就发生了变化。接着学生点击"隐藏 $y=x^2$"按钮，再点击"显示 $y=-x^2$"按钮，就可以利用几何画板生成二次函数 $y=-x^2$ 的图象，学生们观察几何画板，类比总结 $y=-x^2$ 的图象性质。

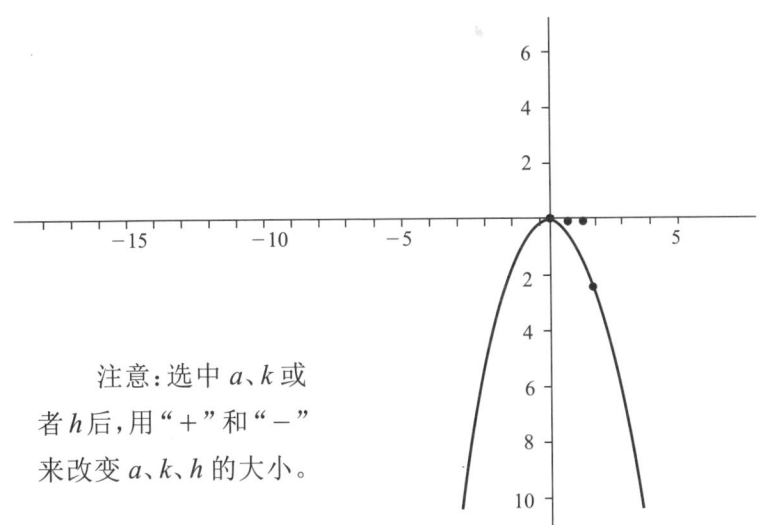

注意：选中 a、k 或者 h 后，用"+"和"−"来改变 a、k、h 的大小。

$y=-x^2$ 的图象性质。

① 对称性：抛物线关于 y 轴对称，y 轴就是它的对称轴，即直线 $x=0$。

② 顶点：$y=-x^2$ 的图象有最高点，是 $(0,0)$。

③ 抛物线 $y=-x^2$ 在 x 轴的下方（除顶点外），开口向下，并且向下无限伸展；当 $x=0$ 时，函数 y 的值最大，最大值是 0。

④ 当 $x<0$（在对称轴的左侧）时，y 随着 x 的增大而增大；当 $x>0$（在对称轴的右侧）时，y 随着 x 的增大而减小。

此处利用几何画板，既节约了有限的黑板作图的时间，又给学生以视觉上的冲击，与之前的 $y=x^2$ 的图象相比，二次函数 $y=-x^2$ 的图象性质一目了然。

继而学生们会思考：刚才只对 $y=\pm x^2$ 的图象及性质做了研究，$y=ax^2$ ($a\neq 0$)的图象会与这两种图象有何异同呢？下面学生们只需点击"显示 $y=2x^2$""显示 $y=-2x^2$""显示 $y=\frac{1}{2}x^2$""显示 $y=-\frac{1}{2}x^2$"按钮，则几何画板就生成了 $y=ax^2$ ($a\neq 0$)当 a 取其他有理数时的图象，学生观察几何画板，类比刚才总结的 $y=\pm x^2$ 的图象性质，就会总结出 $y=ax^2$ ($a\neq 0$)的图象性质。学有余力的学生可以更改 a 的值，生成更多的 $y=ax^2$ ($a\neq 0$)的图象，生成的图象越多，就越符合数学探究问题原则，即通过大量的事实依据总结性质。总结期间，学生会发现 $y=ax^2$ ($a\neq 0$)的开口大小与 $|a|$ 的大小之间有关系，即 $|a|$ 越大开口越小。

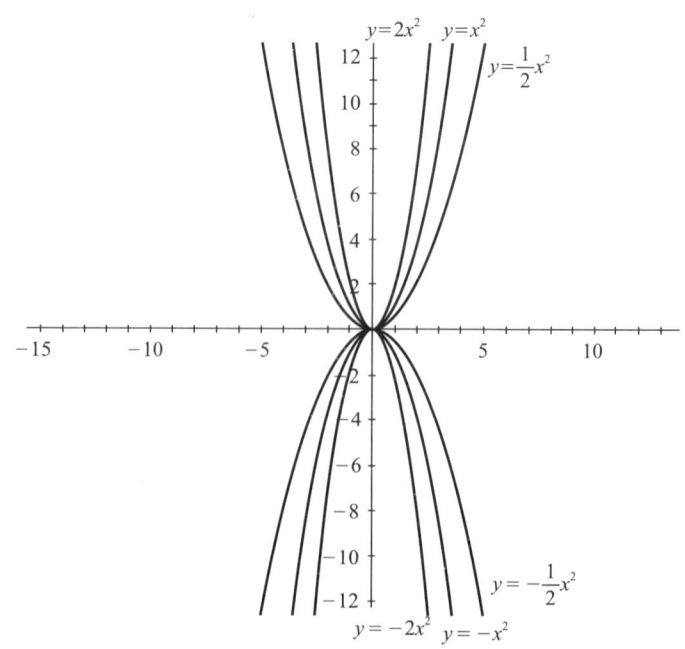

这一过程丰富了学生的动手操作与学习经验,还为学生回家自主探究其他二次函数图象性质打下方法的基础。

教师PPT展示:$y=ax^2(a\neq 0)$的性质,学生以填空的形式总结完善。

二次函数$y=ax^2$的性质

	$a>0$	$a<0$
简图		
开口方向	开口向上	开口向下
顶点坐标	(0,0)	(0,0)
对称轴	y轴	y轴
最值	当$x=0$时,y有最小值为0。	当$x=0$时,y有最大值为0。
增减性	在对称轴的左侧,y随着x的增大而减小,在对称轴的右侧,y随着x的增大而增大	在对称轴的左侧,y随着x的增大而增大,在对称轴的右侧,y随着x的增大而减小

通过上述图象的展示,学生对于二次函数$y=ax^2(a\neq 0)$的图象性质有了深刻的认识。与传统教学相比,利用几何画板不仅节约了课堂上大量的作图时间,还给学生以新颖、生动的课堂学习体会,学生们学得认真,操作得认真,总结得全面,在学习方法与学习态度上得到进步与提高。

(四)课堂小结

通过本节课的研究,我们得到了二次函数$y=ax^2(a\neq 0)$的性质,同学们掌握了研究函数性质的方法,即从特殊到一般的数学思想方法和思维方式,学习了数形结合思想方法以及从具体到抽象的思想方法。下节课我们将研究二次函数$y=ax^2+c(a\neq 0)$的性质,请同学们运用今天学习的研究方法回家先自行研究,下节课我们比比看,看谁研究的结果最准确。

方法指导加上学生自己动手操作得到了几何画板生成的函数图象,为学生自主学习打下了良好的方法与兴趣基础。相信学生们在今后的学习过程中,会自主地饶有兴致地在数学探索问题的世界里自由地翱翔!

四、效果评估

传统的抛物线性质教学，需要学生利用有限的课堂时间，列表、描点、连线画出抛物线的所有情况再总结归纳抛物线的性质，因为时间有限，所以大部分教师会在课堂上只让学生绘制出 $y=\pm x^2$ 的图象后直接总结二次函数 $y=ax^2(a\neq 0)$ 图象性质，这样就违背了我们教学的原则，即必须通过大量的事实依据总结性质。

本案例通过几何画板直观展示六种二次函数图象，使学生在感官上直接受到冲击，对二次函数 $y=ax^2(a\neq 0)$ 的图象形成直观鲜明的认知；通过类比六种图象的开口方向、开口大小、对称性，很快就可以抽象概括出函数图象的性质；通过几何画板演示，使抽象的知识变得更加形象和直观，学生接受起来就很容易！同时六种图象的绘制符合教学原则，避免常规教学出现的原则冲突问题，还大大节约了学生课堂作图时间，使得课堂生动有趣。学生普遍反映对几何画板教学很感兴趣，建议老师在今后教学中广泛使用、多多益善！

五、案例总结

常规二次函数图象性质教学中，往往是给出理论上的方法，没有运用数字化资源，不让学生经历探究的过程，这样处理教材使数学课堂失去了应有的魅力，难以激发他们学习数学的热情和兴趣。而用几何画板辅助教学则完全不一样，利用动态图形变换进行变式教学，可以培养学生的迁移能力；利用动态几何作图功能验证动态几何图形中隐藏的规律，可以增强直观感觉、加深认识，培养学生学习数学的兴趣，同时还有助于培养学生敏捷思维和观察问题、分析问题、解决问题的能力。运用几何画板教学可以给课堂注入生机，带来无限的活力！基于以上经验，建议各学校在几何画板的使用方面加强对教师的指导，发挥学校的引领作用，使教师通过这一学科工具的应用大大提高课堂教学效率。

"翻转课堂"在思想品德教学中的应用

青岛第七中学　张　萍

一　案例概述

计算机技术和网络技术的发展不断地改变着人们的生活方式、工作方式和学习方式，也改变着我们的教学方式。运用计算机多媒体技术实现"课堂翻转"，改善传统的粉笔、黑板式思想品德课教学方式，走向视、听、形、声结合的现代化的高效率思想品德课教学方式，把现代科学技术的成就运用到教育教学活动中，对思想品德课教学的发展具有非常重要的意义。

本案例选取的是九年级的新授课《可持续发展——我们面临的重要课题》。首先教师通过新闻视频使学生了解我国人口、资源、环境形势，使学生直观地认识到保护资源、环境的重要性，培养学生对人口、资源、环境的忧患意识，提高学生的学习兴趣，从而自觉地培养自己的社会责任感和主人翁意识。

新课程方案要求教学关注学生学习兴趣和学习经历，关注社会进步和科技发展，使课程内容更具应用性和时代气息。教师提前布置学生搜集资料制作成微视频，课堂上学生展示了自己的成果，既达到了德育教育的效果，又提高了学生的实践能力和创新能力。实施可持续发展是学习的难点，内涵丰富抽象程度较高，学生理解有一定的难度。教师课前录制微课，课前发给学生回家自己学习，课堂上引导学生梳理知识。由于多媒体具有直观性，通过画面、声音、色彩的展示、传递信息，使学习内容由间接变直接，由抽象变具体，由深奥变浅显。这样，有利于把许多抽象的思想政治问题具体化和形象化，帮助学生加深对基本概念、原理的理解和把握，有助于学生记忆、理解知识，使学生对教学内容能深刻理解、灵活运用、记忆牢固。

二、教学设计

本节课的教学目标是通过学习,使学生懂得人口问题的严重性,认识到保护资源、环境的重要性,培养学生对人口、资源、环境的忧患意识,引导学生关注热点、关心国家和社会发展,从而自觉地培养自己的社会责任感和主人翁意识,提高学生观察事物的能力和探究性学习的能力。

本案例的学习者为九年级学生,学生有了一定的知识储备,生活范围逐渐从家庭、学校扩展到社会,基本具有运用课本知识解决实际问题的能力,但是还不能熟练地运用知识,而知识本身又具有一定抽象性。基于对学情的分析,我从学生的认知水平和生活实际出发,充分考虑到他们现有的知识和生活经验背景来选择材料为课题服务。教师课前搜集人口资源环境的视频材料、文字材料、图片等内容直观形象的资料,课堂上利用多媒体给学生播放视频,创设此情境激发的学生参与课堂教学的兴趣。另外,本节课通过收集资料,充分为学生提供了合作、探究的机会,注意培养学生收集和处理信息的能力,获取新知识的能力、分析和解决问题的能力。本节课充分利用现实生活中鲜活的材料,拓展、延伸教材内容,坚持用正确的价值观引导和启发学生独立思考,增强学生的责任感和使命感。

本案例设计主要分为三个环节:学生通过课前观看教师录制好的教学视频,学习本节课的教学内容,做好课前预习工作;课堂上,学生组成小组,共同讨论,协作完成教学任务,小组合作不能解决的问题也可以向教师请教;最后由小组代表与班级同学将自己小组成果与大家共同分享。在课堂教学中运用翻转课堂、资料展示、课堂观看微课、小组讨论、交流探究等形式分层教学。多媒体辅助教学可灵活地运用各种信息,使思想品德课教学与国内外形势、当前社会热点、时代聚焦点有机结合起来,增加信息量,反映时代脉搏,丰富教学内容,提高了教学效率。

三、教学过程

(一)课前准备,导学一体,变教师上课资源为学生学习资源

1. 教师准备

(1)在对教学内容分析的基础上,搜集相关资料,将授课内容制作成PPT课件。制作课件时尽量考虑色彩、内容,争取图文并茂、生动形象,能吸

引学生的注意力。同时,针对本节课的教学内容,可以搜集一些相关的拓展性资源。

（2）课前设计自主学习任务单,包括学习指南、学习任务、问题与建议等内容,提前一天或几天将任务单布置给学生,提供配套学习资源,制作微视频,供学生提前学习;同时,搜索相关的练习题,供学生在课前预习后自我检测。

任务单采用任务驱动、问题导向的方法,帮助学生认清教学目标,明了学习途径与方法,并借助与之配套的微课学习资源实现高效自主学习。

2. 学生小组准备

（1）学生以小组为单位,通过网络收集资料,分组进行调查,制作相关课件,为完成学习任务做好准备工作。

（2）学生下载学习资源库中的视频资源进行观看,完成自主学习任务单给出的任务。学生完成任务单给出的任务遇到困难的时候,可以通过观看微课,或者阅读、分析其他由教师提供的配套学习资源来完成任务单给出的任务。在视频观看结束后,学生可以登录作业平台做一些习题检测预习效果,还可以在网络平台上与同伴进行简单交流。

这些活动由学生在校外的业余时间完成,改变了师讲生听的教学方式,在培养学生自主学习的同时发展了他们搜集信息的能力。

（二）课堂教学方式创新,实现知识的内化和能力的拓展

1. 课堂检测

检验学生课前自主学习情况和成效,让学生在收获学习成就感的同时发现自主学习中存在的问题。

2. 小组展示

课堂小组展示搜集整理的资料和分组调查结果,不仅可以为学生提供多种获取知识的渠道、改善学生学习的方法、激发学生的学习兴趣、拓宽学生的知识面,而且可以拉近学生与社会现实的距离,更好地使其关注社会,增强社会责任感,使学校教育更加贴近社会现实,提升学生解决实际问题的层次,还可以在进一步调动、激发学生学习的积极性、主动性和探究性的同时,促进其知识的内化。

3. 协作交流探究

学生以小组为单位,对学习中遇到的疑难问题进行交流,通过小组合

作、互助,进行同伴学习。

（1）学生观看微视频,阅读材料。

材料一:微视频:《我国将迎来三大人口高峰》

我国将在21世纪上半叶迎来总人口、劳动年龄人口、老年人口三大人口高峰。我国将于2033年左右达峰值15亿人,14岁至64岁的劳动年龄人口将于2016年左右达到峰值9.9亿人,到21世纪40年代,老年人口将达到峰值3.2亿人。

材料二:图表资料,我国主要资源资源情况与世界水平比较。

自然资源	总量	人均量
淡水资源	第6位	第55位
耕地面积	第3位	第126位
森林面积	第8位	第107位
草原面积	第2位	第76位

图片资料:餐桌每年倒掉600亿元的食物。

材料三:微视频《要生存不要污染》展示环境破坏与污染的画面。

据《科技日报》报道,我国经济高速增长,但能源利用效率低,万元GDP能耗水平超过发达国家3～11倍,资源和环境的承载力已近极限。

（2）自主探索,小组协作。

请结合材料,阅读教材,完成下列问题:

① 三段材料分别说明了哪些问题？我国目前的状况如何？

②上述三大问题给我国经济和社会发展带来了哪些危害或影响?

③面对上述问题我国该如何选择?

学生根据问题导读阅读课本找出知识点,组内成员可通过平板电脑中多媒体电子书、网上搜索等方式来扩充知识内容。教师组织全班交流后,点拨讲解,完成知识内化的过程。

(3)共同探究,小组展示。

引导学生分析人口、资源、环境与经济发展之间的关系,认识可持续发展的必要性。

处理关系的途径——走可持续发展之路

观看微视频,阅读材料,运用知识解决问题,提高学生运用知识解决问题的能力和理论联系实际的能力。

绿色奥运是北京奥运会的三大理念之一,而在奥运会的场馆设计中,这个绿色的理念也是无处不在,节能环保的设计成为场馆中的亮点,独特而又巧妙。水立方是奥运三大标志性建筑之一,10万平方米的膜外衣结构不仅十分结实,可以经得起一辆汽车的重量,而且环保,能利用雨水自洁,每年还能回收雨水1万吨,相当于100户居民一年的用水量。另外,水立方的膜结构能使自然光得到充分利用,节约电耗50%。

①绿色理念体现了我国大力实施什么战略?请你说说对这一战略的认识。

②场馆为什么要重视节能环保的设计?结合课本知识分析说明。

③节能环保征集令:联系生活实际,共享你的节能环保小诀窍。(写出你的节能环保金点子)

目的:①通过微课学习材料题解题方法;

②学生交流讨论运用知识和方法解决问题;

③教师巡回批阅,发现问题及时讲解;

④ 小组展示研究成果。

经过自主探究、协作学习之后,学生把自己或小组在学习活动中的收获汇集、整理成各种形式的作品进行成果展示,个人或组间通过多种方式在班级进行表达、交流最后互相补充。

通过学生协作交流,解决学习中遇到的问题或困惑,通过展示活动让学生将所学知识向其他同学进行解释、阐述,可以有效促进学生将所学新知识立即加以应用。这种学习效果是最好的,记忆保持率也最高。研究发现,如果教师通过讲授法,学生所学知识第二天的保持率是5%,而通过展示活动学生所学知识第二天的保持率将高达90%。

4. 反思拓展

(1) 引导学生进行知识回顾反思,形成完整的知识体系。

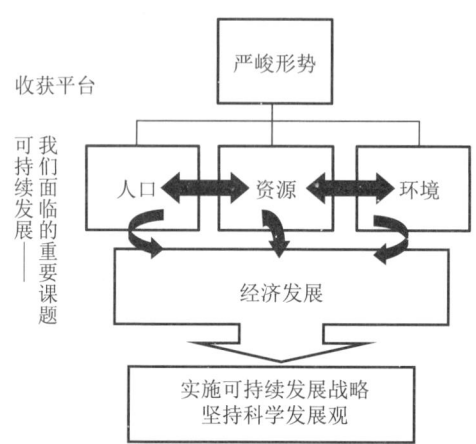

(2) 引导学生反思自己的学习,及时调整自己的学习态度、方法和策略,促进学生持续、健康发展。

四 效果评估

"翻转课堂"以信息技术为基础,改变了传统教学知识传授和知识内化的过程,将原本在课堂上讲授的内容录制成视频,连同相关的课程和学习材料一并放置到网络上;学生通过网络下载视频和课件进行课前预习,并完成一些习题进行自我检测,教师根据学生检测结果归纳教学重难点;在现实课堂上学生完成作业,遇到问题组成合作小组与同学讨论协商解决,或者向老师请教。这种教学模式充分尊重学生在学习过程中的主体地位,培养了学生自主学习的能力,调动了学生学习的参与性和积极性,提高了教学效果。

将传统课堂40分钟的讲解浓缩为15分钟,教师少讲、精讲,节约群体授课平均化教学的时间,学生就有了大量的自主学习时间。学生课前已经完成了对知识的学习,在课堂上先独立做作业,对于难题则通过小组协作的方式来完成,组内不能解决的问题通过全班讨论来解决,全班学生都不能解决的由教师来解决。在学生独立或互助学习时,教师巡视课堂,给学生以必要的个别指导。"翻转课堂"让所有学生都有事可做,让所有学生都"动"起来、"忙"起来,增加了师生之间和学生之间的互动和个性化的接触时间,从而实现了包括师生之间、学生之间的合作与教师的职业发展和学生的全面成长的共赢,产生了最大的教学效果。

五 案例总结

本节课根据教学内容的需要,利用信息技术创设与教学内容有关的情境,通过收集人口资源环境的视频材料、文字材料、图片等内容在教学设计中为学生提供了大量的感性材料,增加学生的感性体验,以已有的生活经验为依托,提高认识,升华情感,内化品质。学生在开展探究、构建知识的过程中,发展了搜集整理运用信息解决问题的能力、协作学习能力、迁移实践能力,并在交流合作中增强了竞争意识,为适应信息时代的发展要求奠定了坚实的基础。在教师的引导下,学生会得到更多的感受和启发,情感领域的教学目标也会水到渠成。

在思想品德教学中采用全新的翻转课堂教学模式,录制教学视频的质量、教师对学生的指导、学生学习时间的安排、课堂活动组织情况等都对教学质量产生重要的影响,因此对教师信息素养能力的培养至关重要。同时,"翻转课堂"教学模式要求学生也必须拥有良好的自主学习能力以及信息素养,才能很好地利用教学视频来学习,并在学习活动中解答自己的疑问。因此,要使"翻转课堂"教学模式有效地运行与发展还需进行深入的探讨,努力探索适合我国国情的"翻转课堂"教学模式。

运用微课实现思想品德课"翻转课堂"

青岛第二十四中学　韩美香

一、案例概述

初中思想品德课程标准指出：随着社会的发展进步，思想品德教学要运用现代化的教学手段以实现培养学生创新意识和实践能力的目标要求；运用信息技术教学激发学生学习思想品德课的兴趣，促进学生开放思维；弘扬中外优秀文化，培养学生学会合作、学会负责、学会分享、学会做人，成为具有独立个性、人格的社会主体。

本案例选取的是九年级的两会新闻专题复习课。首先我通过新闻视频引入两会的两点之一——节俭，提出问题引导学生运用知识解决实际问题，增强了课堂的直观性和形象性，提高了学生的学习兴趣。初中思想品德课的落脚点在于学生能够把知识内化为行为，做负责人的公民。因此，在讲授学生身边的节约现象和浪费现象时，我提前布置学生搜集资料制作成微视频，课堂上学生展示了自己的成果，达到了德育教育的效果，又提高了学生的实践能力和创新能力。本节课的另外两个篇章——安全篇和改革篇，课堂上给学生准备了文字资料和解决的问题组。由于涉及的知识面比较广、综合性较强，考虑到有一定的难度，我给学生准备了微课资源包（知识包、方法包、思路点拨包），课前发给学生回家自己学习微课，课堂上利用微课翻转形式引导学生梳理知识，并且通过方法指导、思路点拨等进而启发学生思维，提高学生运用知识发现问题、分析问题、解决问题的能力，从而增强学生的责任感和使命感，引导学生过积极健康的生活，做负责任的公民。这种新的授课方式和教学手段改变了以往老师的一言堂说教，而是把课堂真正还给了学生，课堂成为学生主动探究的主阵地，学生的主动性和积极性明显提高，课堂有了生机和灵性。

二　教学设计

本节课的教学目标是通过两会中的新闻热点,选取典型习题引导学生认清我国的国情,能准确回忆并运用依法治国、法律的作用、改革、基本经济制度等相关知识;提高学生搜集、处理信息的技能和参与社会生活的意识,学会用科学的观念分析问题,培养学生的民主参与能力;培养学生的民主意识、法律意识和责任意识,引导学生关注热点、关心国家和社会发展,树立主人翁的意识,为国家和社会发展贡献自己的一份力量。

本案例的学习者为九年级学生,学生有了一定的知识储备,基本具有运用课本知识解决实际问题的能力,但是还不具备熟练和综合系统运用知识分析新闻热点的能力。

基于对学情的分析,学生不能熟练地运用知识,而知识本身又具有一定抽象性,我课前搜集直观形象的资料,课堂上利用多媒体给学生播放视频两会新亮点(矿泉水实名制),学生通过观看视频感受到两会的节俭之风,创设此情境激发了学生参与课堂的兴趣,自然而然把学生带入本课的两会专题复习。本案例设计主要分为三个板块:简约篇、安全篇、改革篇。

由于是复习课,学生对知识和解题方法的掌握情况不一,因此在课堂教学中运用微课翻转课堂、课堂观看微课、小组讨论等形式分层教学。学生可以根据自己的实际情况做出选择,我适时点拨,避免了传统课堂的"一刀切"现象,教学更加有针对性,学生的学习状态更佳。为了达到好的学习效果,在教学活动中运用了以下教学策略。

在活动一中运用小组合作学习的教学策略,在展示资料"聚焦两会新变化"后,以小组为单位合作完成学习任务。

在活动二中运用研究性学习的方法,在解决生活中勤俭节约的好做法和身边的浪费现象时,课堂布置学生搜集资料进行研究性学习,以小组为单位制作微视频,课堂小组代表做展示。

在活动三、四中主要运用微课形式进行课堂翻转,多媒体展示两会安全资料后要求学生运用知识解决问题组。

我在本课教学中重点利用微课实现分层次教学,知识和方法都掌握的学生可以直接做学案题目,有困难的学生可以继续通过微课资源进行学习知识和方法以及各题思路点拨之后再进入解题环节。掌握得好的学生,可以全部解决所给题目;有困难的学生,可以在微课的帮助下解决两个或三个题目;

没有在课堂解决的或课堂上掌握得不够好的学生,可以把本节课的微课资源带回家继续学习、解决问题。

微课教学可以适应学生的个性发展,更方便进行分层教学,能促进学生的自主学习,为学生提供更宽松的学习环境。

三、教学过程

(一)简约篇

(1)播放视频《矿泉水实名制》。

2014年3月3日,一年一度的全国政协会议和全国人大会议如期而至,多项举措让今年的两会劲吹低调简约务实之风。

亮点一:今年两会代表和委员们取消包机转乘普通航班;会场没有鲜花、果盘,公共场所禁烟;家常菜成主角,代表委员们自觉"光盘"。

亮点二:合理安排全体会议时间,尽量减少会议车辆扰民。为错开上班高峰,减少扰民,将大会前两次全体会议安排在上午9点半召开。全体会议不封路,无警车开道,车队间隔发车,只安排交警在头车引路。

亮点三:为了人民更好地了解两会,今年两会期间,全国人大和全国政协继续开通官方微博,发布信息和征集社情民意。同时,为了更好地与网民互动,人代会还专门安排了多名"80后"代表与网友在线互动,畅谈生活、理想、工作,真正拉近网民与两会之间的距离。

(2)展示材料。

(3)提出问题。

① 请结合3个亮点,运用课本知识分析说明今年的两会都有哪些新气象? ② 请列举生活中你勤俭节约的好做法。你认为在我们的身边存在哪些浪费现象? ③ 请你为培养同学们的节俭意识,给学校提出三条合理化建议	① 学生思考后,小组讨论交流 ② 教师组织全班交流后,统一讲解 ③ 学生明确答案后,整理记忆
① 学生小组交流合理化建议 ② 教师组织全班交流并及时评价	① 此部分内容课前布置学生搜集资料,录制视频 ② 两个小组分别进行微视频展示 ③ 学生谈感想

（二）安全篇

（1）教师从两会中选取几段热点材料,引导学生链接课本知识。

① 展示材料。

保障舌尖上的安全

材料一:近年来,食品安全问题一直受到消费者关注,这也是今年两会讨论的热点。3月5日,国务院总理李克强在《政府工作报告》中表示,用最严格的监管、最严厉的处罚、最严肃的问责,坚决治理餐桌上的污染,切实保障"舌尖上的安全"。

材料二:我国《刑法修正案》规定,只要有生产、销售有毒、有害食品行为就构成犯罪,不管是否造成后果;而一旦造成严重危害或致人死亡的结果,将加重处罚,最高可判处死刑。

今年央视3月15日晚会曝光了杭州广琪贸易有限公司供应的大量面粉、奶油等烘焙类食品原料过期,有些原料甚至过期1～2年。3月17日,杭州市公安等执法部门已对广琪贸易有限公司包括法人代表吴某在内的8人,依法采取刑事强制措施。

② 教师出示问题要求学生运用知识解决问题。

① 学生稍做思考,教师引导学生全班交流

② 学生对照微课,自查并巩固记忆

问题一:结合材料二,谈谈我国法律在保障市民食品安全方面发挥了怎样的作用

问题二:根据李总理讲话,请从依法治国的角度就如何保障"舌尖上的安全"提出你的解决方案,并回答这样做的意义是什么

① 教师组织学生学习微课（材料题解题方法）

② 学生运用知识和方法解决两个问题

③ 有困难的学生可以继续学习,掌握学习方法后做题

④ 教师巡回批阅,发现问题,统一讲解

(三)改革篇

(1) 教师引导学生梳理知识。

(2) 学生对照微课巩固记忆。

(3) 学生进行知识闯关,检测掌握和理解情况(辨别题)。

(4) 学生运用知识解决实际问题(材料分析)。

(5) 给学生准备四个题目。

(6) 教师巡回批阅,发现问题及时讲解。

配套题目

材料一:收入分配改革方案实施细则有望在2014年出台。"提低、扩中、控高"被公认为是中国收入分配改革的基本思路。要通过改革,消除初次分配领域的不公,对中低收入者减税,控制高收入,并消除社会保障上的待遇差异,最终形成"橄榄形"的收入分配格局。这是政府的思路。

问题:请你结合材料,分析国家实施"提低、扩中、控高"改革举措的重要意义。(两个方面)

材料二:民企与国企融合从发展混合所有制的方式来看,现在已经非常清晰了,就是以资本为纽带、按照市场原则实现国有资本有序流动、与非公资本共同发展。

问题:从我国基本经济制度角度分析为什么要促进民企与国企的融合。

材料三:如何推进"人的城镇化",让人们能在城镇安居乐业,是百姓的期盼所在。全国人大代表李连成说,城镇化不能"一刀切"式地大拆大建,要避免搞"千城一面",在城镇化过程中要延续特色、传承文化、留住乡韵。

问题:请运用中国特色社会主义文化理论分析上述材料。(两个方面)

材料四:2014年3月6日李克强总理的政府工作报告中77次提到改革,涉及行政、经济、民生、城镇化、公务用车、医疗、农村农业、国防等多个方面。

问题:

① 用一句话概括上述材料所阐述的改革。

② 运用所学知识说明今年的报告中为什么要77次提到改革。

③ 作为青少年,你打算以什么态度迎接改革。

四 效果评估

我在本案例中运用的数字化教学手段,使单一枯燥的知识直观化、形象化、生动化。通过课前研究性学习,为学生参与社会实践搭建平台,提高了学生的实践能力和创新能力。制作微视频有效培养了学生运用信息技术整合学习资源的能力。"翻转课堂"给学生提供了自主学习的环境。微课教学的丰富资源不仅可以为学生的课堂服务,还可以永久保留,为学生的持续学习服务。学生利用微课学习心灵自由,求知欲得以满足。微课教学可以实现学生的个性化,学生的创造性也得以淋漓尽致的发挥。

五 案例总结

本案例中的复习内容在以往的复习课中大多数模式是教师出示资料、学生做题、教师统一订正答案。这种复习方式长期使用,学生容易失去兴趣,参与课堂教学的热情度会降低。而在思想品德复习课中运用微课教学,可以创设多种情境,调动学生的积极性。微课教学可以帮助学生查找知识的漏洞,及时巩固所学,真正实现课堂教学的因材施教。学生有了微课的帮助,学习的自信心更强了,兴趣更加浓厚,提高了分析问题、解决问题的能力。

随着信息与通讯技术的快速发展,把数字化教学手段引入课堂已经成为一种趋势,要使用好这些手段对教师提出新的要求,如:备课时更充分地研究学情、做到课堂无学生心中有学生;要准确地把握教学节奏,快慢适当,吃透教材;要熟练地掌握数字化教学技术,真正用好数字化教学手段,更好地为教学服务。

实现可视性时空穿越　打造现代化高效课堂

——将信息技术引进德育课教学的新尝试

青岛第二十六中学　王　宏

一　案例概述

《基础教育课程改革纲要（试行）》指出："大力推进信息技术在教学过程中的普遍应用，促进信息技术与学科课程的整合，逐步实现教学内容的呈现方式、学生的学习方式、教师的教学方式和师生互动方式的变革，充分发挥信息技术的优势，为学生的学习和发展提供丰富多彩的教育环境和有力的学习工具。"这就要求每一位教师必须大胆运用信息技术手段开展教学，做新课改的积极推动者和自觉实践者。

本案例选取的是《文明交往礼为先》（鲁教版八年级上册第四课第一节），力求运用现代科技手段，将学生现实生活中符合案例需要的真实片段再现出来，让学生知道礼貌是文明交往的前提，掌握基本的交往礼仪与技能，理解文明交往的意义；特别是借助信息技术手段，以微课形式促进教与学之间的交流互动，让学生体验人际交往用语文明礼貌与否的不同效果和感受，体会讲文明、懂礼貌在日常和社会生活中的作用和价值，做到明理于事、寓教于乐、激发学习兴趣，强化问题意识和创新精神。

本节课要重点解决的教学问题是必须确保让每一个学生都能从"微课"故事中的人物身上看到自己的"影子"，从而产生启发和警示意义，学会文明交往，懂得尊重和宽容。为此，我特意将虚拟人物"小蔡"嵌入微课故事，并贯穿始终，让其在自习课迟到、不喊报告就冲进教室、撞人后还推人的情节片段中展示不文明、不礼貌行为,引导学生在一环扣一环的辨别、分析和判断中逐步形成共识。

二 教学设计

这节课的教学目标主要是从情感、态度、价值观引导学生树立文明交往的意识,养成文明礼貌的行为习惯;在知识层面上明确礼貌是文明交往的前提,理解交往礼仪的原则;能力目标是让学生初步掌握人际交往的基本礼仪,提高交往的能力。

本课在设计上始终遵循着思想品德课的四个教学原则,即坚持正确的思想导向、强调联系生活实际、引导学生自主学习、注重学生的情感体验和道德实践。在教学中始终秉承"在活动中体验、在体验中感悟、在感悟中成长"的理念,努力采用数字信息技术创设活动情境,鼓励学生积极参与,体现思想品德课在导行、德育方面的价值。特别是用视频技术选取学生在现实生活中的不良习惯片段制成微课,充实进案例教学中,真实感、针对性强,有说服力,避免了学生对案例的疏离感,发挥思想品德课对学生世界观、人生观和价值观正向引导作用。

本节课中,微视频《小蔡的故事》是一个重要的关节点。现在的初中生都是"00 后",多为独生子女,在家里享受着 6 个大人的精心呵护,性格取向比较自我,交往过程中不太善于换位思考,不太注重对方感受,不太注意文明细节,引导他们自觉用文明礼貌约束和规范自己的言行,对其人格培养和性格塑造意义十分巨大。为了贴近实际,让学生产生"他就是我"的现实感,必须从学生们学习和生活中撷取真实片段,因为只有"让事实说话"才能拉近距离,让这个虚构的缺点人物成为"熟悉的陌生人",从而让学生在见惯不怪、习以为常中受到启发,不然,其警示性就会大打折扣。为了捕捉到那些展示初中学生代表性"缺点"的照片,我曾悄悄用手机"抓拍"符合教学专题要求的"画面"。事实证明,这一段 2 分钟的视频因为取材于小伙伴身边的实情实景,所以更富穿透力和警示力,成为整节课的导入铺垫和贯穿始终的纽带。

此外,本节课在教学中还大量运用设疑、案例等教学手段,引导学生通过自主学习、探究学习、合作学习、研究性学习等方法,在辨识中明是非,在对比中知礼仪,在寓教于乐中自觉接受文明礼仪,讲求礼貌规范,实现知行合一。

三 教学过程

这节课共设计了 7 个环节。

第一个环节是共同体验阶段,主要通过一段拍自学生的视频《小蔡的故事》引出本课的主题:文明交往礼为先。看到小伙伴"小蔡"出现在视频中,学生们内心情不自禁地发问:"小蔡"到底怎么了?视频结束后,教师提出两个问题:① 小蔡的烦恼是什么?② 他的哪些做法给他带来了烦恼?答案从众说纷纭到众口如一,最终聚焦到本课的主题:文明交往礼为先。

第二个环节是"识礼篇",重点是通过情境模拟推出本节课的中心概念:什么是文明礼貌。我将做好的幻灯片、提前录制好的声音资料、背景音乐合成一段 4 分钟的微课《初识文明礼貌》,其中特意选取了老年和少年孔子两幅图象,将单人讲解改为"二人对话"模式,"老少孔子"分别由我和 12 岁的儿子为之配音,并衬以古筝独奏《高山流水》的背景音乐,引发了学生强烈的心理共鸣,成为本专题课堂教学中的一大亮点。

第三个环节是"理礼篇",将全班分成 2 个大组,通过小组研究讨论,分别指出小蔡的不文明行为的细节并通过示范为同学们展示正确做法。两个大组展开了比赛,在互相评价和彼此挑剔的掌声与笑声中,加深了对文明礼貌用语理解。

第四个环节是"明礼篇",针对视频中班长欲言又止的情形展开讨论,启发学生开动脑筋为班长补充可能的潜台词,进而推出文明交往的原则,并链接课本上的知识点,加强学生对文明交往的理性认识。学生积极发言,围绕小蔡应提高文明礼貌、注重细节设计出好多台词,精彩纷呈,将课堂氛围推向高潮。

第五个环节是"践礼篇",通过角色扮演总结小蔡"受伤"的原因,展示正确的做法。这是本节课的难点,即怎样在生活中时时刻刻都讲文明礼貌。学生即兴扮演的"小蔡"一个个都彬彬有礼,其他学生的掌声也表明,他们内心已经认同了现在的"小蔡",这是经过内心选择和判断作出的选择。事实证明,这种自我选择比 45 分钟的单向灌输更能入心入脑。

第六个环节是播放视频《和谐社会中的文明细节》,引导学生形成共识:只有人人讲文明礼貌,彼此友爱和善,社会才能处处充满温暖和谐。

第七个环节是集中讲授阶段,由教师进行总结提高,倡导文明礼貌之风,要求每个学生从现在做起,争做文明礼貌的公民,并监督身边的人也行为文明、礼貌待人。

最后布置思考题：文明礼貌的标准是什么？不文明、不礼貌的表现有哪些？怎样才能避免成为生活中的"小蔡"？

四 效果评估

传统的政治课教学，很容易陷入简单的说教，道理虽好但说得太多，往往就会引起学生的逆反心理，而大胆采用数字时代的微视频技术，既能引发学生参与的兴趣，也能最大限度地激活其创造活力，对学生提升的是非辨别能力、养成为人处事的良好素养具有重要意义。课后学生反映，微课形式效果好，特别是那个问题人物"小蔡"感觉就像自己一样。还有的学生对老少孔子的模拟对话和背景音乐印象深刻，说仿佛一下子就置身于古色古香的幽幽情调之中，如同身临其境一般。

本节课之所以收到良好效果，可能基于以下特点。

（1）更注重体验式教学。本节课更侧重于学生心理、情感和世界观、人生观、价值观等方面的引导、教育和培养。体验的产生离不开一定的情境，而教师的任务就是要创设恰当的活动性情境，使学生在体验中感悟、在感悟中成长。数字技术的运用，微视频的嵌入，使体验式教学的可视性、可感性特点得到了充分体现。

（2）更注重激发学生的主体性和参与性。本节课注重采用信息技术手段，通过某种艺术形象的设计，特别是微视频故事的嵌入和古典音乐的烘托，把教师的讲解和学生的参与有机结合起来，既发挥了教师的主导性，又激活了学生的参与性和创造力，使学生围绕教师的教学意图不断强化情感交流与心理体验，效果十分明显。

（3）有利于教学的组织管理和教学过程的调控。案例式教学讲授、板书、设问、讨论等环节的组合更有利于启发式教学，可以充分调动、开发学生的思考能力与分析能力，教学效率比较高。

（4）有利于建立新型教学结构。本节课利用信息技术整合学科课程，把培养创新思想和创新能力，促进学生个性发展作为教育的基本出发点，有利于建立起一种能够充分体现学生认知主体作用的新型教学结构。

（5）有利于构造新的学习环境。信息技术的使用和有机整合可以打破课堂条件的限制，从而构造一种新的时空环境。这种环境既支持真实的情境创建,又可以超越时空,穿越古今中外,有利于培养学生创造性地自主发现和自主探索。

五、案例总结

在传统的政治课堂上,教师不厌其烦地讲,学生无精打采地听,除了黑板、粉笔、教科书,就是教材、钢笔、笔记本,教师口干舌燥,学生心不在焉,效果实在是差强人意。将现代微课技术引入课堂教学,既直观又清晰;既有理论性,又有现实性;既解决了教学中的重点、难点,又开拓了学生的视野,增强了课堂效果,扩大了知识的覆盖面。本案例教学曾在胶州实验中学进行过交流,得到了领导和专家的指导、帮助和肯定,所在学校的领导和同事们,特别是从事计算机教学的年轻同事给予了热情的支持和无私的帮助。我切实感受到了现代科技对教学改革带来的机遇,也感到了自己的缺陷和不足,期待在未来的教学实践中不断得到充实和提高。

运用 pad 提高学生英语阅读能力的研究

青岛第五中学　牛泽茜

  案例 概述

初中英语新课程标准中提到,学习英语的目的在于交流,学生的文化意识和对英语学习的兴趣是十分重要的。信息技术的应用更能体现学生的主体地位,对于传统教学中难以表达、学生难以理解的抽象内容、复杂的变化过程、细微的结构等,多媒体通过动画模拟、局部放大、过程演示等手段都能予以解决。它打破了"粉笔加黑板,教师一言堂"的传统教学方法,不但在教学中起到事半功倍的效果,而且有利于提高学生的学习兴趣和分析、解决问题的能力,大大提高了教学效率和质量。对于英语这样一门"国际化"的学科,积极地"走出去",大胆尝试,才更能培养学生的开阔思维和世界意识。

pad 走进课堂,激发了课堂教学模式的改革,既顺应了信息时代的认知方式,也迎合了"00 后"学生的学习需要。教师和学生人手一个 pad,结合着小组合作学习,轻松实现了"翻转课堂"。本案例选取了 Unit 4 Why don't you talk to your parents？Section B 2a-3a（Go for it！八年级下册）。首先,教师通过 pad 将预习、课堂练习题、学习材料等发送给学生,学生在自己的 pad 端操作,教师和学生都能够直观地看出全班同学的学习情况和操作过程,教师收到统计数据后可以针对错误率高的题目重点讲解,实时展示学生的学习进度,提高了教学效率。其次,学生能够利用 pad 本身提供的抢答功能回答问题;"我的相册"和"班级画廊"记录了学生的学习过程和成果;课上老师推送的所有资料学生可以随时查看。这些设计,既增加了学生的关注度和参与热情,也更好地实现了个性学习。另外,教师能够更方便快捷地开展各个环节,只需点击电子书上的图标,就可以展示文本、课件、视频等,突破传统的固定顺序播放，课堂设计也不局限在一个PPT当中，可根据课堂进度灵活变化。

二、教学设计

本节课的教学目标是通过阅读文章，掌握单词、句型和语法知识，运用阅读技巧理解文章；能够与别人交流日常生活中的问题，给出建议；培养学生对英语学习的兴趣，提高学习能力，增强英语的交际功能。

本案例的学习者为八年级学生，学生的基础较好，已经接触、学习过一些基本句型，具有一定的英语思维，能够较好地表达自己的观点，但有些语言表达不够准确，思维广度不够，需要教师引导。

基于对学习者能力的分析，学生对辩论是比较陌生的，我在上课之前精心制作了有关怎样辩论的微课程，并将班级学生分为正、反两个小组，就已知辩题讨论、准备，为课堂的实际展示做好了铺垫，有利于提高课堂效率。

本节课从阅读文章出发，其中包含了一些重点词汇，所以学生要在阅读中体会这些词，并在之后熟练运用。具体活动安排如下。

（一）课前任务单，"翻转课堂"

Task1 通过连线，了解词义，交流你所查到的资料

Task 1 How to use "Guessing the Meaning"

Can you guess their meaning? Try to match them with the meaning.

Keeps on happening	**compete**
Physical exercise and practice of skills	**typical**
Worries about things at home, school or work	**training**
Usual or common	**stress**
Try to be the best or the first to finish something	**continues**
Getting better or bigger	**comparing**
Looking for differences and similarities between things	**development**

Task2 回答问题，疏通文意，把握主旨

Task 2 Read the passage carefully, try to answer the questions.

1. What is the common problem for Chinese and American families?

2. Who gives their opinions about the problem?

3. Does Cathy Taylor think it's important for kids to join after-school activities?

4. Does Linda Miller agree with Cathy? What's her opinion?

5. Does Dr. Green agree with Cathy or Linda? What does she say?

(二) 分段学习文章

概括段意,并重点学习一些单词、句型和语法知识。

(三) 迁移学习,运用阅读技巧 "Guessing the Meaning" 阅读一篇新的文章,并完成练习

How I Learned to Learn English

Last year, I did not like my English class. Every class was like a bad dream. The teacher spoke so quickly that I did not understand her most of the time. I was afraid to ask questions because of my poor pronunciation. I just hid behind my textbook and never said anything.

Then one day I watched an English movie called *Toy Story*. I fell in love with this exciting and funny movie! So I began to watch other English movies, too. Although I could not understand everything the characters said, their body language and the expressions on their faces helped me to get the meaning. I also realized I could get the meaning by listening for just the key words. My pronunciation improved as well by listening to the conversations in English movies. I discovered that listening to something interesting is the secret to language learning. I also learned useful sentences like "It's a piece of cake" or "It serves you right". I did not understand these sentences at first. But because I wanted to understand the story, I looked them up in a dictionary.

Now I really enjoy my English class. I want to learn new words and more grammar so that I can have a better understanding of English movies.

Complete the sentences with what Wei Fen learned from watching movies. Use words and phrases from the passage.

1. I can understand the meaning by watching their _____ and the _____ on their faces.
2. I can get the meaning by listening for just the _____.
3. My pronunciation improved by listening to the _____ in English movies.
4. I learned _____ sentences like "It's a piece of cake" by watching the movies.
5. I can find the meaning of new words by looking them up in a _____.

(四)辩论

将全班学生分为两个大组,围绕辩题"Should children take after-school classes?"进行正反方辩论。辩论环节无疑是最能体现学生口语表达水平的部分。课前组内讨论准备,课上用"抢答"的方式辩论,教师在辩论礼仪和辩论技巧方面进行指导。

(五)设计海报

通过整节课的学习与思考,同学们一定形成了自己的看法,你认为应该怎么度过愉快的一天?哪些放松的方式是你喜欢的呢?请围绕"Children's Day"主题,每小组设计一幅宣传海报。

教师将设计模板和备选图片材料发送给学生,学生通过pad添加文字、图片等。

(六)课后作业分层次完成

A、B层继续丰富完成海报;A层完成一篇小作文,表达你对课后辅导班的看法;B层复述2b课文。

小组合作贯穿始终,互帮互助,集思广益,成为课堂教学的重要策略和模式。

三 教学过程

首先,教师播放一段视频,内容为国外学生的学习与生活,引入本节课主题。然后,教师查看学生的预习成果,学生都能较好地运用"Guessing the meaning"这一阅读策略完成课前任务单中的任务。

接下来教师引导学生对文章分段深入学习。在对重点词汇和语法知识的学习中,通过不同类型的练习如近义词辨析、翻译句子、完成句子等,加强理解,巩固记忆。翻译句子是学生的难点所在,教师可以适当给出生词,提示句型,降低练习难度。

continue v. 持续,继续存在

Can you tell the difference?

When Sally finished her homework, she continued to read books.

The workers refused to continue working.

compare v. 比较

compare...with...

你的新房子和旧房子比起来怎么样?

How does your new house compare with your old one?

学生小组讨论,解决仍存在的问题。之后,知识迁移,完成对另一篇阅读材料的练习题。通过成绩统计可以看出,学生能较好地理解第二篇材料,小组合作也解决了许多问题。

学以致用——辩论。辩论分为两个环节:① 每方一名代表发言,双方交替进行,共10分钟;② 每方2分钟的集中辩论陈述时间。积分多的一方获胜。因事先准备充分,加上小组合作,学生都有话可说。在紧张的辩论气氛中,学生有时会忽略辩论礼仪,对对方的论据反驳不够充分,教师提醒注意后整个辩论成熟了很多。虽然辩论中,双方对"Should children take after-school classes?"执不同意见,但实际情况,大部分学生还是想要一个更加轻松的生

活环境,所以教师就引导学生进入了下一环节:设计海报。

经过一节课的学习,学生对"how to relax"的想法很多,这个活动就是引导学生将想法用准确的语言表达出来,集聚小组智慧,生成一份总结性的作业。有了备选材料,学生更加得心应手些。不过,由于学生对 pad 的使用不够熟练,加之课堂时间比较紧张,小组还需要课后对海报再丰富、再加工,教师在课堂上选取了做得比较好的几组大屏幕展示。

四 效果 评估

传统的教学方式以黑板为主要的展示平台,教师受限,只能展示简单的词组、句型,不能将更丰富的图文材料展示给学生,更无法让学生应用这些材料;学生受限,传统课堂上学生动手的时间少,统一进度无法照顾到个人的接受程度。采用 pad 教学,最直接的是增加了学生的学习兴趣。学生直接参与学习过程,自己动手操作加深了对知识的理解和记忆,符合青少年活泼好动的心理状态,更拉近了学生与知识的距离。教师通过测试成绩的实时反馈,能更清楚地了解学生对知识的掌握情况,有利于突出重点、提高效率。比如,课前预习这一环节既达到了效果,又节省了很多时间。pad 教学也有利于推进小组合作学习,教师可以在课堂的任何位置授课,更方便地关注到每一个学生的学习情况;小组围坐式便于学生讨论交流,屏幕广播便于学生间互相学习,取长补短。总的来说,学生很喜欢通过操作 pad 来学习,整节课的目标达成也比较好。

五 案例 总结

本节课是课堂教学方式的新尝试,给课堂带来了激情与活力。在传统的课堂上,阅读通常是以教师引导、学生回答问题为主,既不利于个性表达,也比较死板、单调。而 pad 教学可以将学生带入到过程中,不同层次的学生都有事可做,课堂不再只是优生展示的舞台,也给了学困生重复学习、避繁就简的学习机会,课堂的效率提高了。pad 教学也启发了教师引导学生用新的视角、新的方法学习,把学习引向一种探究、一种发现、一种过程积累的生成、一种个性的创造。

当然,教学方式应该服务于教学内容,有助于目标达成。在课堂设计上,教师应以知识传授为主，钻研教材，把握主线，不应为了"炫技"而"虚"大于"实"，要让课堂更加顺畅、自然、浑然一体。去掉繁文缛节，化繁就简，pad教学会使课堂更加出彩。

小视野，大世界

——微课环境中的地理"翻转课堂"

青岛第二十四中学　董丽华

一　案例概述

地理课程的实施，关键在于教师的教学。课程标准实施建议中指出："选择多种多样的地理教学方式方法，要根据教学目标、教学内容的特点、学生的年龄特征、学校条件以及教师自身特质选择合适的地理教学方式。注意运用多样化的教学方法，帮助学生学会学习。"

同时，课程标准还提到："要重视地理信息载体的运用，教师要积极利用地理信息资源和信息技术手段，优化和丰富地理教学活动，促进学生学习方式的转变。"

结合学科的特点，充分利用信息技术优化课堂，不仅可以激发学生的学习兴趣，培养学生的思维能力，还可以合理安排课堂、调整教学节奏，达到最佳的教学效果。

在传统地理教学中，教师通常根据教学内容的重点和难点去确定教学内容的详略，这就使得学生齐步走，都要认真聆听老师所讲内容。本案例《微课辅助课堂之经纬网学习》，广泛适用于七年级的新授学复习和八年级的地理中考复习，教师将经纬网部分的知识细化为11个短小、精细的微课资源，授课对象为七、八年级的所有学生。教学过程中，学生可以根据自己的需求选择要观看的微课视频，并可多次学习，在有限的时间里快速、有效地解答疑问；教师可以灵活把握上课时间，学生可以随时满足自己的学习需求，还给学生自主学习的空间，使每位学生都能够积极参与课堂，有效实现分层次教学和个性化教学，提高教学效率；同时，如此精小的学习资源，成功将厚书变薄，将琐碎的知识串连成线，使学生综合分析地理问题的能力得到提升。

二 教学设计

本案例取材于湘教版初中地理教材七年级上册第二章第一节《认识地球》中的重点内容，包括认识纬线与经线、划分纬度与经度、利用经纬网进行位置确定等方面的知识和能力，在整个初中地理学习过程中具有"开山鼻祖"的作用，是解决许多地理问题的工具。关于经纬网概念的问题，一直以来是初中地理教学和学生学习的难点，作为地理学习的第一章，容易使学生产生畏难情绪。

本案例的学习者为七年级和八年级的学生，学习内容涉及由小学阶段的平面思维过渡到中学的立体空间思维。对于初学者七年级的学生而言，刚刚接触平面几何，对立体空间的知识在理解上有一定的障碍，学习起来难度较大；对于八年级的学习者，知识点较为零碎，不好记忆，基础思维形成不够成熟，刚学过转眼又忘了，也造成了复习的困难。因此教师当好"向导"，引导学生自己解决知识的盲点和难点显得尤为重要。

本节课的教学目标是能够说出经纬线的特点、经纬度划分的规律，通过微课辅助学习的新方法使学生能够有效地掌握运用经纬网确定位置的方法和规律，培养学生利用微课资源自主探究的能力，同时在教学中体现分层次教学和因材施教，使每位学生都能在课堂中体验到成就感和自信，培养学生的地理学习兴趣。

基于以上分析，我将此案例中涉及的知识内容细化分为11个小知识点，并分别精心制作了短小的地理微课，内容涵盖经纬线特点到经纬网确定位置的每一个独立知识点。三个资源包，11个微课视频，总时长不到15分钟，却覆盖了传统课堂3~4节课要讲授的内容，其中最长的微课时长才2.5分钟，最短的只有17秒，可让不同程度的学生根据自己的基础和接受程度，有目的地进行自主选择学习、重复学习、多次学习，有效地解决每个学生学习中的难点，实现个性化学习。

同时，本案例将以小组合作、互助学习为基本模式，充分体现以学生为主的课堂。将授课过程中较为零碎的知识点及综合性较强的问题，通过小组合作研讨和交流，学生互助，深化学生对知识的理解，达到共同进步的目的，还原生本课堂。

在这节课的教学中,为了突出"学习对生活有用的地理"这一理念,结合时事创设情境"还原马航失联,如何发出有效的求救信号?",同时出示飞机航班路线地图,学生交流后发现需要具备经纬网方面的知识,进而能够准确定位施救地点,从而激发学生的学习兴趣,使他们主动投入课堂学习中。

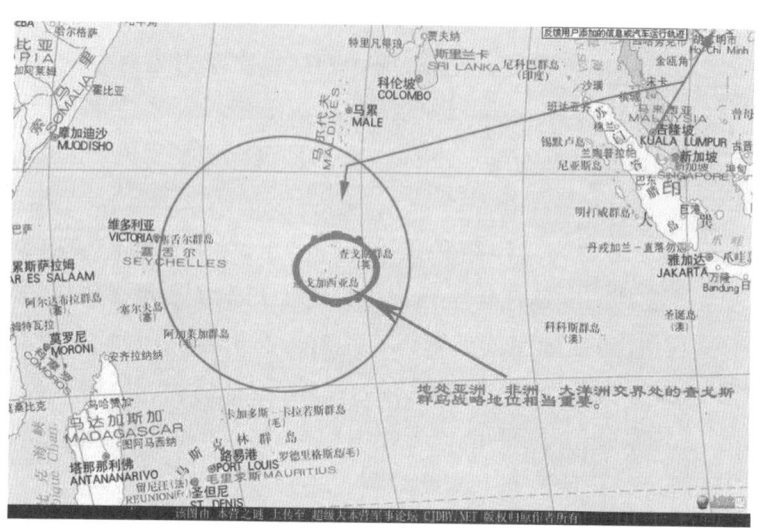

三、教学过程

为了精确地表明各地在地球上的位置,人们给地球的表面假想了一个坐标系,这就是经纬网。今天就让我们在微课的帮助下对经纬网进行有效的复习,希望同学们都能有较大的收获!

(一)第一板块"经纬线的特点"

(微课提供:经纬线特点之形状、经纬线特点之长度、经纬线特点之指示方向)

教师提问:课前同学们已经对经纬线的特点进行了复习,那同学们复习

的成果怎样呢？让我们通过一组反馈练习来检测一下吧。

学生活动：完成学案第一部分的反馈练习（一）（二）。

教师活动：给每个小组内完成较快的同学（组长）批改，并关注小组内4号组员，指导其查找相关微课进行学习。

学生活动：1号学生给组内其他同学批阅，其他学生可继续进行下一部分学习。

教师活动：尽可能批阅更多的学生，巡视学生们的完成情况，并大体掌握错得较多的题目。

将"经纬线特点"这一部分反馈练习中集中出错的个别题目进行讲解，并用教具演示，以利于学生的理解。

（二）第二板块"经纬度的划分"

（微课提供：纬度的划分、经度的划分）

```
F:\微课\青岛24中地理微课（董丽华）\（董丽华 地理）"经纬网学习"资料包\二、经纬度的划分
                              媒体文件（.flv）
频任务                    ▽
                              FLV          FLV
和文件夹任务              ▽
位置                      ▽
                          ▽    经度划分规律.flv   纬度的划分与规律.flv
信息                      ▲
```

学生活动：完成学案"纬度和经度划分"部分的基础过关题，有问题的学生可以查找"纬度"或者"经度"的微课进行学习后再进行过关练习。

教师活动：给每个小组内完成较快的同学（组长）批改，并关注小组内4号组员。

小组合作：1号学生给组内其他同学批阅，并给出现错误的同学进行简单的指导。没有问题的学生可继续进行下一部分学习。

教师活动：巡视学生们的完成情况，更多地批阅学生的基础练习，并找一位同学到讲台前方将部分易错题的答案写在投影白板上。

学生活动：思考易错题，并由学生介绍自己的解题思路和方法。

教师活动：通过特殊的纬线和特殊数值经度的标注，小结"纬度和经度的划分"这一部分内容，明确学生在学习过程中注意方法和规律的掌握。

（三）第三板块"用经纬网确定位置"

（微课提供：用经纬网确定位置、方向判定、南北半球、东西半球、高中低纬度、地球五带的划分）

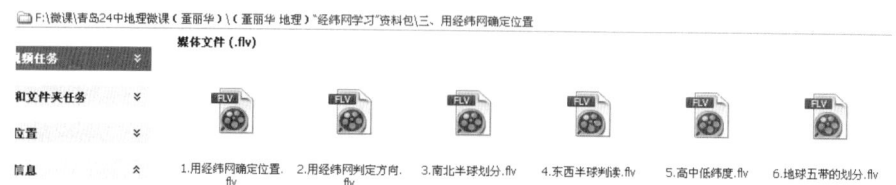

学生活动：学生完成学案"用经纬网确定位置"部分的基础过关题，包含位置坐标的书写、方向、半球位置、高中低纬度位置和五带的位置等。掌握较好的学生可以直接做题，某一部分有问题的学生可以查看相关微课进行解决。

教师活动：给每个小组内完成较快的学生（组长）批改，并关注小组内4号组员。

小组合作：1号学生给组内其他同学批阅，并指导学生查看出现错误的相关知识点的微课。没有问题的学生可继续进行下一阶段的练习。

教师活动：尽可能批阅更多的学生，巡视学生的完成情况，并找一位完成较好、较快的学生到讲台前方将此部分的答案写在投影白板上。

小组合作：各小组学生通过白板的答案，进行组内讨论和交流。

教师点拨：就其中某些容易出错、回答不规范的知识点进行指导、点拨，如判断依据。

通过对基础过关的点拨，小结"用经纬网确定位置"这一部分知识，并引导学生规范思考与作答。同时过渡，突破难点——"高中低纬度位置"与"五带位置"的区别。

反馈练习：学生完成"真真假假"说法判断。教师点拨讲解。

（四）本课学习小结

本节课主要通过对经纬线特点、经纬度的划分等基础知识的回顾，复习了运用经纬网确定位置，包括书写点的坐标、方向、半球位置、高中低纬度位置及"五带"位置，进一步巩固了经纬网部分的学习。

（五）全课反馈练习——"玩转"经纬网

学生活动：自主完成本节课反馈练习

教师活动：巡视，指导有需求的学生，并找一位学生白板书写自己的答案。
小组合作：由1号学生带领大家对答案进行订正，并交流讨论、互助答疑。
教师点拨：对题目中较难、易出错的问题进行点拨、讲解。

（六）分层学习

通过以上的自主复习后，对基础部分仍然存在问题的学生可以返回基础部分进行微课帮助下的再学习，其他没有问题的学生可以进行下一步的"拓展训练"，甚至于"更上一层楼"。教师在期间可根据学生完成的情况进行答案的订正和小范围的指导、讲解，同时关注较薄弱学生再学习的进度和效果。

（七）全课总结

总结学生的学习收获及学生的表现。
布置作业：① 完成学案"更上一层楼"；
② 自主进行下一部分内容的复习。

四 效果评估

在传统授课时一节课的精华总是围绕某个知识点或者某个教学点展开，精彩的、高潮的环节都是短暂的、瞬间的，学生视觉驻留时间普遍只有5～8分钟，若时间太长，注意力得不到缓解，很难达到较理想的教学效果。如果换一种思维方式，只将教学重点、难点、考点、疑点等精彩片段录制下来提供给学生，而且简短视频也方便学生随时随地通过网络下载或点播，能重复使用，利用率高，能较好地满足师生的个性化教学和个性化学习需求。学生在自主学习和合作学习中，有更多的自由时间感到来自自己和同伴所给予的肯定和自信。

一节课下来，学生能够在自己不同的学习程度和基础下达成自己的学习目标，优生能够从中收获更多的反馈，学困生也能在力所能及的范围内掌握一定的知识和技能。

五 案例总结

本案例一改平时传统教学中3～4课时的教学进度，缩短为短小精细的微课视频，大大地提高了教学效率。教师是知识的传播者、学生是认知过程的主体，所以微课不仅能体现以学生为中心的教学理念，而且能体现学生的主体地位,能让学生体会到探究的魅力、体验到成功的喜悦。

　　微课虽然还处于起步阶段,但给我们的教学带来了巨大影响。作为一种教育教学资源,微课有着十分广阔的发展空间和应用前景。

　　让微课"翻转"课堂早日成为现实,让微课给教育带来充满活力的春天!

基于电子书包环境下地理课堂教学的研究

青岛第二十四中学　王婷婷

一、案例概述

随着教育现代化的不断深化，现代信息技术在教育变革中的推动作用正在逐渐加强。目前"电子书包"——在电子移动终端与云技术支撑下的一种数字化学习环境，正在风靡全国。2014年9月笔者所在学校有幸成为青岛市南区教体局首批"电子书包"项目的试点学校。通过1年多的实践与思考，笔者对电子书包环境下的地理教学设计有了一定的认识，切身感受到电子书包给地理课堂教学带来的积极影响。

在实践的初始阶段，笔者被电子书包的屏幕广播、资料推送、抢答、投票等功能吸引，在备课时一味注重"技术支撑教学"，将如何施展这些功能放在首位，忽视了教材和学生。随着研究的深入，笔者意识到电子书包就是教学的一种辅助手段，教学还是要以"备教材""备学生"为主，信息技术是为教育服务的，绝不能使其喧宾夺主。那么，具体该如何结合"电子书包"进行地理课堂的教学设计呢？笔者通过实践总结出在进行教学设计时应关注以下两个方面。

（1）如何利用电子书包有效突破重难点？

（2）如何在"电子书包"环境下，同时关注学生的"个性"学习和"合作"学习？

为进一步阐述以上两个方面，本文选取《选择合适的交通运输方式》（湘教版八上课本第四章）作为案例，进行详细说明。

二 教学设计

（一）教学目标

了解我国主要的交通运输方式及其特点。能根据不通的需求选择合理的交通运输方式。

（二）教学重点、难点及突破

本节的重点和难点是能根据不同的需求选择合理的交通运输方式。由于学生的家庭环境不同，对于各种交通运输方式的体验会存在差异，所以结合时事热点——青岛世园会，创设情境、设计问题，通过一次物流招标会将抽象的知识融于生活中的案例。这样，既平衡了学生的个体化体验，又很好地实践地理课程标准中教给学生"对生活有用的地理"的理念。

（三）学情分析

本节的授课对象是八年级学生。该班从初一就是学校的电子书包实验班，因此学生能够在 ischool 界面下熟练使用 pad，快速完成各种操作性任务。电子书包能够播放动画、语音和视频，学生对这样的学习资源是比较感兴趣的，学习热情较高。

三 教学过程

（一）情境激趣，明晰术语

1. 教师活动

课前推送世园会主题曲 MV 和上海—青岛交通路线图等资料。

提问 1：假如你在上海的朋友，打算暑假来青岛参观世界园艺博览会，向你咨询可以乘坐的交通工具，你会给他怎样的建议？

提问 2：还有别的交通工具吗？同学们列举这么多交通工具，能说说你的理由吗？交通工具和交通运输方式一样吗？它们有何关联？

2. 学生活动

通过电子书包的上网功能，下载教师推送的资源，浏览上海到青岛的交通运输工具。根据教师的启发引导，明确交通运输工具和交通运输方式的区别，了解我国现代化交通运输方式有哪些。

策略说明：以学生的生活体验作为切入点，能够引起学生的共鸣，让大部分学生主动参与到讨论中来；同时，利用电子书包，学生可以根据课题自主选择关键词进行网络资源搜索,从而培养学生利用各种途径获取地理信息的能力。

(二) 主题研讨,突破难点

在李沧的世园会现场,有国内很多省市的展馆,都极具特色,很多材料都是从当地辗转运过来的。根据世园会筹备组的需要模拟一次物流招标会:世园会上海展园需要从上海托运10株8米左右的白玉兰(上海市花)。客户要求:

① 2014年3月1日从上海植物园起运,3月10日前运抵青岛李村百果山,保证在开园前移栽成功。

② 请投标商参考下发的资料,设计合理、安全、经济的运输线路。

1. 前期准备

(1) 教师活动。

① 用 pad 在 iSchool 界面下推送练习。

② 根据电子书包的自动批阅功能,实时了解学生练习的正确率,对学生进行个性化辅导。

③ 小结1:选择交通工具需要考虑的因素有哪些?

④ 推送《交通运输方式的选择》练习题、《五种交通运输方式的优缺点》微课,提示学生在做练习的过程中遇到困难,可以自主选择看微课。

⑤ 小结2:和学生一起总结填表。

(2) 学生活动。

根据教师推送的练习题和微课进行自主学习。

策略说明:本节重难点是能根据不同需求选择合理的交通运输方式。要具备这种能力,首先要了解我国五种交通运输方式的特点,据此设计物流招标会前期准备工作,让学生通过微课自主学习五种交通运输方式的特点、通过电子书包的自动批阅功能进行反馈,教师及时对学生进行有针对性的个性化辅导,增强地理课堂上的师生互动。

2. 现场招标

(1) 教师活动。

① 推送上海—青岛各种交通运输工具的时刻表、几种交通运输方式距离与运价的关系图、青岛交通图等资料。

② 巡视学生小组讨论情况,适时加以点拨。交通运输工具可以建议飞

机、轮船等,提示从青岛港到百果山应考虑进去。突出公路运输比较灵活,可以满足门对门的服务。

③ 利用电子书包实时监控功能,杜绝学生浏览无用网页。

(2)学生活动。

① 明确小组分工:记录员、资料搜集员、标书阐述员。

② 在教师提供的资料基础上,上网搜索相关信息,设计运输方式和路线。

③ 小组合作完成投标书。拍照上传到班级画廊。

策略说明:在了解五种交通运输方式特点的基础上,通过设计投标书,学生对于如何根据实际需要选择合适的交通运输方式和工具有了更深层次的理解。这样设计,弱化了对知识点的死记硬背,突出了对地理基本技能的培养和训练。同时,电子书包为学生进行活动提供了有效的网络资源支持和作品上传的途径。

3. 中标发布

学生以小组为单位进行标书的介绍,师生选择最优秀的两份标书进行投票,宣布结果。

策略说明:采取自评和互评的方式进行评价,丰富了评价体系,极大地发挥了学生主动性。

(三)分享收获,升华提高

交流与分享,让学生进行头脑风暴,深刻理解如何根据生活实际情况和需要来选择合适的交通方式和工具。

(四)探究作业,发展个性

作业要求:暑假就要到了,为你自己设计一条符合自身需求的旅游线路,形成文字和路线图上传到班级画廊。

策略说明:在电子书包环境下,无论是作业的形式还是内容,都变得丰富多彩,既能提高学生对作业的兴趣,同时对教师而言可以结合不同的学生对作业及时的更新。

四 效果评估

与传统的地理课堂相比,本课例在电子书包环境下有以下几点优势。

(1)电子书包能对学生的课堂检测进行自动评阅,并迅速生成全体和个别学生的结果分析图表。这一功能能够将教师从繁重的试题批改中解脱出来，可以有针对性地进行讲解，还可以在课堂上实现高效的分层教学，这是传统课堂所实现不了的。

（2）电子书包与微课结合，可以更好地实现学生的个性化学习。

（3）电子书包的拍照上传功能，为学生提供更丰富的课堂生成资源，也便于师生分享总结学习成果。

（4）电子书包呈现的资源形式多样、内容丰富，能够激发学生的学习兴趣，有效地突破重难点。

五、案例总结

在电子书包环境下进行教学活动设计是一个复杂的、多层次的综合系统。这要求教师在进行教学设计时既要考虑到学科知识、教学目标等地理学科的特点，又要考虑相应的教学活动是否能在电子书包的环境下实现，要能发挥电子书包的"技术辅助优势"。这就是说地理教材并不是每一章节都适合电子书包教学，需要教师进行选取。同时，课型不一，在电子书包环境下教学模式也应有所不同，如新授课、复习课、习题课等。当然，不管是教学内容的选取还是教学模式的应用，只要始终将"如何利用电子书包有效突破重难点""如何在电子书包环境下，同时关注学生的个性学习和合作学习"放在首位考虑，就会真正做到让"技术辅助教育"。

总之，电子书包在地理课堂上的推广和应用还需要一线教师深入研究，形成符合学生认知规律、凸显信息技术和教育完美结合的教学模式，这样，学生才能在轻松愉悦的地理课堂上收获更多。

运用翻转模式打造高效课堂研究

青岛第二十六中学　戚金鹏

一　案例概述

当今的社会是学习型社会也是信息化社会。信息技术与传统的学习方式融合在一起，从而构建了新式教学的平台，信息技术也从技术上升为文化，在教学中发挥着重要的作用。我国教育部制定的初中历史课程标准中就提出："要努力创造条件，利用多媒体、网络组织教学，开发和制作历史课件，开展历史学科的计算机辅助教学。"

适时恰当地将信息技术与历史教学整合，以具体的"图、文、声、像"来创造教学情境，可使抽象的教学内容具体化、清晰化，利用"翻转课堂"模式使学生思维活跃、兴趣盎然地参与教学活动，使课堂教学由以教师教为主变成以学生学为主，从而提高教学质量，优化教学设计，增强教学效果，打造高效课堂。

本案例选取的是《对社会主义道路的探索》（人教版九年级下册第2课）。首先，教师通过课件展示和语言讲述引入"一个诚实的孩子"的故事，导入本课的一位主要人物——列宁。这一环节使学生清晰直观地明确本节课所要学习对社会主义道路探索的重要人物。其次，由于九年级的学生对于世界历史比较陌生，对苏联早期的发展历史更是一知半解，为了让学生能够加深对这段历史事实的认识，教师利用多媒体技术将当时的图片、史料、时人评论等历史资料制作成几个短小精悍的微课程视频，在视频中将丰富的资料集中展示，加深学生对历史的直观认识，激发学生的情感共鸣，为学生开展小组合作、自主探究做好铺垫，在合作中学习，在探究中进步。

二 教学设计

本课的主题是苏联初期对社会主义道路的探索。本课主要讲述了新经济政策的实施和斯大林模式的形成。新经济政策是列宁从俄国国情出发,创造性地运用马克思主义的典范,通过与战时共产主义政策的对比分析,提高学生对于"新"所体现内容的理解。斯大林模式是斯大林在进行苏联的工业化和农业集体化建设过程中逐步形成的一套模式,这套模式的形成既保证了苏联国防工业的强大,也为苏联社会以后的发展埋下了许多隐患。如何正确评价斯大林模式,是本课要突破的难点。

本课的学习者是九年级学生,他们已经掌握了一定的历史知识,并初步具备了分析问题、解决问题的能力,因此可以通过微视频自学来调动学生原有知识储备的提取使用,通过小组合作学习来提高学生的归纳、分析、整合能力,并做到重点突出。本课的内容较为抽象,理论性叙述较多,教师借助图片和影像资料,有利于学生更直观地感受、认识和理解问题。

基于对教学内容和学习者情况的分析,本课采用"翻转教学",将全班学生分为八个小组,每组推举一位小组长,小组长负责组织组内的合作讨论,记录小组疑难问题,通过课上观看教学视频,自主学习和小组合作完成"自主学习任务单"。本课要达到的目标主要是掌握新经济政策实施的背景、时间、主要内容以及作用;掌握苏联成立的时间、最初的加盟国家;掌握苏联工业化的方式与成就以及农业集体化、斯大林模式形成的标志和特点;理解苏联建设社会主义过程中政策发生转变的原因;运用辩证法全面地评价斯大林模式对苏联历史的影响。

本课主要采用自主学习与小组合作探究相结合的学习策略,每一部分都是在自主观看微视频的基础上学生自主完成"任务单",并在小组合作探究的基础上自主解决任务单中的疑难问题。在具体内容的处理上,采用比较学习法,通过比较新经济政策和战时共产主义政策,深刻理解"新"的内涵;采用内外迁移法,通过学习苏联斯大林模式,理解这一模式对中国建设社会主义的影响。

三 教学过程

(一)课前导入

引导学生回顾上节课有关"十月革命"和"三年内战"的相关知识点,

抛出问题:"经历了三年国内战争的苏俄在列宁的带领下是如何恢复发展生产的?"

(二)自学新课

学生利用计算机观看教师课前制作好的一段有关列宁对社会主义道路探索的微视频,请学生在观看视频自学的基础上完成的"自主学习任务单"。在视频当中为了使学生能够直观地感受到新经济政策实施的必要性,引入一系列的数据来说明当时经济困难的严峻性和实施新经济政策的紧迫性,如"1920年,俄国工业总产值只是战前30%,煤比战前减少2/3,石油减少3/5。由于缺乏燃料和原料,工厂大批倒闭停产。农业总产量只等于战前的65%,土地荒芜,粮食匮乏"。在展示新经济政策的作用时,引入生活化的比喻,如"在战争结束的时候,俄国就像是一个被打得半死的人……而现在,谢天谢地,他居然能够拄着拐杖走动了"。

(三)课堂讨论

学生观看完视频后,自主完成任务单中第一部分的内容(见附录),各学习小组的组长检查各组组员完成情况,教师请学生利用投影仪展示自己的答案,对全班的学生任务单的答案进行订正,然后组织组员对疑难问题合作探究,共同解决。遇到组内不能解决的问题时,由组长记录在提前下发的"疑难问题收集卡"上,并在小组讨论结束后上交给教师。教师总结八个小组反馈的疑难问题后,利用投影仪,将最为集中的疑难问题出示给全班学生,在各小组组长的带领下进行全班讨论,教师随时询问各小组的进度并适时参与小组的讨论,给予学生一些资料上的引导,最后由讨论出结果的小组(一个或者多个)在全班展示,教师最后总结概括各小组的结论得出学生自己的思想结果。如果全班的八个小组均未能解决问题,则由教师出示更多资料引导学生思考,在教师的引导下解决疑问。在信息技术的支撑下,学生在所有的讨论环节均可借助互联网技术进行信息的搜索,这大大提高了学生获取知识的数量和锻炼了学生筛选信息的能力。

在学习《列宁对于社会主义道路的探索》时,学生提出的问题比较集中,主要有:"15个国家为什么要成立苏联?""新经济政策为什么能够恢复发展生产?"第一个问题是教师讲述过程中特别容易忽视的问题,因为课标当中并没有作出明确的要求,但是这一问题提问的学生人数相对较多,这也凸显了学生对于这一问题的浓厚兴趣。"为什么要成立苏联呢?"这个问题要结合当时宏大的历史背景，一一展开讲述显然是不现实的，如何深入浅出地讲解清楚呢？我灵机一动，想到了"苏联国徽"的解读这张幻灯片，通过对国徽文字的描述，学生已经开始有所感悟，尤其是最后一句格言，经过短时间的思考，学生不难得出这样的结论，他们因为有着共同的信仰、共同的信念所以组建了"苏联"。

第二个问题相对抽象一些，我为学生列出了"新经济政策"和"战时共产主义政策"这两种政策的不同之处，主要从农业、工业和商业三个角度对比，从而加深学生的理解。

在学习《斯大林对于社会主义道路的探索》时，采用相似的环节，观看微视频，自主学习完成任务单，订正答案，小组合作讨论解决问题并提出新疑问，将新问题上交教师，教师投影全班展示，全班讨论，各小组班内展示，教师引导答疑。

（四）巩固练习

在自学和小组讨论的基础上，学生基本能够掌握基础知识，为了检验学生对于重难点的把握，这一环节将为学生出示几道有难度的题目，让学生课堂作答，及时订正答案。

四 效果评估

（1）在传统的课堂上，简单的知识灌输，以教科书为主会导致历史课堂变成了机械记忆、僵化灌输的课堂，这样的课堂没有了生命，没有了情感，没有思想，也没有了兴趣。

（2）在翻转模式下，学生享受了充分的自主学习机会，在自主学习、自主探究的方法引导下，每位学生都参与到了问题解决过程，利用互联网搜集信息、筛选信息、组织信息的能力都在潜移默化中得到锻炼，也引导学生如何正确使用互联网来学习文化知识。

（3）课堂上学生在完成自主学习的任务后，进入自由讨论、答疑解惑的阶段，在这个阶段学生通过小组讨论提出疑难问题，并将问题写在答疑卡片上，由我收齐后整理这些问题并投影出示，交予全班同学讨论。当我信心满满地准备解答这些初三孩子提出来的"小问题"时，我顿觉我的备课内容显得那么苍白，我把大部分的知识点都准备好了对应课件讲解，但是学生感兴趣的并不是我早准备好的"圈套"，而是一些我们教师认为无足轻重的"边角料"。譬如讲述"列宁对社会主义道路的探索"时，重点知道"新经济政策和苏联的成立"即可，然而大部分的小组都提出一个问题——"为什么会有那么多的国家加入苏联"或者"为什么要建立苏联""苏联为什么能够吸引15个国家加盟"。这些问题是学生真正想知道、感兴趣的问题，然而也是在课堂上被我经常忽略的问题，仅仅因为我认为不会考试。幸运的是，我及时利用课件中"苏联的国徽"的解释"镰刀、锤头代表着工农联盟。绸带包裹着小麦，表现了劳动人民大团结"。布尔什维克的标志站在地球上，表现了共产主义一定在世界传承、发扬光大。太阳象征世界上第一个社会主义国家从此诞生，在太阳的衬托下，表现了共产主义是光明的、和平的。绸带上用15个加盟共和国的文字写着苏联的格言"全世界无产者，联合起来"。这样来帮助学生理解了各加盟共和国是带着同样的理想、同样的信念，为了同一个目标而紧密地结合在一起的。

（4）在翻转模式下，学生真正成为学习的主体。学生带着兴趣在学习，探求的是自己感兴趣的问题，对于打造"高效课堂"开辟了一条新道路。

五 案例总结

本课例是在"翻转课堂"刚刚兴起，将翻转模式与课堂教学如何紧密结合的探索时期，在电子书包和pad班并未建立起来的情况下进行的一次尝试。所以本案例在应用信息技术的层面还处在较为浅显的程度，未能深度开发信息技术的使用。限于条件，这节课是在信息技术教室进行的，学生利用电脑观看微视频，并利用电脑搜集信息后进行小组讨论。"自主学习任务单"仍然采用了纸质印刷的方式分发给学生，学生做完后由小组长检查完成，最后通过投影的方式，由学生与教师一起订正答案，这种方式教师难以全面把握学生对于基础知识的掌握情况，无法及时地反馈每一部分各有多少学生真正地掌握了，还有哪几位学生未能全部掌握。如果能够拥有这样一个平台：将"自主任务学习单"上传到网络，学生可以在线答题，并自动生成对学生答案的批改，然后将各个题目的回答情况生成数据分析传送到教师端，教师可根据掌握情况再次强调易错易漏之处，这样课堂教学效率就可以大为提高了。

现代化的信息技术的应用以及"翻转模式"引入历史课堂教学，为课堂注入了活力，使学生真正地参与到了课堂的探究之中，提高了课堂的教学效率。但是，信息技术的发展日新月异，教师只有追随时代的潮流，钻研最新的教育技术与教育理念,认真备课,才能熟练地使用软件精心组织教学活动,才能真正实现"高效课堂"。

附 "自主学习任务单"

一、学习指南

1. 课题名称

人教版九年级世界历史下册《对社会主义道路的探索》。

2. 达成目标

通过观看教学视频和完成"自主学习任务单"规定的任务:

(1)掌握新经济政策实施的背景、时间、主要内容(特点)以及作用;

(2)掌握苏联成立时间、最初的加盟国家以及加盟国家数量;

(3)掌握苏联工业化的方式与成就,以及农业集体化、斯大林模式形成的标志和特点;

(4)理解苏联建设社会主义过程中政策发生转变的原因;

(5)运用辩证法全面地评价斯大林模式对苏联历史的影响。

3. 学习方法建议

(1)比较学习法,通过比较新经济政策和战时共产主义政策,理解"新"体现的内容;

(2)内外迁移法,通过学习苏联斯大林模式,理解这一模式对中国建设社会主义的影响。

二、学习任务

1. 自主学习

同学们,请借助于本课的微视频,学习课本 P7～P10,和同伴一起尝试解决以下问题:

(1)列宁对社会主义建设道路的探索。

(提示:你可以在微视频《列宁对社会主义建设的探索》中找到答案哦)

① 三年国内战争结束后,苏俄进入_____时期。此时,苏维埃政权面临的首要任务是_____。为了完成这一任务,在_____的领导下,于_____年开始实施了_____。这一政策的主要特点是_____,这一政策促进了_____。

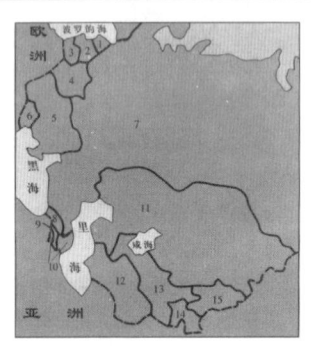

② _____年底,苏维埃社会主义共和国联盟成立,简称"苏联"。当时加入苏联的有_____、_____、_____、_____。后来扩大到了_____个加盟共和国。

③ 看图填空:

请用 A\B\C\D 四个字母在地图上标识出苏联在最初加盟共和国的位置。

(2)斯大林对社会主义建设道路的探索。

(提示:你可以在微视频《斯大林对社会主义建设的探索》中找到答案哦)

① 1924年列宁逝世后,苏联在_____领导下,开始了社会主义工业化建设。1928~1937年,苏联实施了两个_____,重点是发展_____,使苏联由传统的_____变成强盛的_____。

② 在农业方面,到1937年,苏联全国完成了_____。

③ 斯大林模式是在怎样的背景下形成的?

_____

④ 斯大林模式形成的标志是什么?它具有怎样的特征?

_____

⑤ 结合左侧漫画,思考你是如何理解斯大林模式。

_____
_____
_____
_____

2.合作探究

同学们,请和你的小组同伴一起交流一下自己的学习收获,提出疑问,共同解决,小组内的疑问请写在答疑纸上。

3.练习巩固

同学们,相信下面的题目一定难不住你!

(一)选择题

(1)20世纪20年代,列宁曾用"改良主义的方法"解决苏维埃俄国的经济发展问题,这里的"改良主义的方法"是指(　　)。

A."战时共产主义"政策　　B.新经济政策
C.社会主义工业化政策　　D.农业集体化政策

(2)最初加入苏联的加盟共和国不包括(　　)。

A.俄罗斯联邦　　B.外高加索联邦
C.乌克兰　　D.爱沙尼亚

(3)苏联和新中国成立初期在实现社会主义工业化过程中的相同之处就是重点发展(　　)。

A.轻工业　　B.商业　　C.重工业　　D.交通运输业

(4)苏联高度集中的经济政治体制形成的背景是(　　)。

A.优先发展重工业,使农业和轻工业长期处于落后状态
B.新宪法的制定标志高度集中的经济政治体制形成
C.外有帝国主义包围,国内经济、文化相对落后
D.经济发展粗放,经济效益低下,大量消耗和浪费了资源

(5)苏联由传统的农业国变为强盛的工业国是在(　　)。

A.新经济政策以后　　B.两个五年计划后
C.新宪法通过后　　D.斯大林模式形成后

(6)1936年以后,苏联经济政治体制的主要特点是(　　)。

A.高度集中　　B.广泛民主
C.新经济　　D.高度自治

(二)填空题

(1)20世纪初期,在苏联的社会主义经济建设道路上,按照列宁的思路实施了_____,促进了国民经济的恢复与发展。后来斯大林带领苏联进行了社会主义工业化和农业集体化,形成了_____的经济政治体制,这一体制也被称为"_____"。

(2)苏联在1936年通过新宪法,宣布苏联是"_____"。

"翻转课堂"助力历史复习

青岛第七中学 赵 欣

一、案例概述

2011版《历史课程标准》明确提出："提倡教学方法、教学手段的多样化和现代化。在教学中要将教师的讲述、讲解、演示等与学生的观察、材料研究、讨论、录音、录像、影片、模型等手段，进行形象、直观的教学；注重现代信息技术与历史教学的整合，努力创造条件，利用多媒体、网络组织教学，开发和制作历史课件。"中考近在咫尺，历史复习已经进入最后冲刺阶段，"填鸭式"的满堂灌枯燥乏味，课堂气氛沉闷，学生复习效率不高。我尝试借"翻转课堂"这块他山之石来调动学生的学习兴趣，打好期末收官之战。

本案例选取九年级热点专题复习《纪念抗日战争胜利70周年》，主要复习八年级上册第四单元《中华民族的抗日战争》，以中日民族矛盾为主线来统领知识，理清线索。为了加大课堂容量和提高教学有效性，我重新架构知识，深入挖掘考试说明中的相关知识点，拓展出"历史上的中日关系""日本发展史"两个子专题，涉及教材12课内容。怎样保证教学的知识性与趣味性并存？"翻转课堂"闪亮登场，学生首先观看教师自制微课"抗日战争"。这是我在2014年7月7日观看国家主席习近平纪念全民族抗战爆发77周年讲话后精心制作的，把习主席的讲话音频提取出来插入PPT中，以恢弘磅礴的《征服天堂》作背景音乐，配合相应的图片、文字、视频等，经录屏软件Camtasia Studio的录制编辑后，我的创意终于实现。此微课有幸在2014年青岛市微课评比中获得一等奖。学生看完微课后，可自主学习或小组合作学习来完成配套微课单上的练习，我则把精力放在对学生进行区别化指导和答疑解惑上。相对于课堂内外翻转的"大翻转"，这种课内前后翻转的"小翻转"

更适用于初三学生,不会加重他们的课外负担,能有效地提升学生的自主学习能力和思维能力,最终提升学习成绩,这正符合新课标"鼓励自主、合作、探究式学习"的基本理念。

二 教学设计

本课教学内容为"抗日战争"这段刻骨铭心的历史。1937年7月7日,日本侵略者制造了震惊中外的卢沟桥事变。在中华民族危难之际,全体中华儿女冒着敌人的炮火共赴国难,奏响了一曲气壮山河的抗击日本侵略的英雄凯歌。本课教学目标如下:知道九一八事变、西安事变、七七事变、中共七大以及分别的历史影响;以侵华日军南京大屠杀等罪行为例,认识日本军国主义凶恶残暴的侵略本质;列举正面战场和敌后战场的抗日史实,体会中国军民在抗日战争中英勇顽强、不怕牺牲的精神;探讨抗战胜利的原因及历史意义。

初三大部分学生学习目标明确、学习动力足,处于形象思维向抽象思维过渡阶段,具有丰富的情感和朴素敏感的心灵。教师应抓住学生的心理特征,耐心启发学生,把枯燥的知识点同现实生活结合起来,在复习过程中以史实为基础,以思维含量高的开放性问题为载体,以现代教育技术为辅助手段,通过多元互动,调动学生的学习积极性,让学生初步理解历史问题的价值和意义,进而能够表达自己的见解,真正做到反思历史,汲取历史的经验教训。

综上所述,根据教学目标和学生特点,本课采用"翻转教学"与班级集中讲授的教学策略。

三 教学过程

(一)时事"活化"历史

导入环节出示新闻一则《日本要为神风特攻队申遗》,臭名昭著的"神特攻风队"是"二战"时日本成立的敢死队,"知览特攻和平会馆"收集了大约1.4万份神风特攻队员遗物,包含军旗、军刀、血书等,会馆内解说文把队员描绘成"为国英勇献身的英雄"。我先从新闻时事入手引起学生的学习兴趣,然后请学生解读这则新闻,学生普遍认为这是日本篡改历史、美化侵略行为的表现,给"神风特攻队"申遗是对人类文明传承的亵渎。在学生发表见解后,我把话题自然引入本课学习主题。2015年是世界反法西斯战争暨中国抗日战争胜利70周年,中国将首次在抗战胜利纪念日举行阅兵。今天是历史的延续,我们可以在今天找到历史的影子,通过对时事的解读,可以强化教材要点知识,从新闻表面现象挖掘背后深层原因,又可以锻炼学生的阅读、分析和语言表达能力,同时对学生进行情感态度价值观教育。

(二)微课"翻转"历史

首先播放时长六分钟的自制微课"抗日战争",气势磅礴的背景音乐伴随着习近平总书记的讲话,用一种耳目一新的形式让学生重温八年抗战这一段悲壮的历史。在微课中学生看到了日本法西斯如何一步步蚕食鲸吞中国,也看到了中国人民拿起武器与敌人殊死搏斗的民族气节。微课简约而不简单,浓缩课本精华,把学生带入学习情境之中,新颖的形式激发起学生浓厚的学习兴趣。观看微课后学生完成微课记录单上的配套练习,自测对这部分知识的掌握程度。为了满足不同层次学生的需要,练习分为基础题和拔高题两部分。基础题以选择填空为主,拔高题精选跨度大、综合性强、能够激活学生思维的典型例题,如结合中国近代史上外国列强的侵略比较近代两次中日战争的不同结局及其原因,从中国人民抗日战争伟大胜利的历史意义中总结历史的启迪和感悟。总之,结合中考命题趋势,设计一些灵活、联系实际的问题,以提高学生灵活运用历史知识分析解决问题的能力。学生做题遇到困难时,可翻阅课本自主解决,也可通过学生互动、师生互动解决。这种课上先看微课后练习的"小翻转"非常适合初三学生,不会加重他们的课外负担,又真正把课堂还给学生,让他们在有限的时间内获得更多的知识与技能。教师给学生答疑解惑过程中,可以了解不同层次学生的学习情况,便于因材施教,针对不同学生提出不同的学习要求和改进建议。课上教师和学生交流得多了,教师对学生的难点和易错点做到了心中有数,这为下一步教学做好了铺垫。

(三)精讲"升华"历史

我在课堂上不再滔滔不绝地灌输学生已经掌握的知识,而是有选择性地、简明扼要地讲解知识的体系结构,强调重点、易错点,进一步拓展延伸,多角度、多层次地帮助学生巩固所学知识。在本课例中着重精讲以下几点:

第一,本专题的体系结构可归纳为"侵略与反抗"。随着日本日益猖獗的侵略活动,中日民族矛盾不断上升为主要矛盾,最终演变成全民族抗战。国共两党的关系则是一条隐性主题,随着民族矛盾的上升,国共两党结束了十年对抗,开始了第二次国共合作。

第二,重点、易错点。明确抗战及"二战"开始、结束的时间;区分九一八事变、西安事变、七七事变的经过和历史意义；搞清楚抗战中几次著名战役，如平型关大捷、台儿庄战役、百团大战的作战部队及重要历史意义等。

第三，拓展延伸。通过横向联系、纵向联系、因果联系、中外联系等，拓展出复习子专题"历史上的中日关系"和"日本发展史"。以"日本"为关键词，把散落于其他几本教材的知识搜索出来，这样历史知识由点到线、由线到面形成知识网络。通过这种纵横联系比较，找出共性、规律性的东西，让学生从全方位的角度来认识日本，并对中日关系前景进行合理展望。

（四）练习"强化"历史

每节课都要留出几分钟进行强化训练，将当堂复习的内容反馈巩固，特别针对拓展出来的两个子专题，争取让学生学一点、会一点、堂堂清，力争以少而精的练习让学生学会触类旁通，达到事半功倍的效果。在练习的过程中，教师还可以传授审题与解题方法，适时进行思路点拨。

四 效果评估

历史复习课知识量大，比较枯燥，在"黑板＋嘴巴＋粉笔＋教材"的平面式传统课堂上，教师教学方法单一，要么题海战术"淹死你"，要么满堂灌"烦死你"，对学生整齐划一的要求，往往忽视学生的个体差异，导致学生的学习潜能受到严重压制，学习效率低下。"微课"声影图文并茂，用它串联基础知识省时省力，比教师滔滔不绝的讲解更受学生青睐，原本抽象琐碎的历史知识通过"微课"更为形象具体。而"翻转课堂"留给学生自主学习时间多了，师生互动多了，教师可以因材施教对学生进行个别化指导。通过课堂上的思维碰撞、情感共鸣，师生关系也更为融洽，课堂容量比教师单纯使用讲授法灌输知识要大得多，学生也易懂乐学。总之，"翻转课堂"是一种高效课堂，以信息技术作为外在条件，充分调动学生自主学习和个性化学习的积极性，提高了历史复习的吸引力和实效性，实现了教学效果的最优化。

五 案例总结

中考历史复习既要回归课本、夯实基础，也要关注热点，理出规律、精讲巧练。本课例很好地达到了预期效果。"翻转课堂"是契机，也是挑战。相比传统课堂，它对教师提出更高的要求。微课制作考验教师的现代教育技术能力，微课让学生在最短的时间内学到最关键的知识，其质量很大程度上取决于教师的设计制作水平,以粗制滥造的微课为基础的翻转课堂就很难有效进行下去。答疑解惑考验教师课堂驾驭能力,在动态生成的课堂上,学生常常会抛出始料不及的问题。教师课前要做精心准备,课上充分发挥教学机智,才能巧妙地化险为夷。此环节最能考验教师真实的教学功底和课堂驾驭能力。

基于微课与电子书包云平台的"翻转课堂"教学研究

青岛第二十四中学　雷　云

一、案例概述

随着"互联网+"时代的到来,数字化环境下教师的"教"与学生的"学"都有了翻天覆地的变化,数字化环境与物理课程的整合也成为一种高度和谐与自然的结合,但这种整合也使课程内容、课程实施、课程评价发生了变革,对教育者和学习者产生重大影响。面对数字化新技术新应用,教育者经历着"由抵触到担忧、由尝试到学习、由想用到爱用"的历程,而学习者最终实现了学习效率、积极性、主观性等方面的改善。

本案例以物理电学知识为主线,题为《初三电学答疑》(人教版九年级)。初中物理的学科特点是知识量大、需要记忆概念、定义、实验操作多,要深刻理解物理基本原理以及物理公式的内涵。基于以上特点,本节课分为课前和课堂两部分。课前部分主要借助微课实现课前翻转,让学生利用微课课前回家自主复习,以掌握大量的简单概念和基本实验操作为目标。课堂部分首先是对课前翻转内容的二次检测,教师通过电子书包推送题目及时反馈,让教师和每位学生了解自己对基本知识的掌握程度,其次,针对平日电学检测中出现的难点易错点($I-U$图象)进行系统的梳理,学生在小组讨论中尽可能多地从图象中获取信息,实现从$I-U$图象到其他图象的知识迁移,最后以灯泡的铭牌"6 V 3 W"为线索,引出电学计算,三道计算由简到难,有铺垫,有梯度,利用微课对题目进行解析、推送实现了课堂内的有效分层,让吃不饱的学生"多次吃"、吃不够的学生"多吃点",实现了高效课堂,体现了数字化教学的高效。

二　教学设计

本节课的教学目标是通过一节电学答疑课,使学生能对电学全部知识进行类比、迁移和重组整合,培养学生从物理函数图象搜集信息解决物理知识的能力和解答综合计算题技巧。

本案例的学习者为九年级一轮复习学生,学生对电学知识已经有了深入了解,对电子书包的应用有着浓厚的兴趣,完全具有自主复习、自主搜寻信息的能力。学生能熟练掌握电子书包的使用方法,但是对于电学知识体系的整合迁移的能力还欠缺,解答综合计算的能力还有待提高。

基于对学习者能力的分析,决定在课前对部分基础知识进行翻转,教师在课前制作了常见的电学现象和电学物理量从分散到整合的整体知识体系的微课程。本着微课是课须符合教学规律,微课是视频要能吸引学生,微课要微须短小精炼,微课应面向学生、基于学生自主学习的理念,微课的设计具有普遍性和实用性,既能引导学生回忆,又能给学生自主学习的机会。学生通过课前学习微课的内容,进行第一次的反馈检测,为课堂部分做好铺垫,提高课堂效率。

本节课运用初中物理学科的"整—分—合—补—测"教学模式和课前部分翻转的教学策略,在分的环节则运用"小循环多反馈"的教学模式,让学生经历知识再现,大胆展示交流,实现拓展提升,最终体验成功。本设计主要分为以下几个板块。

(一) 知识梳理

将电学所学的基础知识通过自制的微课呈现给学生,实现课前翻转,让学生将本章所学的基础知识进行回顾,实现知识的再现。

(二) 展示交流

将本章的难点、易错点(I-U图象和电学计算)让学生相互交流,充分展示自己的想法;让学生在交流过程中进行思维碰撞,在此过程中要保证交流的充分性、全员性,尽量使每一个学生能发表自己的看法。教师起引导、点拨的作用。

(三) 拓展提升

在展示交流的基础上让学生根据掌握情况,利用微课自主分层学习,拓展知识的广度和深度,加深对知识的理解,以达到举一反三的目的。

(四) 体验成功

根据本章的知识点精心编写的检测题,检测学生复习本章知识的效果,让学生展示并相互评价,体验复习后获得的成功。

本节课容量大,微课在此很好地用于翻转课堂教学和分层教学,而电子书包媒介的使用更是春风化雨、润物无声。AiSchool 运用在本节课,提供了覆盖教学全流程的解决方案,涵盖了大量教学资源,运用于备课、上课—提问、投票、练习、测试等并记录了整节课学生的答题情况、知识掌握情况:概念理解到哪个层次,习题准确率能达到多少,通过事先设置好的有梯度的课堂练习和课后作业来反馈;根据统计结果,使教师的教学更有针对性、不盲目,学生也可以查漏补缺,既有过程性评价,又有终结性评价。

三 教学过程

(1) 课前翻转部分微课视频以电学常见现象引入,运用动态知识框图,从电学中最先认识的电荷开始让学生跟随着电荷的定向移动,回忆整个电学世界后完成反馈练习。

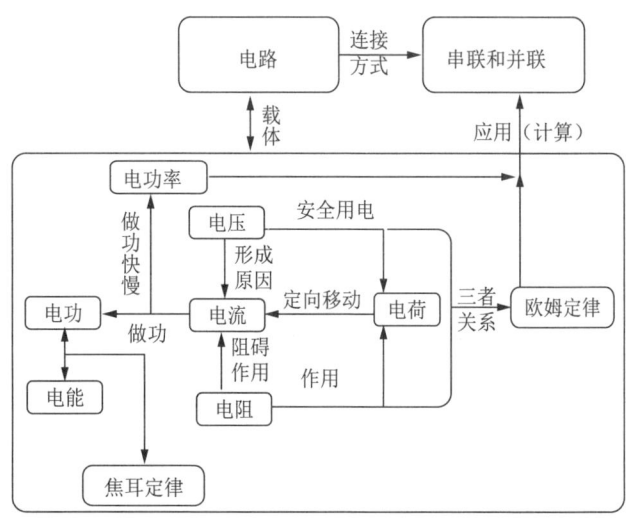

(2) 课堂部分首先是对课前翻转的二次检测,使用 AiSchool 的课堂练习功能,以选择题的形式进行检测,教师发布练习,待同学答题结束提交后,教

师机上迅速显示出每道题的正确率,对于正确率低的典型问题,集体讲解,其余题目的答案和分析过程回发给学生,便于学生课后自己再思考。

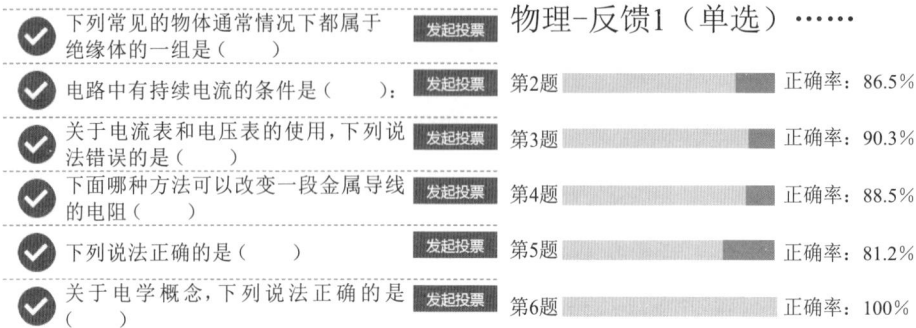

（3）从实验中的(I-U)图象尽可能多地获取信息,利用 Aischool 推送此图象回传和抢答功能,学生可以在图象上进行二次编辑,完成后上传到服务器上,教师机上可以清晰地看到每个已提交的结果。学生提交有先后,在等待学生都提交完成的过程中,教师对已提交的结果进行圈画批注。在学生基本都提交后,教师开始有选择性地分类点评并把有圈画批注的图片再次回发学生,让学生清晰及时地看到教师对自己的答案如何评价,提高学生的学习动机。反馈检测环节将枯燥的选择题变为游戏的方式激发学生的兴趣,除了调动学生完成的积极性外,最重要的是学生完成后教师就能立刻精确地了解学生的完成情况。

（4）电学计算题专题,以灯泡的铭牌"6 V 3 W"为主线,由学生归纳出其中所隐含的物理量,相当于一道最基础的计算题,后续计算由简到难,层层递进,运用 AiSchool 的抢答功能,拍照功能,将各学生的解答结果及时传回教师端,挑选易错点和难点利用四分屏模式展示,将做好的计算题解析微课推送至学生端,实现有效的分层,达到了因材施教和提高课堂效率的目的。

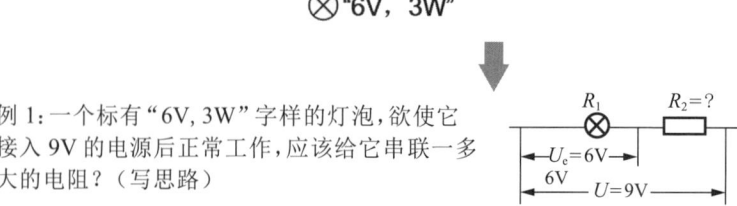

例2：灯泡标有"6V, 3W"字样，滑动变阻器最大阻值为50Ω，电源电压为9V，电流表量程为0～0.6A，在不损坏电路元件的情况下，滑动变阻器变化范围？

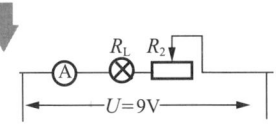

3. 在如图电路中，电源电压9V，电流表量程为0～0.6A，电压表量程为0～3A，灯泡 R_1 标有"6V 3W"字样。

求：只闭合开关 S_3 时，在不损坏电路元件的情况下，变阻器的取值范围和相应的小灯泡功率的变化范围？

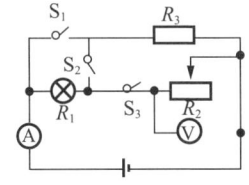

（5）检测环节通过四道题目：针对知识结构的单项选择、针对图象的不定项选择、基本计算和综合计算，对学生本节课的复习内容进行整体反馈。

四 效果评估

一节课的效果如何要看教师的教学目标是否完成，学生的学习目标是否达到。

这节课的容量可以有多大？从基本的概念到实验图象再到综合计算，这是传统课堂无法实现的大容量。

这节课的反馈可以多及时？从练习检测题的推送到检测完的提交，这是传统课堂无法实现的快速反馈。

这节课的效率可以多高？有10%的学生完成了综合计算，近80%的学生通过推送的计微课自主学习完成了前两题，基本都达到了学习目标。

这节课学生的心情可以多好？学生说45分钟的时间里有游戏，有抢答，有讨论，有评价，真正体会到了学习的幸福感和学会的成就感。

这节课在微课和AiSchool数字化教学平台的帮助下，无论是课堂气氛，还是课堂参与度、反馈，包括鼓励学生进行互相评价，都起到了一个积极的推动作用。AiSchool数字化教学平台给予课堂的也不仅仅是这些功能的应用，在改变课堂模式的背后它带给我们的其实是教学理念的变革：从教学活动反馈数据上分析教学成果；从学生个人数据档案中体现学习现状，制定个人策略；从传统的教师教授到学生自主学习能力的提升；提高学生的学习兴趣，减轻学生的学习负担，提高学习效率。

五、案例总结

本案例在常规教学中，不运用微课的电子书包很难实现高效课前翻转课和课堂分层，无法及时反馈每位学生的知识掌握情况。本节课将数字化技术和设备结合后整堂课弱化教师的作用，突出学生自主的学习。分层教学给学生个性化学习提供可能；云平台及时反馈，学生可根据自己的错题自主学习；利用平台与学生进行在线交流，学生的问题可以及时反馈给教师，教师的指令亦可随时发给学生，真正实现了学生自主、教师自由；有效监控，实时反馈；有限时间，因材施教；分层学习，人人进步！

化学教学中运用 pH 传感器渗透数形结合思想

青岛第五十一中学 尹 蕊

一 案例概述

《化学课程标准》明确指出：化学课程的设计与实施应重视运用现代信息技术，特别要充分考虑多媒体对化学学习内容和教学方式的影响，大力开发并向学生提供更为丰富的学习资源，把现代信息技术作为学生学习化学和解决问题强有力的工具，致力于改变学生的学习方式，使学生乐意并有更多的精力投入到现实的、探索性的教学活动中去。

在此背景下，为在真正意义上有力地保证实验教学从传统模式迈入数字化、信息化的新阶段。我在《酸和碱的反应》新授课教学中运用数据采集系统进行探究实验。教学中不仅通过传统演示实验引导学生观察指示剂的变色来定性地判断中和反应进行的程度，还运用 pH 传感器和计算机平台结合使用，展现现代先进测量技术，配合数形结合定量地完成探究实验，并借此突破难点和重点，使学生看到中和反应中 pH 变化所得的曲线，显示 pH 的突跃范围，帮助学生直观感受，让学生感受科技改变学习和生活的魅力，有效激发了学生的学习兴趣。

二 教学设计

本节课的教学目标是通过设计实验探究酸和碱能否发生反应来学习中和反应及实质，提高学生的分析问题、解决问题的能力，培养他们的科学素养。

学习本节课之前，学生已经了解酸和碱结构上的共同点，认识到不同酸或碱性质上的相似是因为结构上有共同点,同时也了解了溶液酸碱性和酸碱度间的关系,还模模糊糊地感觉酸和碱之间好像可以反应,但具体生成什么、反应实质是什么说不清楚。这些都为本节课学生小组合作探究学习奠定了基础。

三、教学过程

(一)情境引入

为什么用胃舒平(主要成分是氢氧化铝)可以治疗胃酸过多？由此引出问题:酸和碱能否反应？

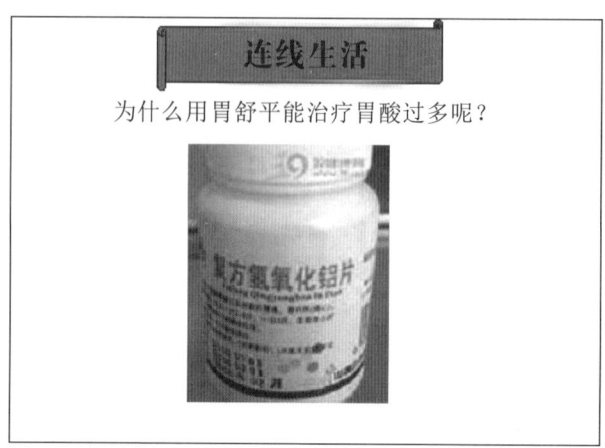

(二)新课过程

1. 第一阶段

教师问题一:用所提供的药品设计实验并动手证明酸和难溶性碱能否反应。药品如下:氢氧化铝粉末、稀盐酸、蒸馏水。

学生初步讨论动手实验。

(教师录制部分学生实验过程的录像,教师放映上届或上节课部分学生实验过程的录像。当看到熟悉的同龄人的实验过程时,可以使学生重现实验过程,容易引发共鸣和新思考)

教师问题二:通过视频和你的实验,请对实验过程、效果进行评价,或说说你的新想法。(适当提醒学生稀盐酸是一种溶液,其中溶剂为水,对实验结论是否有干扰)

学生新问题:氢氧化铝固体加入稀盐酸,固体消失,会不会是氢氧化铝在水中溶解了？

教师提问：对同学们提出的新想法、新问题，你有解决的思路吗？

学生再讨论方案，动手画出改进方案并标注药品名称用量。

数字化学习手段一：（利用实物投影展示一组正确方案，这样做节省时间，要点明确，直观清晰）

投影学生练习本画出的简易实验方案，并请学生讲解。通过做对比试验，证明等质量的氢氧化铝是在 5 mL 盐酸中反应消失而不是在 5 mL 水中溶解消失的。

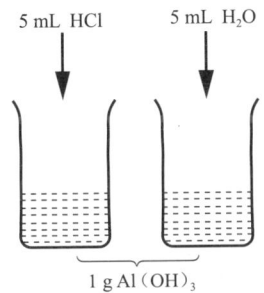

数字化学习手段二：（放映提前录制好实验微课，现象明显且节省时间。传统的演示试验，虽然是现场版，但因为班级学生人数多，3 排后的学生就很难看清实验现象）

结论：氢氧化铝和稀盐酸发生反应。

小结：讲解生成氯化铝和水，写出正确的化学方程式。

中和反应：酸和碱生成盐和水。

2. 第二阶段

教师问题一：用提供药品设计实验并动手证明酸和可溶性碱能否反应。药品如下：氢氧化钠溶液、稀盐酸、酚酞试液、石蕊试液，pH 试纸。

学生初步讨论动手实验。

> **实验探究**
>
> 【提出问题】氢氧化钠溶液和盐酸能否发生反应？
>
> 【做出假设】你的猜想是什么？

教师问题二：通过实验过程，说说你的新想法。

学生评价：

问题①"氢氧化钠溶液和稀盐酸混合无明显现象，不确定反应是否发生？"

问题②"盐酸和氢氧化钠混合后，滴入酚酞试液，酚酞仍不变色，到底反应发生没？"

问题③"盐酸和氢氧化钠混合后，滴入石蕊试液变红色或蓝色，到底反应发生了没有？"

教师提问：如何解决？（这是本节课的重点和难点，学生独立思考较难）

教师引导：

① 若氢氧化钠和盐酸发生反应能生成什么物质吗？（类比氢氧化铝和盐酸反应进行猜想）

② 反应前后溶液酸碱性发生怎样的变化？

学生回答：生成氯化钠和水。若向氢氧化钠溶液中加盐酸至恰好完全反应，溶液由碱性变成中性；若向盐酸中加入氢氧化钠溶液至恰好完全反应，溶液由酸性变成中性。

教师评价：很好，对于问题的解决有新的想法吗？小组讨论说出新的设计方案。

学生汇报：借助石蕊或酚酞试液，证明向氢氧化钠溶液（或稀盐酸盐酸）中加逐渐加入盐酸（氢氧化钠溶液），溶液会由碱性（或酸性）变为中性，来证明反应的发生。

学生评价：① 酚酞或比石蕊现象更容易观察，颜色变化明显；② 溶液最后不一定呈中性，或许加入的酸或碱会过量。

教师推进：如何控制酸碱恰好完全反应？这个过程中溶液的pH会如何变化呢？

数字化学习手段三：运用数据采集系统——pH传感器和计算机平台结合使用进行探究实验。

教师演示实验：向烧杯中加入10 mL氢氧化钠溶液，再滴加一二滴酚酞试液，伸入传感器，传感器另一端连计算机，向烧杯内逐滴滴加稀盐酸，观察变化现象和数据。（运用数据采集系统——pH传感器和计算机平台结合使用进行探究实验。教学中不仅能观察指示剂的变色，还运用先进测量技术使学生看到中和反应中pH变化所得的曲线，显示pH的突跃范围。数学家华

罗庚说:"数缺形时少直观,形缺数时难入微。"这里借助数字化学习的技术,运用数形结合思想帮助学生认识化学问题,降低难度)

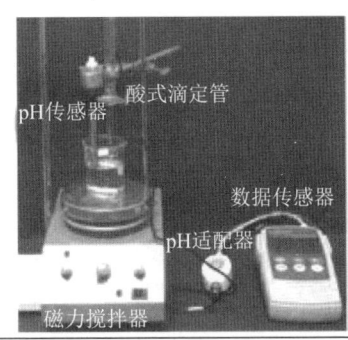

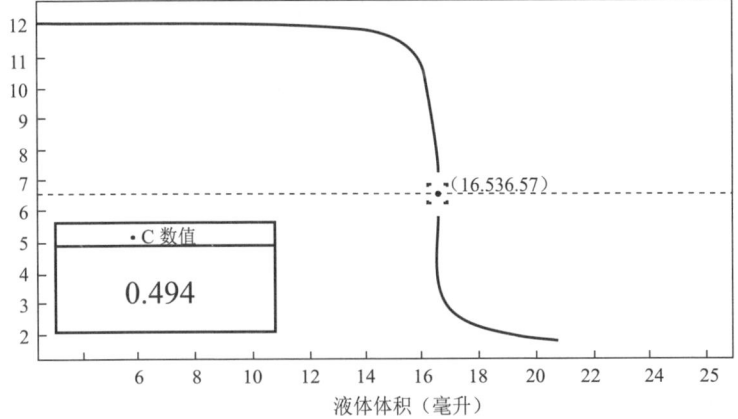

教师提问:由实验和 pH 的变化判断,为什么氢氧化钠溶液和盐酸恰好完全反应时溶液显中性?盐酸中的 H^+ 和氢氧化钠溶液的 OH^- 哪去呢?

(直接讲解对于学生这里较难理解,有了 pH 的跟踪变化,学生就有了直观的认识,容易将宏观反应和微观离子变化联系起来)

结论:中和反应的实质:氢离子和氢氧根离子结合成水分子。

四 效果评估

(1)数字化学习可以利用多媒体集文字、图形、图像、视频等各种信息传输手段为一体,可以同时调动视、听、说等多种感官,形成合理的教学过程体系,使学生在最佳的学习环境中学习,使之达到教学的最佳效果。多媒体的多感官刺激作用,有利于学生注意力的长期保持和获取知识。这是"粉笔+黑板+听觉刺激"所做不到的。本节课很好地渗透部分教学录像的内容,在教室里进行情景再现,避免了花费很多时间和精力制作动画和演示现象不明显的问题。学生普遍反映效果好,更清楚地发现实验中的优缺点,更有兴趣思考。

(2)很多教学实验因为设备或实验中难以观测快速变化的原因无法进行,而且课堂上也不便于研究复杂的问题。而运用数据采集系统通过高精度、高速度的数据采集,能够实时记录实验的每一个过程,把转瞬即逝的实验数据记录下来,高效、直观,便于学生仔细观察并加深理解,从而轻松解决教学中的难题。本节运用数据采集系统进行数字化学习,变抽象为具体。将实验现象、微观离子变化和图形有机地结合起来,使教学更加形象、直观,便于学生理解和掌握。利用pH传感器和计算机结合展示酸碱恰好完全反应的实验,学生反映,看着酚酞的红色突然褪去,再看pH变化曲线,好像感觉看到溶液中的氢氧根离子被氢离子一个个结合,最终消失。

五、案例总结

(1)本节课进行数字化学习运用计算机辅助化学教学的研究,明确其地位是"辅助"而不是"代替"。有效的利用实验现象和数形的有机结合,将单靠语言和文字的描述很难在学生大脑中留下深刻印象的,又看不见、摸不着的微观反应变化,既直观又形象地展示给学生,帮助学生攻克难点。

(2)在运用微课、视频录制、运用数据采集系统等数字化的先进教学手段时,明显感觉有些吃力,这迫切地提醒我们要加强新技术的学习,为学生的学习提供更高的平台。

(3)在课例实施过程中,还明显感觉到这种学习方式要有强大的技术支持,需要学校、设备提供单位经常进行使用、维护的培训,否则设备可能会成为闲置品。

(4)教学过程的目的不在于教学过程本身,而在于教学效果。因此,选择应用数字化学习时更应注重实际使用效果,即是否完成了一定的教学任务、是否有利于学生的素质培养、是否有助于学生的主观能动性的发挥和个性化的发展。因此,在哪节课、哪个知识点上需要利用计算机辅助教学是我们每个从事初中化学教学的教师都必须认真研究的课题。

电子书包(pad)支持下的生物翻转课堂

青岛第五中学 葛 珺

一、案例概述

随着教学信息化的飞速发展，教学工具也逐步走向现代化，新的信息技术终端和课堂教学得到很好的整合，pad作为一个专门的教学移动平台，将进一步推进教学信息化，使教与学不再受地域、时间的限制，而且在提高课堂教学效率、尊重学生的主体地位和个性化教学方面起到了良好的促进作用。总体来讲，pad在课堂上的应用，对改变传统课堂结构，促进学生自主学习方面有着很好的作用——每名学生都能在课堂上成为积极的参与者而不仅仅是看客；教师也能及时了解学生真实的学习情况，随时准备解决他们面临的问题。

本案例选取的是《绿色植物的呼吸作用》（人教版七年级上册）。首先，教师在课前发布预习提纲，让学生结合相关实验视频完成预习题，初步认识本节实验课所要探究的内容。其次，由于本节课是一节实验课，实验器材的选取、实验结果的呈现、学习效果的反馈这些在传统教学模式中都是无法直观呈现给所有学生的，而利用电子书包的拍照、投影等方式则可以很好地解决这些问题。同时，利用电子书包使得课堂教学更具针对性，学生小组合作学习中产生的问题可以利用pad进行提交，其他所有的人都可以同时观看，有能力的学生可以适时进行评价，而这些评价同样可以被所有人看到，教师只需要从中选出比较集中的或学生无法回答的问题，并由此很快梳理出全班的共性问题及学生的疑惑所在，也就为课堂教学提供了依据，让课堂教学更有针对性。

二 教学设计

绿色植物的呼吸作用是植物的三大生理活动之一,它与光合作用既相互独立又相互依存。本节内容主要是通过实验操作和实验现象的分析构建有关呼吸作用的知识,因此本节课的教学目标是通过观察实验,分析实验现象,得出实验结论,能够描述出呼吸作用的过程,理解呼吸作用过程中的各种变化以及呼吸作用的实质。

本案例的学习者为七年级学生,对绿色植物的呼吸作用有一定的感性认识,但要准确概述并非易事,如何唤起学生的探究意识、主体意识,需要教师的精心设计。

基于对学生的分析,本节课采用pad支持下的翻转课堂的教学模式,利用小组探究的形式展开教学。

三 教学过程

在这节课的教学中,出于对真实情境的引用,我没有使用课本上的导课情境,而是利用学生播报新闻的形式,以贴近学生生活的事例,激发学生的学习兴趣,从而主动投入到学习中来,同时引入新课的学习。学习过程体现"翻转课堂"的教学模式,共分为六个环节,具体进度如下。

(一)自学检测

本节课为一节实验课,为了给予学生更直观的感受,达到更好的预习效果,提前发布预习提纲,指导学生利用电子书包观看相关视频,然后完成提纲并提交,实现预习阶段的人机交互。

教师利用电子书包浏览学生的答题情况,从而掌握学生在预习阶段对知识的掌握情况,并有针对性地选择自学检测题。

在此基础上,在正式上课的时候,教师先发布自学检测题,学生通过pad接收检测题,并结合自己课前预习的结果快速完成、提交,教师可以立刻通过柱状图反馈出学生的完成情况,从而实现师生交互。利用电子书包,教师能够在短时间内同时看到每道题学生的通过率,也可以看到每位学生的答题情况,便于教师及时掌握学生的学习情况,这在以前的教学手段中是无法实现的。

（二）同伴互助

针对自学检测出现的问题，展开小组合作探究学习，利用小组的力量将自己的问题进行解决；如果有组内都无法解决的共性问题，小组长可以将这些问题提交到"课堂研讨"中，全班的学生都可以看到每个组提出的问题，其他组的学生都可以在线回复、解答，从而实现学生交互。教师可以从中挑选出全班都无法解决的共性问题，这就是本节课要解决的内容，从而让课堂教学更有针对性。

（三）问题归类

将学生所提出的有共性的疑问利用 pad 呈现在大屏幕上，同时可以利用电子书包的"屏幕广播"功能，使所有的学生能够利用 pad 清晰地看到这些问题，引导学生自己将这些疑问进行归类，利用电子书包将同一类问题呈现在屏幕上，引导学生进行解答。

（四）合作释疑

本节是一节实验课，实验的操作和现象的呈现至关重要。因此在本环节，先引导学生结合课前自学的结果，自由选择实验器材，教师利用电子书包的摄像功能，随机选择一个组，将他们选择的实验器材呈现在屏幕上，其他组的学生可以同时直观地看到自己的选择是否正确，从而再次实现学生交互。在完成实验后，学生利用自己手中的 pad 将实验结果进行拍照、上传，教师可以同时看到所有组的实验完成情况，做到心中有数，再次实现师生交互。在此基础上，教师可以利用 pad 将各小组的实验现象都进行投影展示，使学生可以进行分析、反思，极大地促进了小组与小组间的互动，提升了学习的效果，逐步将绿色植物的呼吸作用的过程梳理清晰。

在这个过程中，我利用了温度传感器采集呼吸作用释放能量的实验数据，通过曲线的走势可以给予学生非常直观的感知，效果非常好。

（五）盘点收获

在学生通过实验构建了绿色植物呼吸作用的知识体系之后，教师利用电子书包的"课堂提问"功能，让学生将呼吸作用的公式补充完整并进行提交，教师同样可以同时看到所有学生的回答，选择有代表性的回答进行展示，然后让学生利用 pad 完成在线批改，同时利用"屏幕广播"让所有的学生都可以同时清晰地看到批改的过程，给予学生最直观的感受，从而及时地反馈学生存在的问题，实现学生与学生间的互批互改，体现对学生的个性化教育。

(六)达标反馈

在此基础上,教师发布达标检测题,学生接收、在线答题、提交,教师同样可以通过柱状图清晰地看到学生的完成情况,从而发现学生的共性问题予以解答,优化课堂教学效果。对于学生而言,整堂课的所有错题都会被pad自动收集到"错题本"中,课下学生可以自己"攻关",强化知识,突破难点。

四、效果评估

与传统的教学方法相比,pad支持下的"翻转课堂"有着很大的优势。首先,它全面优化了学生的学习过程。从课前预习到课堂教学,再到课后复习,电子书包充分地体现了学生的个性化学习,让学习的过程和效果更加直观,便于学生的理解和掌握。其次,利用电子书包可以更好地实现因材施教、分层次教学。在教学过程中,学生的疑惑就是教师展开教学的立足点,充分体现"以学定教"。教师根据学生的学习情况,安排自己的教学内容和形式,推送的资料也是梯度呈现的,学生可以根据自己的情况自主选择,从而关注到不同层次的学生。

pad进入课堂无疑给课堂带来了新的活力,给教学增添了无限趣味,一改以前多媒体课上学生只能"围观"的窘态。人手一个pad,每名学生都参与其中。借助pad丰富的功能,教师能及时地掌握学生真实的学习情况,从而进行有针对性的指导,还可以鼓励学生一起进行评价。每个学生都是小老师,通过pad传递批改、解答其他同学的问题,提高了学习效率,增大了课堂的容量。这让学生的主体地位出现了一些变化,成为课堂的评价者。

五、案例总结

在这样一个大数据时代,技术的发展确实能推动课堂的改革。在这节课里,可以说每一个环节pad都给我带来了惊喜。当然,作为一项新生的技术,pad也还存在它不够完美的地方,比如说对学生和小组一节课表现的连贯性的评价还无法实现。现在只能用pad对学生或小组的某一次表现给予一个评价,但是这个评价无法累计,就是这个环节过了评价就没有了,无法将学生或小组整堂课的所有的评价累计起来。另外,如何在课堂教学中正确地体现pad支持下的"翻转课堂",让它能够真正地、更好地为教育教学服务,而不是成为一个负担,这是我们后面要继续研究的问题。当然,我相信随着pad技术的日益更新，相关的问题很快就会得到解决，而"翻转课堂"将以其独特的优势为个性化学习带来了新的希望。教师要想很好地适应新的教学模式，就要不断地提高自身的素质并保持终身学习的态度，充实自己，使自己成为专家型教师。任何新鲜事物的产生都有利有弊，关键在于我们如何去利用它。我们也期盼，通过我们的研究和努力，实现借助技术现代化手段来助推课堂的现代化，使我们真正成为学生全面、个性化发展的促进者。

运用信息技术提高学生英语学习的研究

青岛第五十七中学　刘兴杰

一、案例概述

"慕课"+"翻转课堂""微课"是线上教育和线下教育完美结合的教学模式，它旨在促进优质教育资源全民共享，助推教育公平；提高教育质量，让学生学习更加自主、让教育从知识本位走向综合素质本位。微课独具的微故事、微内容、微研究，内容直指具体问题，关注"小故事小现象小策略"主题突出，一事一议，一事一课，着重关注常态的教学事件，将知识进行碎片化、情境化、可视化处理的核心特点。

本案例通过信息技术与英语学习整合，培养学生合作的自主学习能力。学校每年组织英语节，其中有一项比赛是英语电影对白。八年级的学生正好学习 PowerPoint，利用这个机会让学生通过计算机剪辑视频、音频后，并且以演示文稿的形式呈现出来参加比赛。

为了能让学生利用学习的知识解决实际问题，激发学生的学习兴趣，我事先安装了几个实用的软件如格式工厂、CoolEdit、曦力音视频转换软件、射手播放器。还录制了短小精悍的微课程视频辅助学生自学。学生通过分组合作，不但提高了学习兴趣，还体会到了自己如何利用信息技术学习英语，达到一举两得的学习效果。

二、教学设计

本节课的教学目标是利用信息技术制作一份参加英语节对白的多媒体

演示文稿;学会如何剪辑视频,以及录制、剪辑音频、转换视频格式;通过信息技术辅助学习外语,培养学生的英语学习兴趣与自学习惯。

本案例的学习者为八年级学生,对于 PowerPoint 知识点部分,学生在小学已经学习过,所以不是重点,主要部分是对插入幻灯片中的视频的处理,以及英语学习能力的培养。

基于对学习者能力的分析,我事先准备了学生们所需要的影片。包括《功夫熊猫》《阿甘正传》《极地快车》《冰雪奇缘》等。这些视频是高清的,并且中英文字幕已经嵌入到视频里,这样便于学生处理和外文学习。

由于学生所需要处理的软件不是教材上的,绝大多数学生没有接触过,所以教师精心录制了这些软件使用的微课程,让学生先自学以掌握基本的使用步骤。为了提高效率,体现出团队合作完成任务的特点,学生先选择的英语对白影片,再根据任务分成以下几个小组。

(1)视频剪辑小组(使用格式工厂 Format factory 软件)。

(2)剪辑音频小组(使用 CoolEdit 软件)。

(3)视频合成与转换小组(使用曦力音视频转换软件)。

(4)制作演示文稿小组(使用 PowerPoint 软件)。

本案例需要计算机配有耳麦,准备好笔和纸,学生在合作过程中有时间顺序问题,所以没有开始任务的小组可以先使用射手播放器播放视频,练习听力与对话。

教师在这个案例中充当协调与指导的角色,根据时间使每个小组的进度大致相同。教师除了指导软件使用,还可以与学生相互探讨英语对话、单词方面的知识,真正地使用信息技术辅助外语学习,引导学生养成自主学习的习惯。

三 教学过程

下面以制作《功夫熊猫》影片对白为例展示一下教学过程。

首先该小组根据观看的影片决定选择 Po(阿宝)去 Jade Palace 观看比武,结果被意外选为 Dragon Warrior 作为对白片断。然后小组长根据同学的兴趣与能力分成四个小组,每个小组由两名学生组成,一名学生负责具体任务的操作,另一名学生则反复播放微课程寻求解决遇到的操作问题的方法。操作视频剪辑小组确定要剪辑的片断是从 09 分 28 秒至 16 分 23 秒。负责操作的学生打开格式工厂软件,选择 KungFuPanda2008.mkv 文件,使用视频剪辑工具，如下图所示。

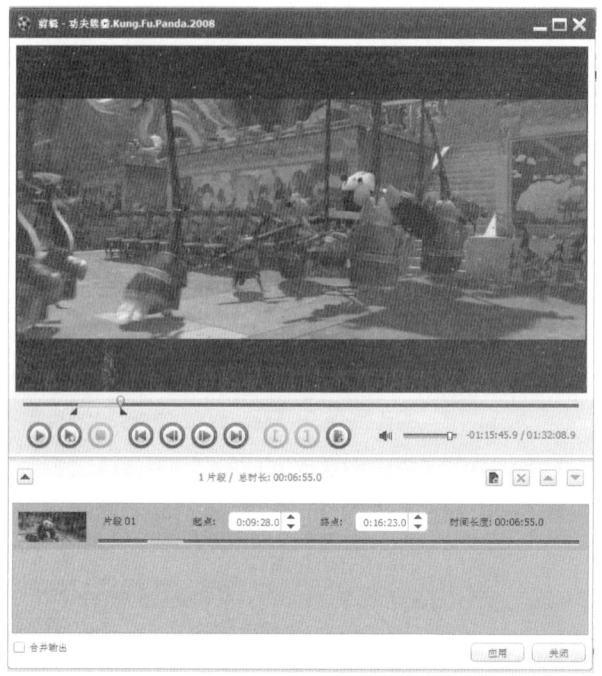

设置正确的剪辑时间，单击"应用"后，再利用"转换"工具按钮生成剪辑的文件。转换过程需要进行两次：一次生成 mkv 视频文件，一次生成音频 mp3 文件。音频文件是为了第二组同学准备的，视频文件则是为视频合成小组使用的。

在这一组学生操作任务时，其他组学生利用这段时间反复播放影片，记录下来不熟的单词加以背诵；或者自主学习老师录制的微视频，熟练操作步骤。最后一组学生则利用 PPT 设计该影片对白的片头及模板。

影片片断剪辑完成后，第二组学生可以开始进行音频合成处理。在视频剪辑小组执行任务时，本小组利用射手播放器软件播放影片，并将声音选择为前置声道，使用 CoolEdit 软件的录音功能录制 09 分 28 秒至 16 分 23 秒片断的配乐声音，保存为"配乐 .mp3"。由于该小组任务相对较烦琐，所以可以借助第一组的学生帮助共同完成。

因为模仿对白是 Po（阿宝）的声音，所以需要将片断中 Po 的声音静音。该组学生再使用 CoolEdit 软件打开第一组同学转换成的功夫熊猫 .mp3 文件反复播放，利用编辑功能将 Po 的声音静音。但这样操作的结果是该时间段的其他配音也静音了,所以还需要该软件的多音轨操作将录制好的"配乐.mp3"与静音后音轨重新合并,从而生成了最终的参加比赛的对白"功夫熊猫对白.mp3"。CoolEdit 处理声音界面如下图所示。

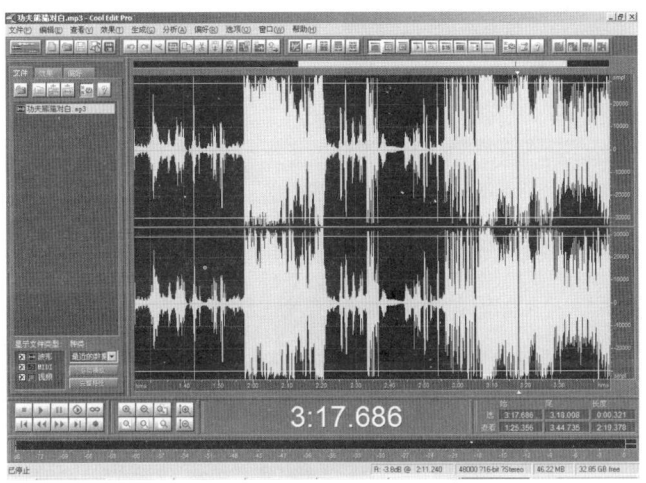

前两组同学的任务完成后,第三组学生开始大展身手了。该组学生需要将第一组剪辑的视频文件与第二组处理的声音文件"功夫熊猫对白.mp3"合成,再转换成为 PowerPoint 可以插入的视频格式 wmv 文件。同样,该组学生通过反复播放微课程寻求解决问题的答案,教师建议学生在使用射手播放器自学微视频时,最好利用空格键、向左、向右箭头代替鼠标操作暂停、快速、后退,从而提高效率。

这组学生利用曦力音视频转换软件中的编辑效果功能替换原来的音频,如下图所示。

声音替换后,考虑到要在 PowerPoint 中插入视频,所以需要将高清视频格式 mkv 转换成 PPT 能播放的 wmv 文件。曦力音视频转换软件也能实现视频转换这一功能。

最后一个环节是制作英语对白比赛的演示文稿了。这时全组学生聚集在一起,相互帮助提出更合理的建议来美化演示文稿。该组最终制作的幻灯片如下图所示。

最后通过每位同学不同的分工与合作,将需要参加英语节英文对白的演示文稿完成。学生都很感慨,看似很复杂的操作,通过大家有条不紊的配合,居然在很短的时间实现了。

四 效果评估

以往学生参加英语节比赛时,将整个影片带到现场,使用播放器事先调整到需要对白的位置再开始比赛，并且电影原声还保留着，这样也显示不出学生的口语水平。通过学生的自主探索和合作学习以演示文稿呈现出来，既提升了学生的信息技术素养，同时也能更好地展示出英语模仿能力。

再者就是学生对于英文电影往往只是看过一遍就行，很少有利用经典的外文影片来提高外语水平的。学生在剪辑、编辑视频音频时不得不反复播放观看，无形中为学生创造了一个外语练习的环境。

对于信息技术学科，在学习 PowerPoint 时，学生操作视频的目的就是完成考试的要求，但是在演示文稿中显示出自己剪辑的视频，学生格外有成就感。

在本案例中，学生是从自己切实需要出发，通过自主学习、合作探究掌握了如何运用现代技术解决实际问题，在信息技术方面学习了如何有效地应用了软件，在外语方面培养起了使用外文影片提高英文水平的兴趣。

教师应引导学生多看经典的外文影片。当然，对初中生提倡以动画片为主，同时要选择超清、高清格式的文件观看，对于经典的片断可以自己剪辑以供使用。利用信息技术辅助学生学习外语只是一条途径，不是说面对着电脑传统的纸和笔就可以抛到一边了，应该结合起来，做到手脑并用来提高学习效率。

学生通过合作制作出赏心悦目的演示文稿，体会到了成功的乐趣，也提升了对信息技术和英语学习的兴趣。学生通过本案例后可以对一些感兴趣的视频进行编辑，自己制作有声读物，汇总经典影片的对白，提高外语水平。

五、案例总结

本课例是以学生活动主线，为英语节比赛制作演示文稿为目的，将信息技术与英语学习整合起来。让学生切实地利用学习过的知识完成某一任务，做到了学以致用，充分调动了学生的积极性，有助于提高学生学习的兴趣。在本课例中，学生之间通过有效的合作，发挥了团队作用。教学中要注意引导学生树立起正确的学习感，培养良好的兴趣爱好。

在大数据时代，信息化改变着每一个角落，当然也包括教育教学。所以作为一名教师，我们必须紧跟着信息化的步伐，不为其所淘汰，不断学习，熟练掌握新的知识，提升自己，发挥创新精神，从而培养出适应社会需要的学生来。

"翻转课堂"在海洋教育教学中的应用及案例分析

青岛市市南区教育研究中心 松 梅

一、案例概述

初中生对于海洋教育已经有了一定的基础，在海洋权益保护方面小学也有过一定的接触，但是对于海洋权益的概念和范围的认识，对于海洋权益直接影响国家的尊严、战略安全和发展基础的理解，对于我国管辖海域内外的相关海洋权益的掌握等方面还是比较模糊。在课程中应通过对维护海洋权益的学习，培养学生的维护海洋权益的意识，明确我国的海洋权益神圣不可侵犯。

本案例选自《蓝色的家园·海洋教育篇》八年级第三单元维护海洋权益第一课《海洋权益知多少》。

运用微课，让学生清楚为什么要维护海洋权益、维护海洋权益有什么重要意义。

二、教学设计

本节课的教学目标是明确我国的海洋权益神圣不可侵犯；教学重难点是培养学生了解海洋权益、维护海洋权益的意识。

本课主要介绍目前全球关注的海洋权益的问题。教材首先通过引文介绍中国不仅有面积广大的陆地，还有面积广大的海洋。进入21世纪，国际形势和海洋事务正发生复杂而深刻的变化，来自海洋的利益纷争日益增多，军事威胁日益严重，为中国这样的海洋大国带来了前所未有的考验。在此基础上教材首先介绍了海洋权益的相关概念以及《联合国海洋法公约》对海洋权益的规定,然后介绍了我国管辖海域内的海洋权益和管辖外的海洋权益,旨在通过学习,加深学生对海洋权益的认识,从而培养学生了解海洋权益、维护海洋权益的意识。

针对我讲的《海洋权益知多少》这一课,让学生在课下了解钓鱼岛事件的始末,在课堂上采用讲授法、讨论法、情境模拟法,观看"中国南极科考青岛科学家凯旋"的微课,采用头脑风暴的方式,启发学生思考我国可以在管辖海域外做哪些事情;通过微课"中美军舰对峙事件和平收场",让学生深切感受到维护海洋权益离我们真的很近;通过小小海事法庭情境模拟,提高学生解决问题的能力。其次,针对难度较大的问题,采用小组讨论、互相讲解的方法最终得到答案。最后的小结,让学生自己谈谈收获。

三、教学过程

具体学习进度做如下安排。

(一)微课导入

出示在美丽富饶的大海中人们开发利用海洋资源的微课。

我国幅员辽阔,海岸线漫长,大陆架资源丰富。今天我们就来学习海洋教育篇的第三单元维护海洋权益的第一课:海洋权益知多少。

出示投影片:学海导航(请一学生读),教师相机板书课题。

(二)权益解读

目的:了解海洋权益的概念和范围,理解海洋权益直接影响国家的尊严、战略安全和发展基础。

请用你自己的语言说一说什么是海洋权益。

你所了解的海洋权益?(学生说完后教师出示投影片)

为什么说谁拥有海洋,谁就拥有明天、拥有21世纪?(学生说完后教师出示投影片)

了解我国海洋权益的现状,积极有效地维护我国的海洋权益对于我国有着重要的意义。

(三)新闻链接

目的:引出我国管辖海域内外的相关海洋权益,明确我国的海洋权益神圣不可侵犯。

出示微课：中美军舰对峙事件和平收场

【《华盛顿时报》12月16日】"辽宁"舰日前从中国北部的青岛港出发进入南海训练，12月5日，美国海军"考本斯"号当时正在执行针对中国航母"辽宁"舰的侦察任务，一艘中国海军两栖登陆舰发出警告信号，要求"考本斯"号停止前进，但"考本斯"号拒绝听从并继续航行，因为当时所在海域属于国际水域。随后中国登陆舰驶向"考本斯"号，并在其前方停下来，迫使"考本斯"号转向。美方官员称这是危险的行为。法新社说，这艘中国登陆舰距美国巡洋舰不足500米。

过渡：中美军舰对峙事件让我们深切感受到维护海洋权益离我们真的很近。一个国家都在哪些范围里享有海洋权益以及享有什么权益呢？

（四）学海畅游

目的：掌握我国管辖海域内外的相关海洋权益，明确我国的海洋权益神圣不可侵犯。

1. 管辖海域内的海洋权益

【填一填】

请填出中国法律规定的领海、毗连区、专属经济区和大陆架的宽度各是多少。

【想一想】

先看视频《冲鸟礁》。

思考：为什么日本这么挖空心思地加固冲鸟礁，想把它打造成一个岛屿？

【算一算】

一个露出海面直径为1米的小岛，其领海、专属经济区的最大管辖面积各是多少？

【我看钓鱼岛】

请同学们说一说钓鱼岛的历史及中日争端的始末。

【举案说法，学以致用】

依据相关法律，假如你是中国海监船上的船员，遇到以下情况你该如何应对？

（1）发现大陆架的上空，有一架美联航的飞机飞过。

（2）某国在我国专属经济区海底区域铺设海底电缆和管道。

（3）某国军用船舶在中国领海无害通过。

2.管辖海域外的海洋权益

【概念界定】

什么是公海？

【头脑风暴】

出示12名参与中国南极科考青岛科学家凯旋的投影片。

提问：我国可以在管辖海域外做哪些事情？

诸如，国际海底资源的开发、石油勘探、科考、维护权益……

再发散思维：我们还可以开发哪里的资源？

【小小海事法庭】

2010年4月20日，英国石油公司在墨西哥湾的油井发生漏油事故，约有440万桶原油流入墨西哥湾。

国际海事机构邀请同学们成立小小海事法庭，分成四组，分别代表英国石油公司、美国政府、审判庭、调查组。

（学生准备3分钟，进行模拟展示）

（五）感悟收获及总结

结束语："白首壮心驯大海，青春浩气走千山。"我们已经走在维护海洋权益的道路上，唯愿我们的国家强大，人民富裕安康！

（六）探究性作业

通过学习教师提供的课程资源包，试说出中国开展海洋科学考察的积极意义。

四 效果评估

在传统的课堂上，一般是教师单纯教书，学生只是被动地听课，在地方课程海洋教育课堂上这样的教学方式弊端非常明显。

本案例通过学生的情境模式展示，设立小小海事法庭，学生自己讨论解决问题的方式，潜移默化地改变学生的学习方法和思考问题的方式，能逐步地帮助学生摆正自己的求学阶段的立场，变被动学习为主动，变教师灌输为帮助，变枯燥练习为比赛。通过学习教师提供的课程资源包，学生有效地实现了信息化资源的拓展功能。

学生在这样的案例中愉快地接受知识，更能提高自信和表达能力，增强了学生敢于表现的自信，也提高了课堂效率。

五 案例总结

本案例在教学中依靠信息技术，将现实生活搬进课堂，在课堂上通过多种方式刺激学生的感官，让学生达到理论与实践的统一，让课堂任务的完成犹如行云流水般顺畅。

首先，要求教师必须掌握相关的信息技术，从而能设计并构思多种教学形式，创新知识的讲解手段，把课程资源融会贯通、整合规范。

其次，教师具备了信息化技术，还要懂得深入学生，贴近课堂，选取最能体现现实生活的案例为课本知识的讲解做导航，让学生很容易地将所学到的知识迁移到实际生活中。

最后，全球信息化趋势不可挡，这是一种全新的思维方式和生活方式，现代化的信息技术手段不断更新，这也给我们很多创新的机会和条件。我们教师应跟随时代的发展，边学习边教学，让自己成为专业化的有学科特色与素养的教师。

小学篇

巧引妙导教无痕　批文入境学有迹

——《清平乐 村居》数字化教学浅析

青岛市实验小学　张　瑾

一、案例概述

在本课的教学中，我运用学校提供的"私有云"教学平台，采取了电脑平板教学的方式，较为充分地发挥了信息技术在语文教学中的作用——引领学生通过课前网络分组讨论交流预习中的疑难问题；在课上通过让学生自主汇报和完成老师通过平台发送的检测题目等方式检查预习、了解学情；在小组合作探究理解内容的基础上，又让学生自主阅读资源包走近作者、走近历史，突破"领会词作情感"这一重难点；最后，在学法迁移、课堂练习阶段，通过"微视频"梳理总结学法，然后发送"情景模式"测试卷，让学生从六首难易程度不同的诗词中选择自己喜欢的一两首进行鉴赏学习，实现了作业布置的自主选择和分层。在整节课中，教师以信息技术为支撑，为学生提供了更自主、更多元的学习环境，充分调动了学生的学习积极性，致力于通过"自主、合作、探究"的学习方式达到愉悦、高效学习的教学目标。

二、教学设计

《清平乐 村居》是苏教版小学语文第九册第六单元的课文，这首宋词通过对农村清新秀丽、朴素恬静的环境描写以及对翁媪及其三个儿子形象的刻画，抒发了词人喜爱农村安宁、平静生活的思想感情。学生对"诗"这种体裁了解较多，并且掌握了学诗的基本方法："知诗人—解诗题—明诗意—悟诗情"；而对于"词"这种体裁，学生第一次正式接触，文体特点相对陌生。同时，作为学校的平板实验班，学生对云平台的使用、操作比较娴熟，能很好地借助平板电脑开展学习。因此,本课设计了运用平板教学突破教学的重难点,让学生全面、立体地了解"词"这一新的文学体裁。本课的教学目标制定如下。

① 借助网络平台,对比同题的诗、词,认识词,了解词的文体特点。

② 正确朗读《清平乐 村居》这首词,通过查阅网络字典,读准多音字"剥";弄懂"相媚好""无赖"等关键词的意思,初步理解整首词。

③ 抓住"词眼"——"醉"字,逐层深入探究,在情境中感受词作所描绘的美好、宁静的田园生活,借助资源包走近作者,感受作者对田园生活的喜爱和向往。

④ 选作练习题,尝试运用抓"词眼"的方法,体会词作要表达的情感和词人的心境。

三、教学过程

(一)课前热身

这个学期,同学们又背了不少古诗,课前咱们男、女生来个比赛吧。

第一关:"诗句"对对碰。

第二关:"典故"知多少。

第三关:"诗人"猜猜猜(抢答环节)。

小结成绩,进行表扬和鼓励,准备上课。

(抢答环节,使用了云平台的抢答器进行精准抢答,实现竞赛公平,更好地调动了学生的参与积极性)

(二)导入新课,认识宋词

(1)说起我国古代文学史,可以说是诗词歌赋,百花齐放。今天,我们来学习一首词,请大家跟我一起写课题(板书:清平乐 村居)。在课前预习中,同学们把这首词与一首古诗进行了比较,发现了词与诗的不同。参考着预习单,哪位同学来汇报一下?

(2)学生交流点预设:

① 关于词牌名。

② 关于词的结构,通常分为上、下阕。

③ 关于词的句子长短不一,字数有多有少。

(3)小结:通过交流预习,我们初步了解了词的主要特点。

（这一环节，教师通过云平台"设置关键词进行统计"功能，在较短时间内对学生的课前预习情况进行有效了解，从而更有针对性地在备课中进行了教学预设）

（三）初读感知，了解词意

（1）今天我们要学的这首词，你会读了吗？

（2）词中有个多音字"剥"，谁再来读？查查字典，它是什么意思？

学生使用平板查字典，汇报：读 bao 时是指"去掉外皮或外壳"。

根据字义读准字音，当解释为"去掉外皮、外壳"的时候就读作"bao"，那么，去掉香蕉的皮就叫剥香蕉，去掉橘子的皮就叫剥橘皮，去掉莲蓬的外皮就叫——剥莲蓬。文中这个词，你来读，我来读，大家一起读。

（3）谁再来准确流利地读读这首词？

（4）这首词的意思懂了吗？课前，我们通过平板在线讨论了关键字词以及这首词的意思，不知道大家掌握的怎么样了？考考你们吧，请接题。

学生答题时，点击"学生界面"，在教师平板上查看答题情况。

测试后及时反馈：第×题有同学出错，谁来教教他？

（5）关键字词理解了，能连起来说说整首词的意思了吗？这样吧，先跟同位练说一下。谁想说给大家听？

（6）理解了这首词的意思，此时，请你再来为我们读一读。其他同学请用心地听。

（这一环节中，学生使用平板电脑查字典，方便快捷，提高课堂效率；学生答题时，点击"学生界面"，查看答题情况，并通过点击答题"正确率统计"，准确地了解测试情况，从而有针对性地进行了纠错讲解）

（四）抓住"词眼"，深入探究

（1）全词只有短短几句，就把这一家五口攀谈、劳作和玩耍的情景呈现在我们的面前。读了这首词，你有怎样的感受呀？

（2）说了这么多感受，其实可以化成词中的一个字，就一个字，看看这首词，你觉得是哪个字？

（3）"醉里吴音相媚好"的"醉"字（板书：醉）。在这里，"醉"仅仅是"酒后微醉"的意思吗？还是——"陶醉""沉醉"！在这首词中，谁陶醉了？谁沉醉了？带着这个问题再来品读这首词。一边默读，一边思考，画出相关的字词，做做批注，然后在小组内交流交流。

（4）学生圈画，教师通过平台转播学生圈画情况，了解不同学生的学习情况。

（5）我们一同来分享。在文中，谁"醉"了？说说理由。

小组汇报交流点预设：

① "翁媪"醉了，从"醉里吴音"这个"醉"知道首先是喝醉了，其次来看"相媚好"，他们年龄很大了还这么亲亲热热的聊天，可见他们感情很好，真是沉醉在愉快的聊天之中，内心很快乐。

教师点拨：（板书：翁媪）你有一颗善于感知生活的心！你们有没有想过，在这样一个平静美好的时刻，他们会幸福地聊些什么呢？

② 小儿子"醉"了。词中说他"溪头卧剥莲蓬"，我关注了"溪头"这个词和"卧"这个字。从插图看，小儿子实在溪头荷花池旁，景色很美，他肯定陶醉了。"卧"就是"趴或躺"的意思，他的姿势很舒服，还有美味的莲子吃，怎么能不陶醉呢？

教师点拨：（板书：小儿）刚才，他们关注了"卧"这个动作，走进了人物的内心。同学们，假设你就是顽皮可爱的小儿子，你会怎样"卧"？做做动作。你是——你是——你呢——哎呀，或仰或俯或侧或倚……怎么舒服就怎么"卧"！从这一个"卧"字就感受到——（小儿子自由自在、无拘无束）你再来读读这句词吧！

③ 大儿、二儿子也"醉"了。结合插图来看，大儿子锄草虽然辛苦，但是干得投入，似乎在想象着今年的好收成。二儿子在编制鸡笼，一边做一边学，我觉得他很投入，乐在其中。

教师点评：说出了自己独特的见解，有道理！（板书：……）

（6）词中的每一个人都陶醉了。能否通过你的朗读也让我们也陶醉其中，谁想读？指名配乐读。

（7）真美！在他的朗读中，美好的画面隐隐浮现。

你仿佛看到了——

你仿佛看到了——

你仿佛看到了——

这画面就在我们的眼前（课件同步出示古诗后浮现背景画面）！一起来美美地读。（点击课件将古诗隐去）让我们将它定格在我们的心中，一起背。

（8）孩子们，除了文中的人，还有谁也"醉"了？

是的，触景生情，作者辛弃疾也"醉"了。（板书：辛弃疾）

现在，就让我们走进那段历史，走近作者辛弃疾。请接收资源包，里面有一篇资料、一段视频，请自主阅读。

作者为什么会"醉"了，谁想谈谈自己的体会？

（9）是啊，这词中所描写的就是他内心中最渴望的那个故乡，他的故乡里也有这样清澈的小溪，随意奔走着享受童年的孩子……作者辛弃疾在词中抒写着他对田园生活的向往，同时也抒写着他深沉的爱国情怀！（板书：向往田园生活）

（在学生通过抓"词眼"初步体会到词作的宁静美好意境之后，通过补充背景资源的方式把学生的理解导向深入）

（五）拓展训练

（1）今天我们走进了一段历史，认识了一位词人，学习了一首词，同时也习得了一种品词的方法。一起来看微视频！通过抓"诗眼""词眼"来理解诗词的方法，你学会了吗？敢来挑战一下吗？请接收题目吧，从中任选你喜欢的一两首来赏析。

（2）交流汇报。

（在这一环节，通过"微视频"梳理总结学法，巩固了新知；然后发送"情景模式"测试卷，让学生从六首难易程度不同的诗词中选择自己喜欢的一两首进行鉴赏学习，实现了作业布置的自主选择和分层）

（六）布置作业

（1）熟练背诵这首词。

（2）想象这首词所描绘的情景，写下来。

选做：积累辛弃疾的词作。

（七）板书

清平乐 村居

辛弃疾（向往田园生活）

"醉" { 翁媪 / 小儿 / …… }

四 效果评估

"私有云"交互式学习平台，大大丰富了学生的课堂学习资源，拓展了他们的学习空间，改变了他们的学习方式和教师的教学方式，更好地体现了"生本愉悦"课堂的教学理念。

1. 让学生的"学"自主性更强、兴趣更浓

例如，通过网络聊天室，学生就本课预习内容开展主题交流，克服了远程交流不便的障碍，在交流中提升了学习兴趣，提高了预习效率。再如，通过平台发送题目有多种模式，资源模式、情境化模式都非常好用，让学生可以根据自己的兴趣点进行自主选择，学生非常喜欢。

2. 让教师的"教"更有的放矢、精准高效

例如，未使用平台预习前，教师需要一页一页地查看学生预习单，了解学情；使用后，只需设置恰当的统计方式，如统计"关键词"等，就可以直观全面地了解孩子们的预习情况。再如，学生通过平台进行课堂检测，系统能够及时、准确地进行正确率的统计，便于教师有针对性地进行指导。

五 案例总结

在本课的教学中，教师充分发挥了学校"私有云"交互式学习平台的优势：运用网络将课堂学习拓展到课前与课后，丰富了课堂学习的途径和课堂学习的资源，充分调动了学生的自主能动性。在平台使用中，也发现了两个小问题，期待平台软件能作以改进。

（1）网络聊天室在课前讨论环节使用效果非常好，但是在上课模式时，教师、学生都无法进入查看，必须中止课堂才能重新进入，能否在课堂上设置一个入口链接？

（2）抢答器与PPT呈现的题目无法同时出现，来回切换不方便，期待能够解决。

运用电子书包让高效阅读更高效

青岛银海学校　王贵勍

一 案例概述

青岛市市南区自2010年9月开始高效阅读训练的研究,青岛银海学校于2012年9月加入课题研究,成为市南区高效阅读课题实验学校。随着课题工作的展开,"高效记忆""阅读效率""眼脑机能训练"等新名词在师生中迅速流行。学生很喜欢高效阅读课,它既能拓宽学生的知识面,也有利于学生提高课外阅读的正确率。但是,伴随着高效阅读课题的不断深入开展,教师也遇到了一些问题,比如阅读材料的准备费时费力,学生阅读速度、正确率以及阅读效率的计算全靠教师人工完成,通常一位教师完成一堂高效阅读课的课前准备工作和课后统计工作需要3天,加重了教师的负担……

2013年3月,银海学校成立网络智慧教室,引入"优学派电子书包"。经过一年的反复实践,在实验教师的努力下,电子书包支持下的高效阅读模式获得了广泛的认可。本案例选择了高效阅读课中记叙文里"主要情节"的关注,教师和学生在课堂中提炼优秀的学习方法,并且在电子书包的支持下学生进行三篇文章的巩固训练,激发学生阅读兴趣,提高学生阅读素养,让高效阅读更高效。

二 教学设计

我校经过几年的实践研究,发现运用电子书包展开高效阅读有以下优势:① 反馈学生阅读效率更及时;② 积累科研资料更便捷;③ 课堂更节约、更省时;④ 让学生更有兴趣。因此,我校现已全面推广利用电子书包开展的高效阅读课。

本节课的教学目标是复习巩固记叙文七要素，并有针对性的进行检测；合作探究"记叙文七要素之主要情节"的高效阅读方法；激发学生阅读兴趣，提高学生阅读素养。

学生从四年级开始使用电子书包，操作极其熟练。在一年多的训练过程中，学生已经掌握了"关注记叙文七要素"进行高效阅读的方法，并能够与老师一起系统地对七要素中的某一点进行深入探究。比如，我们发现在阅读写人物文章中想要把握文章主要情节，需要格外关注时代背景、取得成就、克服困难等内容，以此提高自己的阅读效率。

本节课的教学中，基于学习者能力的分析，我大胆地引导学生关注突出人物特点、品质、成就等重要数据，结合电子书包的使用针对此方法进行多次训练，让学生了解在主要情节里关注突出人物特点、品质、成就等重要数据，就可以更加高效地阅读，把握信息更快、更全面。主要流程如下。

① 组织教学；
② 科学坐姿调整；
③ 眼脑机能训练；
④ 记叙文七要素及主要情节的复习巩固；
⑤ 前测练习，引导学生关注突出人物的特点、品质、成就等重要数据；
⑥ 两篇文章训练。

三 教学过程

高效阅读有三个重要指标，即阅读速度、阅读理解率以及阅读效率。在课前，教师准备两三篇阅读文章，每篇文章约有 10 道训练题，并提前将材料在电子书包平台中保存好；在课堂上，电子书包支持下的高效阅读，其具体操作方法如下图所示。

（一）环节一

教师利用电子书包系统将一篇文章发给学生，学生用最快的时间阅读，阅读完成后提交；系统根据阅读时间和文章字数，计算出学生的阅读速度。

  学生利用 pad 快速阅读文章，完成后点击"提交"；之后，教师就可以在电脑端看到学生的整体完成进度，了解学生的阅读耗时，省去了学生自己计时的麻烦；每一位学生一个 pad，使学生阅读更专注、兴趣更浓厚。学生的高参与度，体现了学生的主体性；阅读完毕后，系统生成的阅读速度对比图，使学生之间可以进行良性竞争，这次没做好，下次继续努力。

图 1　教师发送文章

图 2　学生阅读文章

统计结果

总字数：813字，平均阅读速度763字/分钟

学号	姓名	阅读耗时	阅读速度（字/分钟）
2009040501	王××	1分2秒	786
2009040502	姜××	50秒	975
2009040503	屈××	55秒	886
2009040504	姜××	1分38秒	497
2009040505	王××	1分13秒	668
2009040506	马××	1分11秒	687
2009040507	任××	1分11秒	687
2009040508	朴××	2分3秒	396
2009040509	吕××	31秒	1573

图3 系统生成阅读速度

（二）环节二

教师将与文章对应的试题发给学生，学生在无文章材料的情况下凭记忆限时答题；完成后，系统自动计算出学生的阅读理解率（试题的正确率）。

教师发题之后，教师端界面可实时显示题目的接收状态、答题时间以及每位学生的完成进度。对快速答题的学生，教师可以进行个性化表扬。表扬次数会被系统真实记录，并且作为学生课堂表现的有效指标，有效地提高了学生的参与热情；学生完成后点击"提交"，待全部学生完成后系统即时得出学生的阅读理解率，教师可以即时查看，并与每一位学生进行分享，使学生了解自己的阅读理解率的同时，也能与其他同学进行对比，了解彼此的情况。

图4 学生限时答题

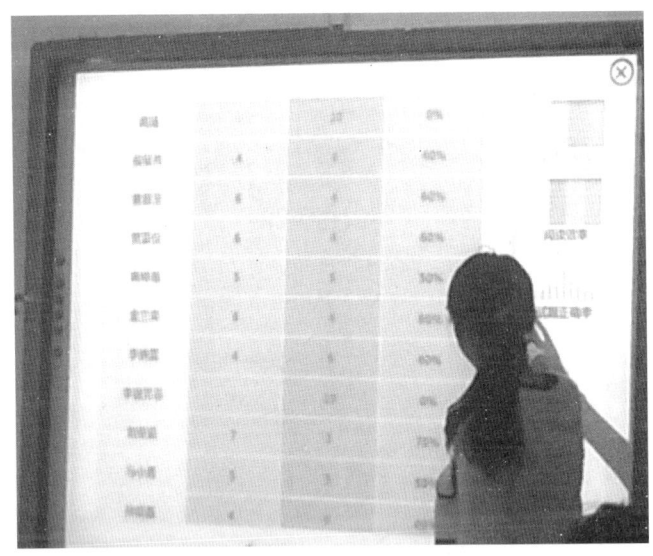

图 5　系统生成阅读理解率

（三）环节三

通过阅读速度和阅读理解率，系统自动计算出学生单篇文章的阅读效率；同时，教师还能针对学生的答题情况，对错题进行及时讲评。

系统算出的阅读效率一目了然，方便教师查看；教师可结合课堂环节需要对错误率过高的试题进行集中讲评，也可针对试题进行整体讲评，尽可能多地照顾到每一位学生，使他们在课堂上能够及时消化知识。

学号	姓名	阅读速度（字/分钟）	正确率	阅读效率（字/分钟）
2009040501	王××	786	90%	707
2009040502	姜××	975	90%	878
2009040503	屈××	886	10%	89
2009040504	姜××	497	70%	348
2009040505	王××	668	90%	601
2009040506	马××	687	100%	687
2009040507	任××	687	90%	618
2009040508	朴××	396	100%	396
2009040509	吕××	1573	60%	944
2009040510	王××	750	50%	375
2009040511	张××	447	80%	358
2009040512	刘××	855	70%	599
2009040513	陈××	826	80%	661
2009040514	曲××	677	80%	542

图 6　单篇文章阅读效率统计图

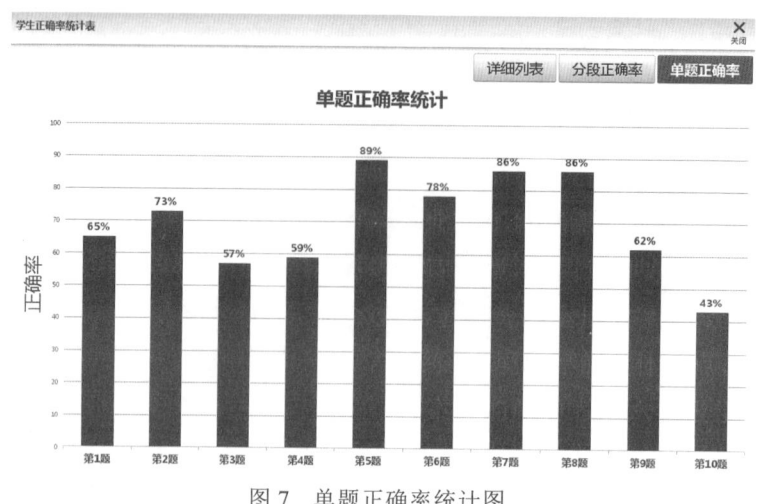

图7 单题正确率统计图

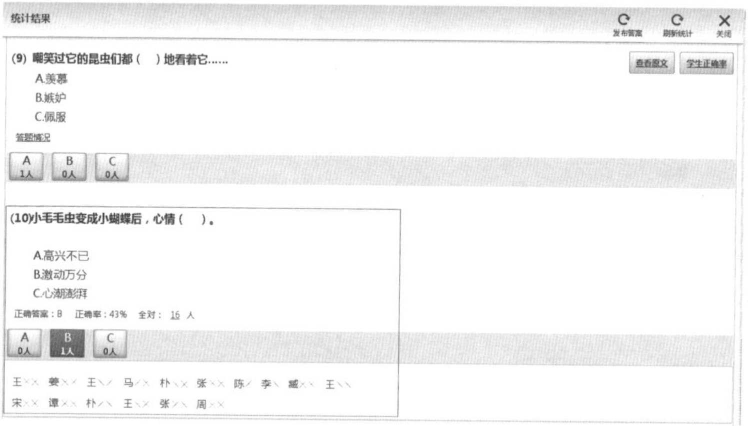

图8 教师点击对应试题即可跳转,直接进行定位讲评

(四)环节四

反复两三次,结合多篇文章,折算出学生的综合阅读效率。

通过系统自动生成的折线统计图,在教师端,通过量化的数据与图示,教师可以了解班级中每个孩子的阅读情况,从而方便教师作出差异化指导;在学生端,学生可以随时了解自己相应课时下的阅读效率,并且能和全班整体阅读效率进行对比,发现自己的不足,从而改进自己的阅读方法。

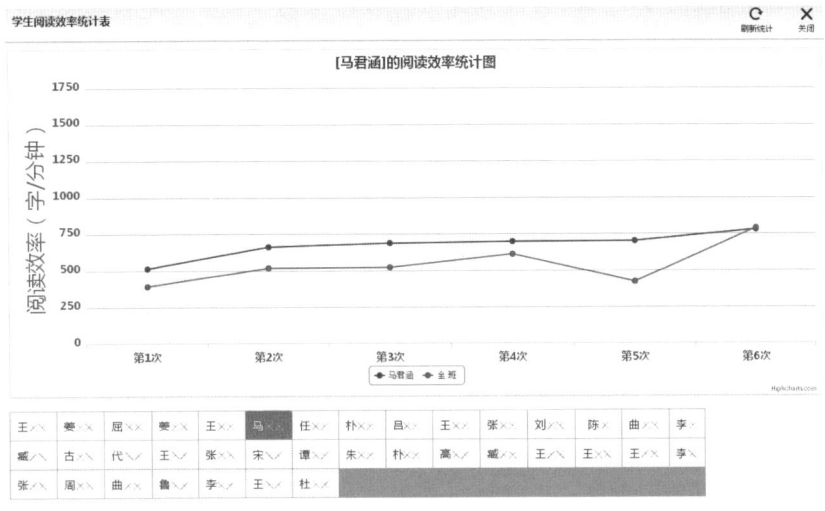

图9 教师端：全班每个学生的阅读效率可以与全班阅读效率分别比较

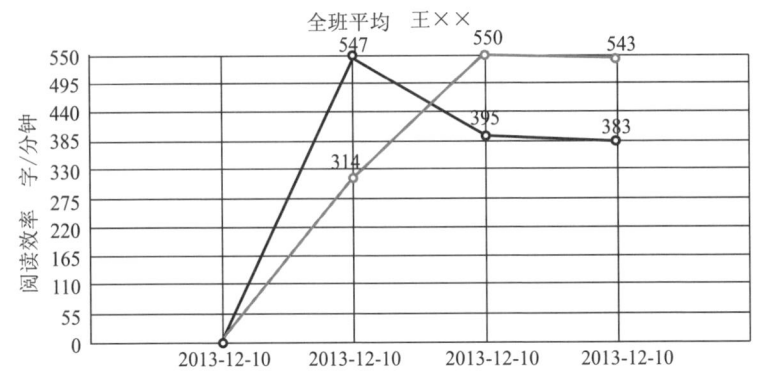

图10 学生端：学生可查看自己的阅读效率与全班阅读效率的对比趋势图

同时，电子书包也提供阶段性的数据，能够让学生将本人整学期的阅读效率都进行对比展示，每一位学生都能看到自己的进步，大大激发了学生的学习热情，为更好地提高语文高效阅读的效果而继续努力。

四 效果评估

银海学校教师经过两年的不断探索、尝试与研究，总结了新型高效阅读课可推广实施的有效方法，并且将之与传统高效阅读课作了比较。

课型 对比内容	传统高效阅读课	电子书包环境下的阅读课
操作步骤	1. 准备纸质阅读材料分发给学生 2. 学生自行完成文章阅读并计时 3. 准备纸质训练试题分发给学生 4. 学生完成后，教师统计 5. 结合学生计时的阅读速度，手动计算出学生的阅读效率，并登记在册	1. 教师课前准备阅读材料及训练题，保存至电子书包平台中 2. 利用网络将阅读文章发给学生 3. 学生完成后自动生成阅读速度 4. 利用网络将试题发送给学生 5. 学生完成后自动生成阅读理解率 6. 系统自动核算出学生的阅读效率
完成时间	耗时长，1天	当堂反馈
教师工作量	工作量大，需手动计算	系统自动生成数据
学生参与度	需注意力高度集中训练	更积极
教学效果	当堂不能及时反馈	直观、清晰
其他	纸张资源浪费严重	无纸化教学

通过对比，我们可以看到，电子书包支持下的高效阅读课，不仅有效地减轻了教师负担、提高了教师工作效率，而且提升了学生的参与度与学习积极性，教学效果显性、直观。目前，银海学校已经在四、五年级全面推广使用这一方式，获得了学校师生的一致好评！

五 案例总结

本课例凸显了高效阅读与语文教学相结合。课例中教师选择了三篇课文，分别是《厄运打不垮的信念》《司马迁发愤写〈史记〉》《詹天佑》，分别选自五年级上册、下册以及六年级上册的课文，为六年级的语文阅读教学打好了基础，将来就可以直奔精读。高效阅读与课堂教学的有效结合可为语文教学提速，是一个助力器。

本课例体现了研究与创新，教师在主要情节方面指导学生关注取得成就、时代背景、克服困难以及本课教的重要数据等方面有创新的思考，准确地把握了重点项目，有助于实现课内阅读效率的提高。

本课例体现了高效阅读与电子书包的结合。高效阅读数据的采集十分重要，通过数据的及时搜集可以反思课堂，大大满足了实验需求。以往的高效阅读课，课后的数据采集需要专门的人员、专门的时间，而本节课信息的采集快捷、高效。通过电脑传送资料，每节课节约5分钟，这5分钟时间又可以给学生找出2000字的文章阅读,省出了时间,省出了阅读空间,为高效阅读提速再加速。

总之,高效阅读课与电子书包相结合是一种创新且有效的做法。

数字化环境下的课堂教学
——以《闻官军收河南河北》为例

青岛文登路小学 李 晓

一 案例概述

"教给学生学习的方法,提高学生的自主学习能力"一直以来都是教学改革中不断呼吁的重要理念。在这种理念的带动下,以微课助推"翻转课堂"成为了目前倡导和探究的教学方式,由此带来的信息技术和课堂教学结合更加紧密。微课的运用有效解决了教学重难点,"翻转课堂"更体现了学生的主体地位。数字化环境下,教师的教学方式和学生的学习方式正在悄然发生改变。

《闻官军收河南河北》是苏教版六年级下册《古诗两首》中的一首,本课还有另一首古诗《示儿》。两首诗之所以放在同一课,是因为两者有个共同点:诗人都是围绕着一个字表达自己的爱国之情,分别是"喜"和"悲"。这两个字分别是这两首诗的诗眼。那么,我们可不可以通过一首诗的学习教给学生学习的方法,让学生运用这种方法去自学另一首古诗呢?经过一番研讨,我确定了以《示儿》的学习为基础,首先运用课前微课梳理学生以前掌握的"学习古诗四步法"。学生自主学习《示儿》后,我归纳出作者围绕一个"悲"字来表达爱国之情。为了让学生在学习《闻官军收河南河北》这首诗的过程中真正实现自主学习,我再次制作了一个课中微课——《抓诗眼悟诗情》,对整个学习过程进行了回顾和总结,使学生非常清晰地知道如何找到诗眼并围绕诗眼来感悟作者的情感。同时,在学习《闻官军收河南河北》这首诗时,我又尝试加入了电子书包,非常直观地展示出了学生寻找诗眼感悟诗情的学习过程,对存在问题的学生进行了专门指导。整节课运用数字化教学资源有效突破了教学难点,提高了课堂效率,实现了课堂的"翻转"。

二 教学设计

本节课的教学目标是学生通过"学习古诗四步法"自主学习《闻官军收河南河北》,了解诗意,并能运用"抓诗眼悟诗情"的学习古诗新方法进一步感悟古诗意境,运用这种方法来自主学习《闻官军收河南河北》这首诗。整个过程,教师充分运用数字化教学手段,提高学生的自主学习能力,感悟古诗语言凝练、意境丰厚的文体特点,培养学生读古诗、背古诗、品古诗的兴趣。

本案例的学习者为六年级学生,学生已经具备了一定的自主学习能力。通过之前对古诗的学习,学生已经掌握了从诗题、诗人、诗意、诗情四个方面来学习古诗的方法。因此对于本课中的两首诗,学生完全可以在课前进行自主学习。本课采用了课前和课中两个微课,需要教师指导学生观看微课时要集中注意力,同时也可以反复观看来帮助自己的学习。另外,学生对于电子书包的各项功能不熟悉,需要课前教师带领学生熟悉上课需要用到的功能。

从学生的认知水平出发,教师课前首先帮助学生进行了学习古诗方法的梳理,制作了《学习古诗四步法》的课前小微课。设计学习单,给学生布置相应的学习任务,让学生自主学习这首诗。

学生通过反复观看课前微课,借助工具书查阅相关资料,了解了诗的写作背景、作者资料、古诗大意并初步感受到作者想要表达的情感。课堂上教师进行的教学方式展现如下。

(1) 小组交流,汇报展示。课堂开始,学生以小组为单位交流自己的课前学习,时间大约为3分钟。交流后,小组上台交流汇报,班级其余学生进行补充交流。教师对学生理解有问题的地方进行指导。

(2) 合作探究,课堂翻转。学生理解诗意后,教师播放《抓诗眼悟诗情》的课中微课并提出学习任务:让学生找出《闻官军收河南河北》的诗眼,并圈画出相应的关键字词进行情感体会。自主学习后,学生再次进行小组内的合作学习,教师巡视进行相应的指导。

(3) 过程呈现,关注个体。学生观看微课后,运用电子书包中的画板功能标示出诗眼,并圈画出相关的字词。电子书包投影功能展示了学生的学习过程。教师针对存在学习困难的学生进行了相应的指导。

(4) 集中讲授,加深感悟。学生品读完古诗意境后进行交流的过程中,只是限于对这首诗的感悟,而忽略了对诗人一生的关注。此时,教师进行集体讲授,补充了诗人的前期和后期的诗句,不仅形成鲜明对比,还让学生更进一步体会到了诗人悲苦一生唯独此时的畅快淋漓。

学生自主学习、小组合作学习、教师指导在数字化环境下巧妙、紧密融合在了一起,有效地提高了课堂效率,达成了教学目标。

三、教学过程

(一)课前微课帮助预习

教师课前制作了《学习古诗四步法》的微课,和学生一起梳理和归纳了四个学习古诗的小步骤并做了进一步的指导。例如"知诗人"环节,教师告诉学生可以通过工具书或者网络去了解作者的年代、生平、作品及风格等。"明诗意"环节,教师告诉学生可以通过理解关键字来理解整句诗的意思。为了检验学生的预习成果,教师配合了以前经常运用的"自主预习单",让学生按照这四个步骤进行整理,学生真正实现了有目的、有方法的自主学习。

附:微课截屏

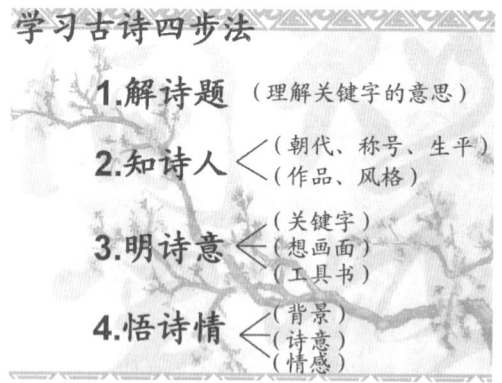

(二)合作学习师生互转

课堂开始,教师没有像往常一样,按照预设的环节进行讲授教学,而是由学生小组交流后再进行全班的交流,学生之间互相补充。教师根据学生的交流情况进行相应的指导。这个环节,教师就重点指导了古诗中存在的古今异义词,如"涕泪""河南河北""妻子""青春"等。

(三)借助微课赏析古诗

在学生都理解了这首诗的意思之后,教师充分借助前面刚刚学习的《示儿》这首诗,回顾作者是如何围绕着"悲"字来充分表达情感的,并总结出"抓诗眼悟诗情"的新方法;同时,在微课中给学生布置了新的学习任务:找到《闻官军收河南河北》这首诗的诗眼并思考作者是如何来表达这个诗眼的? 从中可以体会出什么情感?学生带着这样的问题再去探究古诗,体会古诗的表达手法。

附:微课截屏

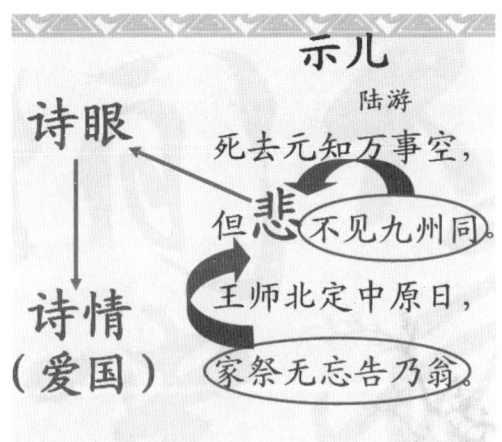

(四)关注个体再次交流

学生思考环节,教师利用电子书包投影显示了部分学生的学习过程。其他学生可以将自己的学习思考和投影显示的同学的学习思考结合起来,尤其是对潜能生有着一定的启发引导作用。另外,教师通过在教师机上查看某些学生的思考过程,可以清楚地把握这些学生在这一个环节的学习情况,从而对存在问题的学生进行相应的指导。此外,学生在汇报交流时,教师再次投影显示汇报学生关注的字词,能让其余的学生很快关注到相应的学习内容,这样大大提高了课堂效率。

(五)教师点拨加深感悟

学生交流后,教师针对重点语句进行指导。这首诗中的"白日放歌须纵酒"和诗人杜甫的平生形成鲜明的对比。因此,教师联系了诗人的生平诗句,如"残杯与冷炙,到处潜悲辛""床头屋漏无干处,雨脚如麻未断绝""万里悲秋常作客,百年多病独登台"与这一句进行师生合作读,加深对诗人的认识,更加深入地感受到了诗人在这首诗中寄托的爱国之情。

四 效果评估

1. 课前的学习更有针对性

这节课改变了以往课堂上教师在上面讲,学生在下面听、记的现状,而是在课前就让学生真正实现了自主学习。学生普遍反映:结合课前微课,自主学习有了明确的方向,不至于无从下手。微课的使用给了学生极大的帮助。对于那些接受能力强的学生来说,他们能在头脑中很快形成一个学习古诗的四步法模块;对于那些学习有困难的学生来说,他们可以反复观看微课,按照微课中的内容去完成预习,较容易获得成就感。总体来说,课前微课的使用指导了学生的自主学习,有助于课堂效率的提高。

2. 课堂增加了趣味性

《抓诗眼悟诗情》这个课中播放的微课对上一节的学习内容进行了很好的总结概括并给学生指明了下一步的学习方向。试想:如果教师在这首诗的学习中再回头来感悟《示儿》这首诗,将会是多么的冗杂、拖沓和反复？而通过微课的形式,教师既能配合批注和讲解将"抓诗眼悟诗情"的方法呈现出来,又能节省时间,做到环节紧凑、水到渠成。通过微课的播放,学生迅速投入到了下一个自主学习环节。他们很快地找到了这首诗的诗眼,并能关注诗中的某些重点字词来感悟情感。学生对于古诗所要表达的情感有了新的认识,而这也恰恰是这首诗的难点。可以说,难点的突破正是源自课中微课的巧妙运用。

3. 电子书包应用教学

学生自主品读古诗的过程中,电子书包和课堂教学又进行了紧密的结合。利用电子书包投影展示功能,教师对每一位学生的思考过程都能进行全部监测。对于存在学习困难的学生,教师进行了单独的指导,帮助他们更快地找到诗眼"喜",并通过一些关键字词来感受作者的爱国之情。小组汇报时,教师直接投影展示该组的学习过程,给学生以直观的感受。

五 案例总结

传统的教学课堂,学生早已习惯了教师的讲授教学,也就慢慢失去了对学习的兴趣。而数字化环境下，学生的学习方式和教师的教学方式都发生了深刻的变化。教师真正回到了指导的角色，而学生也真正成为了探究者、学习者。学生改变了被动接受的现状，主体地位体现得非常明显，如课前的自主预习、课堂上的合作学习和汇报交流。教师也改变了以往的讲授式教学法，而主要指导学生自主学习，并进行点拨、提升、总结。

微课的使用也带给学生不一样的感受，学生逐渐感受到了微课带给自己学习上的帮助。正是有了微课的帮助，学生在课前能准确把握学习方向，完成老师布置的学习任务。课堂上，教师可以进行更为灵活的总结和引导，激发学生的学习兴趣，有效突破教学重点和难点，达成教学目标。在以后的教学中，相信学生也会对微课有更大的期待和热情。

课堂的翻转也切实将所有学生都融入到了学习中，每一位学生都参与了合作学习的过程。学生互动、师生互动中，学生大胆发言，充分表达自己的观点，感受到了学习的乐趣。

通过这节课的研讨，我在观念上发生了极大的改变，确确实实感受到了"翻转课堂"带来的巨大改变以及微课的使用对于自己教学的帮助。我们的课堂不能为了微课而微课，也不是有微课的课就是好课。准确把握教材，找准难点，巧妙运用微课，才是一节精彩的课。

"电子书包"下的习作教学

青岛八大峡小学　刘书芹

一、案例概述

《语文课程标准》对高年级的习作要求中指出:"养成留心观察周围事物的习惯,有意识地丰富自己的见闻,珍视个人的独特感受,积累习作素材。"

习作,对于各年级阶段的孩子来说都是一项比较困难的内容,无话可说、无内容可写的情况非常普遍。究其原因,很大程度上是由于作文内容与学生的生活不能紧密地贴合在一起。而电子书包的介入,则可以让学生通过拍摄视频、图片等方式拉近学生与生活之间的距离,给学生打开另一扇"发现之窗"。

本案例选取的是《习作1》(苏教版五年级下册)。习作要求学生"观察一种自然现象并把他的变化特点写出来。"为了让学生的习作更加贴近生活,我把本次习作放在了一个恰当的时机——雨天进行。课堂上,首先,通过图片展示,激发学生的学习兴趣,明确本次习作的目标。其次,通过例文赏析,使学生进一步了解了文章的结构、文章写作着力点以及文章中所用到的写作、修辞方法。为了让学生能够更好地掌握此类文章的写作方法,并且能够深入生活中去认真细致、多角度的观察,突破本节课的重点和难点,我借助电子书包拍摄照片和视频的功能,让学生走进生活,在不断探究、体验、发现的过程中体会自然之变,发现变化之美,从而形成自己的独特感受,寻找自己习作的着力点。此外,本节课例中还利用微课帮助学生更好地理解和掌握此类习作的写作方法。与传统课堂上,教师单纯的方法指导、学生在课后搜肠刮肚组织语言材料相比,电子书包课堂能够更有效拉近学生与生活的距离,增长他们的见闻,丰富他们的感受,帮助他们顺利完成习作。

二 教学设计及相关环节的技术应用

崔峦教授在谈到语文教学时曾经指出:"语文课堂上要落实三个维度的学习目标,既要得意,又要得言、得法、得能。"而习作恰恰是检验学生"四得"能力的重要方面。因此,要想真正全面提高学生的语文素养,提高学生的习作水平,我们还应从崔先生所提倡的"四得"入手进行探讨。为此,我设计了以下教学目标和教学环节。

(一) 教学目标

本案例的学习者为五年级学生,学生有了一定的习作经验和习作能力,对于写景类文章并不陌生,也能够比较灵活地运用修辞方法。但是,他们习惯于通过对不同景物的描写展示季节、地方的风景特色,对于怎样写出"风景的变化之美",不论是从方法上还是选取的内容上都存在一定的困难。

基于以上学情分析,我制定了如下教学目标。

(1) 通过《二八月,看巧云》,感悟二八月云的多姿多彩,了解文章的写作结构以及文中运用的写作方法。

(2) 通过学习微课《怎样写出风景的变化》,掌握"变化类写景文"的要领。

(3) 借助电子书包拍摄照片、视频以及上传展示的功能,观察雨前、雨中、雨后的风景,写出春雨的变化之美。

(二) 教学环节

环节一:出示本次习作的目标,让学生自由谈自己对目标的理解,教师从旁纠正点评。

环节二:解析例文。在学生明确目标之后,让学生以小组合作的形式进行学习。为了让学生感悟"变化类写景文"的写作方法,我设计了以下三个探究问题。

自由朗读文章,思考:

① 《二八月,看巧云》写的是二八月云哪些方面的特点?

② 作者在云的造型上重点描写了_____的奇巧,又分_____、_____、_____三种情况来写。

③ 小组合作,探究例文中所运用的写作方法并说说好在哪儿。

借助以上三个问题的探讨对文本进行解析,初步感悟"变化类写景文"

的写作方法,做到让学生"得意"。

环节三:通过个别化教学,让学生自主学习微课《怎样写出风景的变化》,了解"变化类写景文"的写作方法,指导学生从以下四方面去观察自然、展开习作,让学生真正"得法"。

微课设计如下:

方法一:多角度——行、色、声、味。捕捉景物的颜色、姿态、声音、大小、形状、数量、光泽等方面的不同特点。这一方法,旨在拓展学生的习作思路,指导学生从不同的方面去观察自然景物。

方法二:写变化——动静结合。例如在《火烧云》一文中,作者就是通过描写火烧云颜色的变化展示了火烧云的美。

本次习作的重点和难点便是如何写出风景的变化之美。雨景的"变化"很多,学生往往泛泛而谈,如简单地说雨很大、雨变小了之类。为了避免此类现象,我给学生找到了一个落脚点——动静结合,让学生在多角度观察景物的基础上,从动静两方面入手去观察自然,写出变化之美。

方法三:巧修辞。通过两个例句:

① 水仙恰似凌波仙子,美丽却不张扬,清新中多了份雅致。(比喻句)

② 海睡熟了。大小的岛屿拥抱着、偎依着,也静静地朦胧地进入了梦乡。(拟人句)

让学生进一步感悟巧妙的修辞在增强文章表达效果方面的作用。

方法四:多联想——写感受。在写风景的文章中,学生常常侧重于展现风景之美却忽视了表达自己的感受,因此文章中诸如"这景色真是太美了"一类的笼统感受比比皆是,而通过写自己的联想,既能表达自己的独特感受,也能更好地丰富文章的内容。

微课中的四种方法,既是写作的方法,也是学生观察自然的方法,具有可操作性和实用性,能够给学生提供自主学习的机会。借助微课学生能够有效地了解"变化类写景文"的习作方法,为接下来有效地组织文章内容提供了有力保障。

环节四:走进校园,拍摄图片、视频,感受雨前、雨中、雨后的变化美。

为了让学生更加真实地感受到"雨"的变化,拉近学生习作与生活的距离,我没有使用网络上相关的图片、视频资源,而是把探究发现的权利充分交给学生,让学生带着pad走进校园,去亲自拍摄自己所观察到的景物。学生可以拍摄照片,也可以通过视频再现一些有趣的情景,在不断的探究体验中为学生打开一扇"发现之窗"。

环节五:小组合作,通过小组展示交流,实现"翻转教学",帮助学生完成习作内容。

本次习作练习既要求学生掌握相关的习作方法,也需要借助实际操作在亲身感受和合作交流中,全方位、多角度地感受自然之变,因此习作的信息量较大,学生容易顾此失彼。为此,我设计了以下小组合作活动。

活动一:学生在小组内展示自己拍摄作品,推选出组内的优秀作品并上传至班级画廊。小组成员之间对作品进行口头描述并以小组汇报的形式展示组内讨论的成果。

活动二:在全班展示班级画廊中的优秀作品,让学生对这些作品从不同角度进行补充描述,教师从旁指导学生抓住景物细节,展开想象,丰富习作内容。

活动三:学生翻看自己拍摄的或者班级画廊中的其他照片、视频,利用微课中的习作方法完成习作内容。

三次小组活动,既可以让学生在展示自己作品和欣赏他人照片的过程中进一步拓宽自己的观察视野,也可以让学生在自己描述、倾听他人描述、小组合作描述、全班同学补充描述的过程中丰富语言表达,让学生真正"得言""得能",从而顺利地完成本次的习作任务。

环节六:参照自己的作品、小组内其他成员作品、班级画廊中的优秀作品(图片、视频),借助例文和微课中的方法完成本次习作,题目自拟。

三 效果评估

本案例中,学生借助微课和电子书包在走近自然、发现自然、定格自然之美的过程中,在自主学习、合作探究、成果分享的基础上,感悟生活,发现变化,做到有所学、有所发现、有所感、有所写,让学生既"得意"又"得言""得法""得能"。从学生的拍摄作品和习作结果来看,本案例是成功的。以下是一组学生拍摄的图片作品和习作片段。

学生习作片段:

片段一:地上,"滴滴答答"的小雨演奏着快乐歌谣,萦绕在我的耳畔。天上,风追着雨,雨追着风,风雨合起来追赶着乌云,整个天地都朦胧在这片雨中了。

片段二：雨后，校园里也变了模样。瞧，刚才还怒气冲冲的雨儿，这时却变成了一个调皮的小宝宝。它唱着"滴答滴答"的歌儿，从枝头跳到花苞上，见这朵玉兰花关着门，便溜到那一朵的花里，偷吃一口甜甜的花蜜，又赶紧从花瓣间的缝隙中钻出来，难道是怕人看见不成？

微课和电子书包的结合，为学生提供了一个很好地观察、捕捉、记录、展示生活之美的平台，而小组合作的学习方式则为他们提供了一个展示自我、智慧碰撞的好机会。学生在不断的展示、交流中完善着自己的语言表达，丰富着自己的习作内容。

四、案例总结

在传统的习作教学中，简单的例文赏析、方法指导对学生而言学到的更多的是理论层面的东西，可是学生真正要感悟、发现的东西却在生活中，学生只有走进生活、观察生活、从生活中有所发现、有所启迪，才能真正做到写真情、写实景。可是传统的课堂教学，学生常常被限制在课堂之中，即使可以走出教室面对美景，学生也只是单纯地在一刹那间用眼睛看到了这些美景而已，更可惜的是很多美景只停留在学生的脑海中了。而电子书包的介入，则让学生有机会把这种美景切实地记录下来，把自己的所看、所闻用视频的方式展现出来，帮助学生去更好地感悟自然、发现自然之美。

学生的文章是灵动的，图片和视频是生动的，读着他们的文章我突然多了些许莫名的感动，与简单地用 pad 展示学生的正确率相比，这才是更加鲜活的生命、更加鲜活的课堂，也才是习作练习真正用意所在，不是吗？

这让我不禁想到了祝智庭老师曾经提到的另一个教育理念"智慧教育"。他说："智慧教育就是依托物联网、云计算、下一代通信网络、高性能信息处理、智能数据挖掘等先进技术和先进的云端设备，整合亟待建设和提升的各种应用支撑系统与服务资源，构建现代智慧教育信息化服务体系，通过智能化、智慧化管理和服务环境，推动建立最直接、最完整体系的智慧教育方式，协助学生发现智慧、发展智慧、应用智慧、创造智慧，从而促进学生智慧类型优化发展。"其实，静下来认真思考一下，我们的电子书包课堂不就是这样一种课堂吗？在对技术引荐的时候，我们看到的不应该仅仅是技术本身，而应该是技术之后的应用目的，也就是在技术背后我们促进了学生哪些方面的发展。

借助"电子书包"探索"小班化"教学之路

青岛基隆路小学　房　璐

一　案例概述

《语文课程标准》指出:"语文课程应该是开放而富有创新活力的,应尽可能满足不同地区、不同学校、不同学生的需求,并能够根据社会的需要不断自我调节、更新发展。应当密切关注当代社会信息化的进程,推动语文课程的变革和发展。"

传统教育中,学校班额大,教学媒介也仅有PPT、投影仪等单向输出设备,课堂上针对学生进行差异化教学设计几乎是不可实现的。但随着班额的逐渐减少以及"电子书包"这一多向传输技术的普及,使运用信息化手段进行个性化差异教育已经成为可能,于是"小班化"教学应运而生。

"小班化"教学是一种班级人数较少而且有利于学生的全面和谐发展和个性充分发展的教育组织形式,本质上要求教学中尊重学生的个性化差异。然而现实教育中,每个班的学生学习水平参差不齐,接受能力也因人而异,因此不能完全放手给个人,仍需要借助小组合作的形式进行共同学习。如何将个性化学习与合作共同学习交汇贯通?如何将集中讲授与个性化体验学习有机结合?"电子书包"的出现恰好解决了这一问题。它既可以将学生视线集中于讲台,也可以满足不同层次学生对学习的差异性需求,其功能和技术平台还更加适合发展学生自主学习能力和个性,让"小班化"教学得以实现,由此,本案例借助电子书包和微课,通过合作探究的形式,尝试践行尊重学生个性化差异的"小班化"教学。

本案例选取的是苏教版语文四年级上册《泉城》一课。预习阶段,学生利用"电子书包"自学有关泉城济南的微课,根据自己的实际需要,运用"电子书包"的搜索功能,有目的地了解与课文有关的城市、人文等相关知识,对泉城形成个性化的初步认识和感受。课堂教学中,在初步了解的基础上,对泉城的特色泉水作深入的个性化理解感悟,并在感悟过程中利用微课提炼出"阅读写景状物段落"的一般过程,帮助学生自主学习,并掌握阅读写景状物类文章的一般方法。在自学过程中,采用小组分工合作的形式,借助"电子书包"进行图片、视频资源的可选性浏览以及交互式投影交流。这样一来,不但令学习变得有趣,让交流变得更加方便,也使重点和难点得以突破,更激发了学生的自主学习积极性,提高了课堂的效率。

一、教学设计

《泉城》是第三单元"自然风光"的第一篇课文,是写景状物类散文,描写了济南名泉的奇丽景色,抒发了作者热爱大自然的思想感情。文章是典型的总分总结构:2～5自然段的布局及写法也都是先介绍泉的位置,再抓住各自特点的勾勒和描绘。

四年级学生已经养成预习习惯,掌握了多种识字方法,已经初步掌握几种概括课文主要内容的方法,已初步具备搜集、整理资料信息的能力,并能简单仿写小段文字。但是,学生在预习时往往缺乏目的性;阅读写作时缺少方法指向;部分学生无法独立、迅速生成个性化体验,需要反复学习或小组合作探究。

基于学情,本节课的教学目标设定为:用自己的方法自主识记本课生字;借助图片、视频,联系上下文理解"忽断忽续"等词;通过梳理作者的写作顺序理清文章脉络。重点和难点是了解阅读写景状物类段落的一般流程,并按照这一流程选学黑虎泉、五龙潭、趵突泉,通过小组合作交流、朗读等形式感受泉水的不同特点,感悟泉城泉多水美的魅力,尝试按"先介绍位置,再介绍特点"的方法仿写一小段。

本节课综合运用了"翻转教学""探究体验""小组合作"等多种教学策略。

教学中,我有目的性地引导学生跟随作者通过视频游览泉城,了解、体会泉水的不同特点,感悟泉城的泉多、水美。课文虽然浅显易懂,但作为本单元的第一篇文章,我想引导学生将重点由学一篇文章提升到习得阅读这一类文章的方法，这样，在后面的学习乃至以后的自主阅读中，学生都能"有法可依"。由于部分学生的个性化体验和学习无法独立实现，我采用了小组合作探究的方式，运用电子书包的技术支持，努力满足学生不同的学习需求。

本课借助"电子书包"进行个性化探究的环节有以下几处。

1. 小组合作，自主高效识字

预习时每个四人小组先自学生字，由组长统计出本组认为最难的几个生字，报给课代表，课代表统计出全班数据后报给"主讲人"（主讲人轮流担任），由"主讲人"所在小组探究识字方法，并将生字通过"电子书包"上传至平台，课上交流。

2. 习得方法，迁移选学

从描写黑虎泉、五龙潭和趵突泉的段落中任选一段，默读课文，按照"初读了解内容—抓词感悟特点—关注写作手法—感情朗读背诵"这四个步骤，自学这个段落；遇到不懂的地方，也可以借助平板电脑里的微课和视频资源进行学习。自学后，四人小组互相交流学习成果，之后全班交流，最后用喜欢的方式读出泉水的特点。

3. 梳理结构，尝试仿写

全班的合作交流结束后，引导学生关注几个自然段有相同的结构，即"先写位置，再写特点"，这是介绍景点的文章最通常的写法。紧接着运用"电子书包"推送墨泉、大明湖、千佛山等著名景点的图片、视频等资料，任选喜欢的一个，按作者的段落结构仿写一小段，写完后小组交流，修改完善。通过"电子书包"的拍照、文字编辑等方式，课后上传至平台，下节课全班交流。

三、教学过程

（一）翻转角色，自主识字

预习时，本课"任教"小组已将共研过的重难点生字上传至平台。上课时，教师直接推送小组合作成果，并请本组"小老师"上台讲习生字，并借助 pad 投影技术引导学生在白板上圈画描红，练习书写。这样的"翻转教学"，由学生中来，到学生中去，不仅能及时监测书写掌握情况，还能让学生个性化的识字方法进行碰撞，不断完善学生自主学习的方法，提高自主学习能力。

（二）感悟泉水特点，习得阅读方法

这是本课教学的重点和难点。由于方法的习得和运用难度较大，因此我

采取先共同学习一段,梳理方法后再合作选学一段的方式进行突破,帮助学生进行个性化学习和体验。

1. 同研珍珠泉

首先,指名一位学生读读这个段落,其他同学思考:这一段写了什么内容?明白写了泉水的位置、名字由来以及特点之后,紧接着再读课文,重点引导学生抓住"忽聚忽散、忽断忽续、忽急忽缓"三个含有相反意思的词语以及比喻句感受珍珠泉奇异美丽的特点。进而明白作者正是通过这三个巧妙的词以及形象的比喻句把珍珠泉写得让人神往。最后,引导学生就抓住关键词和比喻句,美美地把这一段读出来,有能力的学生还可以背诵这一段落。

2. 借助微课,总结成"法"

学完这一段落之后,紧接着引导学生回顾学习过程,总结成"法",以指导接下来的合作探究学习。由于"回顾"是一种比较抽象化的活动,因此,我借助微课,形象化地展示了刚刚的学习过程,一步一步引导学生理解阅读方法,总结出"初读了解内容—抓词感悟特点—关注写作手法—感情朗读背诵"的阅读写景状物类段落的方法。这样一来,不但能直观形象地回顾梳理方法,更初步引导学生养成及时回顾反思、总结梳理方法的学习习惯。

3. 迁移运用,合作探究

习得方法之后,接下来就是迁移运用这种方法进行合作探究学习了。然而在合作之前,我深知小组内学生的学习水平不尽相同。有的学生看一遍并不能完全理解记忆这一方法,另外,每个学生的意向也不尽相同,如果通过白板统一投射,也会忽视其他学生的主观意向。不仅如此,如果单纯进行合作学习,那么部分学生的声音势必会被"主流"学生的声音所淹没,失去思考和学习的机会。因此,我将微课推送到了学生的 pad 上,没看明白的学生可以重复观看,可以自由选择段落进行阅读,并且要求学生先自学圈画,再利用 pad 进行合作交流,有能力的小组甚至可以进行分步骤或分工的合作学习。

这确保每一个学生都能确实习得阅读方法,而利用电子书包这一技术手段实现了微课的反复观看和段落、资源的可选性,尊重了不同层次学生的实际学习需求的同时也实现了个性化教学。另外,先自学后交流的学习过程,确保了每一个学生思考的可行性和有效性,鼓励每一个学生进行思考,拓展思维,在有了自己观点和收获的基础上进行交流,使得学生的想法可以进行沟通和碰撞,从而产生共鸣和矛盾,在思想相互"磨合"中合作探究式学习的目的和效果也就达到了。

4. 个性化交流汇报

学生充分利用了"电子书包"的各种功能,比如,利用"电子书包"的交互式投影功能,展示四人小组不同的学习体会;利用相机拍照,将书本的学习内容上传至平台进行播放;利用图片编辑功能,进行学习成果的汇总展示……有能力的小组甚至学习了两个自然段。最后,各小组通过齐读、分角色读、轮流读、表演读等多种方式进行了段落的朗读,且经过这样的深度学习,每一个学生基本都可以做到美读、背诵。

(三)梳理结构,尝试仿写

在交流完学生的个性化体验之后,接下来就是将这些体验加以组织和运用了。我引导学生找到了段落的相同之处,那就是先写位置再写特点的写作顺序和段落构成。引导学生了解这是介绍一个景点的一般写法。进而,我向学生的pad推送了有关墨泉、大明湖、千佛山等济南著名景点的图片、视频、旅游简介等相关资料,并可结合济南的游历经验,选择自己喜欢的一处景点,利用pad的搜索功能实时搜索相关资料,仿照作者的写作顺序写一小段,为大家介绍济南其他的美景;完成后小组合作修改完善,通过相机拍照等方式上传至平台,作为一项作业下节课继续交流。

四、效果评估

传统课堂上的本课,是教师在讲台上讲、学生在台下听,用PPT进行图片、视频的播放展示,学生看到的是相同的内容,听到的是"一家之言",学到的也是同一个的观点,这种教学模式势必会影响学生的思维发展和个性化学习。而运用"电子书包""微课"等先进的教育教学手段,通过合作探究式学习模式,直观深入地切入教学重点和难点,又科学地尊重了学生差异化学习实情,实现了高效、愉悦的语文课堂。以下是部分学生的作品。

学生的作品体现出了本节课运用"电子书包"的价值,本案例的教学设计能给学生以更多思考、交流和实践操作的空间,切合学生个性化的学习实际,也激发了学生极大的学习兴趣,让学习变得轻松、愉悦、高效。直至今天,在学习四年级下册《燕子》一课时,学生都能忆起阅读写景状物类段落的方法,仿写时也更加得心应手了。

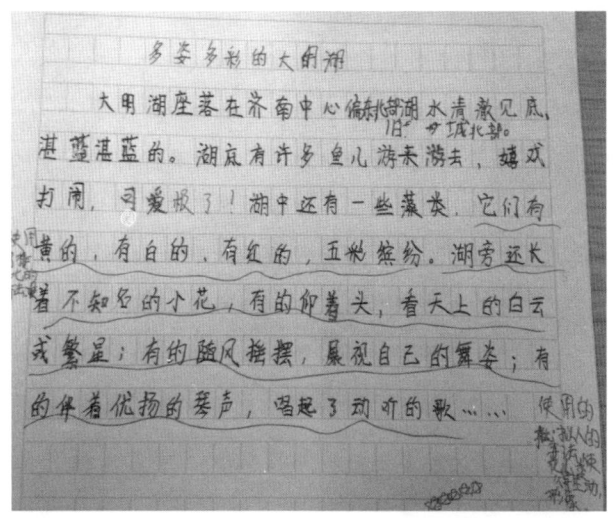

图 1

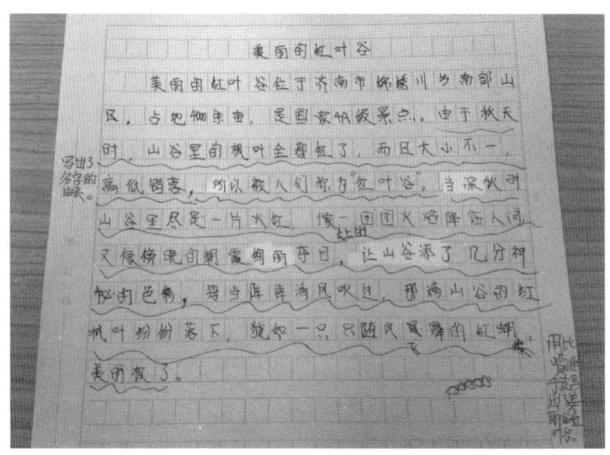

图 2

五 案例总结

传统课堂上,碍于人数众多,"输出端口"只有一个,那就是占据讲台的教师,"输入端口"则只能是学生;思考的人只有教师,思考的问题也只有一个,那就是怎么让学生理解我的意思。而"小班化教学"却颠覆了以往的教学理念:由学生来思考。尤其在有了"电子书包"这一教学技术支持之后,每一个学生都成了"输出端口","输入端口"仍旧是学生,每个学生都在参与思考,思考的问题都是怎么让别人理解我的观点、分享我的收获,甚至教师也变成了其中的参与者、引导者、辅助者而绝非掌控者。这一课堂模式真正让学生"占领"了课堂,让个性化思维"活"了起来。

  本节课自始至终都力图贯彻"小班化"教学以学生为主体的学习模式,体现学生的自主学习能动性,而电子书包和微课的运用让这一教学理念得以更好地实现和进行。

  在无法彻底改变当今教育现状——班级人数较多的情况下,"小班化"效果的实现、学生个性化发展和差异教育的实施,必然要借助于现代化信息技术手段的支持,让"电子书包"这样的信息化手段融入课堂,为学习的便捷化提供操作平台,让学生乐于学习、便于学习,给教育发展插上数字化的翅膀。

运用微课指导学生学习部首查字法的研究

青岛宁夏路第二小学　朱玺婵

一　案例概述

学者张一春认为:"微课是指为使学习者自主学习获得最佳效果,经过精心的信息化教学设计,以流媒体形式展示的围绕某个知识点或教学环节开展的简短、完整的教学活动。"目前,微课的资源构成与应用环境包括教学设计(微教案)、素材课件(微课件)、练习测评(微练习)、学习反馈(微反馈)、教学反思(微反思)和用户评论(微点评)等。

本案例选取的是苏教版二年级下册教材《练习1》中学用字词句部分中的部首查字法的学习。对于二年级学生来说,部首查字法历来是学习难点,这种方法需要反复练习才能掌握和有效应用。因此,教师选择录制微课,利用为全班学生提供"视频素材课件(微课件)"的方法来解决这个学习难点。本节微课的录制首先是师生对话的形式来了解部首查字法的步骤并通过查字典来了解字义,最后通过三个生字来帮助学生掌握部首查字法中取上不取下、取左不取右、取外不取内的原则。

二　微课教学设计

1. 教学目标

一是让学生熟练掌握提取部首的方法,并能够运用这个方法查找自己不认识的字,提高自主学习的能力;二是本次练习的设置是使学生明白今后在读书看报的过程中遇到不认识的字,可以用部首查字法查出这个字,知道它的读音和意思。

2. 学情

大部分学生已经掌握了音序查字法,对字典有一定的认识和了解。

3. 教学策略

学习是通过人的感觉将外界信息的刺激传递到人脑,由大脑进行综合、分析获得知识,知识量的保持是与多感觉的同时刺激密切相关的。本课运用微视频教学同时作用于人的视觉、听觉两种感官,将直观、鲜明的图像与生动的语言、语音、语调有机结合,这种配合的默契创生出一种新的环境氛围,不仅充分表达所需传递的教学信息,而且有利于学习者处于积极的学习状态,促进对信息的理解和接受,更微妙的是满足教师口头讲授所不能达到的教学效果。

4. 教学内容

针对部首查字法,录制了这样一堂微课,时间约为5分半钟,内容上首先是以师生对话的方式回顾音序查字法,并让学生在视频中进行音序查字法的展示,同时了解学习部首查字法的必要性。师生对话的形式让学生感觉比较亲近,可以激发学生的学习兴趣。

然后以视频形式引导学生观察字典的目录部分。这样,可以使学生对于字典的目录安排有基本的了解,特别是部首目录和检字表与后面的字典正文在页数上有重叠的地方,通过观察字典的目录让学生查字典时不会出现关于页数上的混淆。

第三是视频中教师以生字"饼"为例,第一步提取部首,第二步去掉部首还剩几画,一步一步翻查字典,进行过程中尽量放慢速度,使学生在观看视频学习时能够跟上教师的步伐,边看边翻阅自己的字典进行学习,将学习与具体实践相结合。

最后举例部首查字法中部首较难判断的生字,同样以师生对话的形式使学生进一步掌握部首查字法中选取部首采取取上不取下、取左不取右、取外不取内的原则,并在微课的最后让学生学习完后试着填写学习反馈单,以此可以进一步掌握学生在家学习的情况。

三、教学过程

（一）谈话导入

师生回顾音序查字法，并引入今天要学习的部首查字法。

（二）总结部首查字法的步骤

教师带领学生回顾微课内容，引导学生自己总结部首查字法的步骤。首先，学生在组内相互交流部首查字法的步骤，共有两步：第一步提取部首，第二步去掉部首还剩几画。其次，全班交流，再次巩固部首查字法的步骤。

（三）交流学习反馈单

在家已经观看微课并又在课堂中再次回顾部首查字法的步骤的前提下，小组内交流在家已经完成的学习反馈单，教师走入小组中进一步掌握学情。

（四）小组合作进行部首查字法的练习

以小组合作的形式翻查《练习1》中的要求查的生字，教师则根据班级中学困生的情况进行个别的一对一指导。练习一中的三个需要用到部首查字法的生字"腔""粮""睡"，学生通过部首查字法查找其读音及字义。在这过程中，教师参与到学生中间，特别是针对班级中的学困生进行有针对性的指导和帮助。

（五）互动游戏：查字典大赛

在完成课本上的练习之后，学生间互相出示生字进行查字典的活动，激发他们查字典的热情，进一步掌握查字典的方法。例如，课堂中学生就会互相出示自己在生活中遇到的较难的字来考考自己的同桌和伙伴，而在翻查字典的过程中不知不觉也会攻克个别部首不容易判断和选取的生字该怎样通过部首查字法查到这个难点。

四、效果评估

本次课堂学习部首查字法，课堂气氛比较活跃，学生学习兴趣高。因为观看了微课，很多学生已经基本掌握了部首查字法，课堂上则把重点放在了考别人上，通过互相出题熟练了部首查字法的方法，并且了解了个别生字该选取哪一个部首。例如"希"字，学生试着找"布"部，没有找到，后来找到了

"巾"部,顺利查到了这个字,不仅增强了自主识字的能力,而且这其中也饱含学生学有所获的成就感,激发了他们对查字典的兴趣,为以后遇到不认识的字能够自主查字典做了很好的铺垫。

五 案例总结

在二年级上学期教学音序查字法查字典的过程中发现存在这样几个问题:首先实物展台使用时不太方便翻页,字典放大的比例有限,展示在显示屏上相对较小,坐在后排的孩子不容易看清;其次,查字典本身是一个相对枯燥的教学环节,学生在此过程中较难被激发出兴趣来,所以课堂上兴致不高;第三,教师对学生的关注很难辐射到每一个学生,所以课堂上对于个别学困生的指导上时间不够用。

基于以上几点,部首查字法的教学采取了微课助学的形式帮助学生更好地掌握查字典的方法,提高了课堂效率。微课时间较短,能够在有限的时间内集中学生的注意力,同时以师生对话的形式录制微课,可以激发学生的学习兴趣。此外,手机录制时可以有针对性地放大字典的比例,使学生在家观看能够更清楚,同时也能节省课堂的时间,有针对性帮助个别需要帮助的学生。

此外,课堂教学通过微课的形式让学生能够在家提前学习,节省课堂教学时间,课堂上能够更多地反馈出在查字典中存在的问题,并进行有针对性的指导,突破难点,同时可以兼顾个别需要一对一地指导的学生,提高课堂教学效率,使班级中的学生都能够运用部首查字法查字典,熟练地使用字典。

总之,现代化的信息技术教学应用于课堂实践中,不仅激发了学生的学习兴趣,同时对学生自主学习能力的提高也有一定的帮助,我们也试着通过这种"翻转课堂"让学生真正成为学习的主体,而教师成为他们学习的引导者。

运用电子书包促进学生建模思想的建立

青岛太平路小学　王　琪

一　案例概述

课程改革这十几年,信息技术的应用越来越广泛,作为一线教师也确实感受到了它的优势,而近几年电子书包的兴起再次为现代教育教学注入了新鲜资源,备受教师的喜爱。它不仅能提高学生的学习兴趣,更重要的是它为教师和学生提供了更好的交流和学习的平台,促进了学生数学素养的提升。

本案例选取的是《智慧广场:分类列举》(青岛版二年级上册)。首先,教师通过视频,播放了制作果盘的过程,既激发了学生的学习兴趣,同时也使学生明白可以用一种水果做果盘,还可以把几种水果放在一起做果盘,为后面的学习作铺垫。其次利用电子书包平台,教师推送了本节课的情境图,展示了生活实际情景,引出探究活动内容,使学生清晰直观明确地了解了本节课所要探究的内容——用分类列举的方法解决实际问题。最后,在探究问题时,先独立探究,利用电子书包,学生拖动水果,找出一共做多少种果盘,再小组内合作交流,保证每个学生都能参与其中,表达自己的想法和思路。

二　教学设计

本节课的教学目标是结合具体情境,能通过不遗漏、不重复地列举找出符合要求的所有答案,形成利用分类列举解决实际问题的策略;在对解决问题过程的反思和交流中,感受"分类列举"策略的特点和价值,进一步发展思维的条理性和严密性;通过观察、操作等活动,进一步积累活动的经验,增强解决问题的策略意识,获得解决问题的成功体验,激发学习数学的兴趣。

本节课是在学生初步学习了画图和简单的表格列举策略的基础上进一步学习用分类列举的方法解决实际问题,是列举法的进一步深化和应用。

本节课涉及一种最基本的数学思想方法:数形结合思想。由于学生初次接触,对他们来说既是一个认知的跨越,也是一个思维的跨越。教师在教学中注重引导学生步步体会,层层建模,构建解决重叠问题的模型,采用了以下教学模式及策略。

策略一:拖动图片功能促进学生自主探究。

这节课出示情景图后,引出本节课要探究的问题:

(1)"至少用一种水果,最多用三种水果"这句话你怎么理解?

(2)一共可以做多少个果盘?

学生先独立思考,利用电子书包推送的图片,可以自己拖动上面的水果,想出解决问题的方法。

策略二:小组合作交流策略。

有了自主探究后,再进行小组合作交流,在这个过程中学生能够都参与表达自己的想法和思路,给每个学生表达的机会,有些困惑在小组内就能解决。

策略三:展播功能运用促进学生思维的"再创造"。

小组合作后,利用电子书包的展播功能找出几个组不同的方法(有的按照顺序,有的不按照顺序),由一个学生来讲,其他学生质疑,共同找出解决这个问题的方法,使学生体会到按顺序找的好处,学生的合作能力、数学素养进一步得到提升。

三 教学过程

(一)创境激趣,感知积果表象

谈话:同学们,你们喜欢吃水果吗?都喜欢吃什么水果?这些水果还可以做成果盘。我们一起来看看果盘制作吧!(视频)

追问:谁来说说视频中做了几种果盘?(学生可能说两种)

教师补充小结:通过我们刚才观看视频(指着视频中的图片说),我们知道可以用一种水果做果盘,还可以把几种水果放在一起做果盘。

(设计意图:建模前,学生需要大量的感性支柱和丰富的表象积累。教学时,我们应注重选取现实的、有意义的、贴近学生生活经验的素材作为情境或题材,让学生在这样的情境中主动地从事学习活动。这些情境有利于激发学生的学习兴趣,增加学生从事相关数学活动的机会)

(二)直观感受,抽象本质

1. 呈现问题,明确题意

谈话:丽丽为了招待同学,也在家做果盘。同学们看(情境图),你获得了哪些数学信息?数学问题是什么?

2. 探究方法,建立模型

(1)这道题你有什么疑问吗?

谈话:"至少用一种水果,最多用三种水果"这句话你怎么理解?

(小结:也就是说,我们可以用一种水果做果盘,可以用两种水果做果盘,也可以用三种水果做果盘)

(2)探究操作,寻找方法。

谈话:同学们,刚才我们说了那么多的方案,你都记下来了吗?(学生可能说记不下来)

追问:那么,你有什么好方法记下来呢?(学生可能会说用画图的方法,用写字的方法,等等)

谈话:好,下面我们就先利用拖动 pad 中的水果卡片,先独立思考,再小组合作拖动。

(3)交流展示,总结方法。

小组交流后进行汇报。利用电子书包的展播功能,展示不同组的方法(有按照顺序摆的,有不按照顺序摆的)。

谈话:你喜欢哪种摆法?说说你的理由。

总结:一起来回顾刚才摆法。

电子书包推送另一种方法:计算的方法,计算 3+3+1=7。

(设计意图:具体生动的情境或问题只是为学生数学模型的建构提供了可能,如果忽视从具体到抽象的有效组织,就无法建模。只有组织学生在充分感知大量感性材料的基础上,采取观察、实验、操作、推理等活动,提供大量开放性的问题,为学生拓展探索的空间,并在操作活动中积累经验,为实际应用打下基础,从具体的表象中抽象出本质特征,使认识从感性上升到理性,这才是建模质的飞跃)

(三)重视思想,提炼方法

1. 提出问题,深入思考

谈话:如果我只有一支笔,没有卡片,我们该怎么办呢?(板书:画图,用图形表示),你能不能用我们刚才研究水果卡片的方法把所有的果盘都罗列出来呢?(在 pad 上画一画),我们看看哪位同学完成得又快又好。好,开始。

小结:对,这样按顺序找,既不重复也不遗漏。

2. 发现规律,列表思考

谈话:还有没有其他的方法了?(教师利用屏幕广播功能,将表格发送给学生,然后进行讲解)

谈话:老师制作了这样一个表格你能看懂吗?横行表示什么?每种水果的名字。竖行呢?同学们,你知道这一行表示什么意思吗?

学生在 pad 上用画"√"的形式填写表格。三种方法展示后,总结方法:像这样将问题分成几种类型,分别把每种类型中各种做法一一罗列出来,得到问题的最佳答案的方法,我们数学上叫作分类列举。(点题)分类列举是解决问题的一种非常重要的策略,在今后的解决问题的过程中我们会经常用到它。

(设计意图:不管是数学概念的建立、数学规律的发现、数学问题的解决,核心问题都在于数学思想方法的运用,它是数学模型的灵魂。在提炼方法中我们采取的是合作交流汇报的策略,以学生为本,重视学生数学语言的培养,提升学生的数学素养,优化建模的过程)

(四)回归生活,拓展模型的外延

最后在练习设计上出示了3道题目,这3道题目是有层次的,把三道题目都推送给学生,做完第1道才能做第2道,根据数据统计,能看出几号学生做错了、哪道题目正确率高,等等,然后根据这些进行题目的讲解分析。

四 效果评估

电子书包在本节课中比传统教学更有实效性。

1. 趣味性

本节课拖动水果图片环节,将传统课堂中并不好呈现的游戏充分利用起来,做到了人人都参与,学生在玩中学习,增添了趣味性。

2. 及时反馈性

在练习环节，这种及时反馈就特别明显。传统的教学我们只能在巡视时看看部分学生完成的情况，利用电子书包通过学生完成情况的进度条，马上就可以获取学生的答题情况，反馈非常及时。

3. 分级测试优越性

传统教学中学生独立完成一道题目后并不知道答案是否正确就再往下做，而电子书包的分级测试是学生必须要答对上一题后才可以继续进入下一题，教师可以查看每个学生的答题详情，也更加方便教师有针对性地进行指导。

4. 错题攻关分层性

本节课中的错题本设计可谓独具匠心，将孩子在课堂中出现的错误统一放置在"错题攻关"中。学生在攻关过程中，可以进一步巩固自己所学知识，更好地查漏补缺，也更有利于个性化的学习，分层学习效果凸显。

本节课的电子书包主要有以下应用：

（1）水果图片拖动的使用。

（2）投影功能，给出教师屏及大家看到的学生四分屏投影。

（3）分级测试功能，可以显示进度条，柱形图呈现正误率，教师直接圈画批改。

（4）屏幕广播，将学生注意力集中起来，便于一起交流。

（5）放大镜、橡皮擦、画笔等功能，使课堂实效性增强。

（6）错题攻关功能，利于学生的后续分层练习和巩固。

五 案例总结

电子书包的应用不是每节课都适用，在选择课题时要有所思考，本节课就能充分体现了电子书包的优势。

（1）充分利用电子书包的拖动功能，不仅提高了学生学习兴趣，同时也提高了学生的动手操作能力，给学生独立思考的空间。例如，本节课要探究的问题：一共可以做多少个果盘？学生先独立思考，利用电子书包推送的图片，可以自己拖动上面的水果，想出解决问题的方法。在没有卡片时，学生可在 pad 上画一画用图形表示。

（2）充分利用电子书包的展播功能，展示多种方法，找出几组不同的方法(有的按照顺序,有的不按照顺序),由学生来讲,共同找出解决这个问题的方法,使学生体会到按顺序找的好处。课前教师可以不用再准备很多的水果卡片,学生也不用一组一组上来再贴一遍,节约了时间,提高了课堂效率。

运用电子书包也有一定的局限性:

(1)比如说,学生拖动水果图片的过程中有些拖动不是很灵活,拖延了时间。一定要提前明确需要的效果,和动画制作的教师做好沟通。

(2)有些课例适合用电子书包来上,如这节课的内容;有些课例并不适合,这就要有选择性。

(3)有注意力不集中的孩子课上就想去摆动pad,想去修改自己的错误,不能很好地倾听老师和同学的讲解,影响了课堂教学效果。

开发电子书包功能,助力生本课堂的研究

青岛太平路小学　王　隽

一、案例概述

智慧广场作为青岛版数学课标实验教材新增的特色板块,其内容新颖、与生活联系密切,活动性和操作性较强,教与学都有着较大的探究空间,学生对这部分内容的学习有着浓厚的兴趣。

本案例选取的是青岛版四年级下册智慧广场的《重叠问题》。在课堂上引入 pad 辅助教学,增强了学习的活动性和实效性,学生兴趣浓厚。

传统的课堂上,教师要准备大量的学具,学生操作较混乱且时间较长;学生通过计算来解决这个问题,对探究活动失去兴趣。本案例运用电子书包的动画功能、推送功能、统计功能等,很好地解决了这些烦琐的问题,做到了人人参与,灵活高效,操作活动充满乐趣。学生在玩中学,在学中思,增强了趣味性和思维性。

二、教学设计

本节课的教学目标:① 通过有效的数学活动,学生在自主探索、合作交流中学习、发展,体验重叠问题建模的过程。② 学生积极主动参与数学活动,感受数学应用价值,获得成功的体验,提高学习兴趣。

教学重难点:学生经历韦恩图的创造过程,初步体会集合的有关思想方法;理解有重叠时,应从总和中减去重叠部分,并能用它解决简单的实际问题。

本案例的学习者为四年级学生,学生的基础较好,学生可以通过观察、操作、实验、猜测、推理与交流等活动初步感受生活中的重叠现象,体会到数学思想方法的作用。这个班的学生有初步地运用电子书包学习的技能,但是还不具备熟练应用编辑和图片拖动的学习能力。

基于对学习者能力的分析,学生不能熟练运用应用编辑和拖动的学习技能,教师在上课之前精心制作了3分钟的微课程,内容是如何使用编辑功能和动画拖动游戏。微课的设计具有可操作性和实用性,给学生自主学习的机会,学生通过课前学习微视频的内容,熟练掌握使用编辑和动画拖动技能,为课堂的探究活动做好了铺垫,有利于提高课堂效率。

在这节课的教学中,利用电子书包、小组交流的学习方式,学生经历摆一摆、移一移等过程得出韦恩图的雏形,发现图形表示的优越性,体会新知的价值。

策略一:生活情境,激发兴趣,感知积累表象。

教学时,我们注重选取有意义的、贴近学生生活经验的素材作为情境,学生主动地学习,激发了学生的学习兴趣。利用"电子书包"的多元化资源,可以为学生提供直观、丰富的游戏,学生可以在自由、快乐的游戏氛围中实现自主学习,发展多元智能。

策略二:互动交流,协作学习,优化建模过程。

学生在充分感知大量感性材料的基础上,为学生提供了开放性的问题,采取小组合作的形式,在操作活动中积累经验,从具体的表象中抽象出本质特征,学生的认识从感性上升到理性,这是建模质的飞跃。电子书包提供的互动交流功能有利于教师在教学中开展协作学习。在协作学习中,每一个学生都可以在团体里发挥自己的力量,把自己的知识、自己的学习带给整个团体,令整个团体共同进步。

策略三:分层练习,个性化学习,拓展模型外延。

本案例课堂设计的练习,从简到难,分为基础—提高—综合三个层次,pad的分级练习设计,只有完成基础题目后才能进入到提高题目。有了电子书包的支持,教师可以便捷地提供给学生多层次的练习,学生借助网络平台,可以根据自己的能力选择完成练习,让不同程度的学生都能得到发展。综合题目的课外延伸让学有余力的学生感觉有一定的挑战性,学生对重叠的意义就有了更进一步的理解,实现了对数学思维的层层挖掘,体验到数学的应用价值,进一步感受到数学与生活的联系,使模型的外延不断得以丰富和拓展。

三 教学过程

课前游戏。

谈话:同学们上课前,我们先来做个脑筋急转弯,比比谁的脑子转得最快。

有两对父子一起去看电影,他们可能买了几张票?

A. 4 张　　　　　　B. 3 张　　　　　　C. 4 张或 3 张

谈话:到底谁对了呢?这里蕴藏着有趣的数学问题,今天我们上一节有挑战的数学思维课。

(设计意图:游戏环节时间不多,电子书包投票功能的运用,既让孩子感受到脑筋急转弯的快速答题乐趣,又让教师第一时间内全面了解学生对生活中重叠现象的认知情况,为新知的学习作好铺垫)

(一) 创设情境,产生问题

出示情境图。

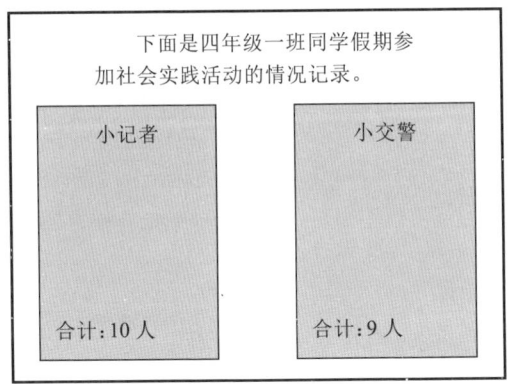

谈话:你能提出什么问题?参加实践活动的一共有几个人?

学生列式解答:10 + 9 = 19(人)。

追问:果真就是 19 人吗?来看看具体情况(放大出示两个名单),你有什么发现?

谈话:哪些人重复了?重复是什么意思?

预设 1:李明、王强、赵刚、张小帅这四位同学重复参加了活动。

预设 2:重复表示这 4 个人既参加了小记者活动又参加了小交警活动。

到底一共有多少人参加活动呢?让我们进行深入的研究。(板书:重叠问题)

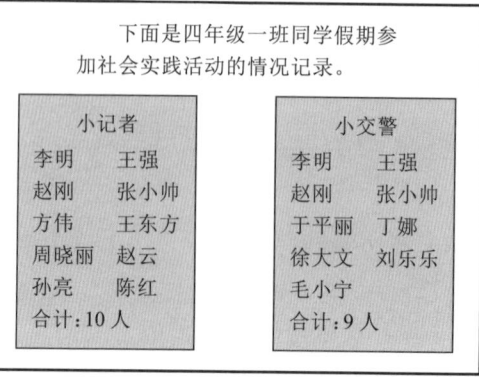

(设计意图:结合学生的实际生活创设情境,引导学生提出问题。借助知识的冲突,研究重叠问题成为学生源自内心的学习需求)

(二)借助经验,探索方法

1. 明确要求,合作探索

谈话:大家喜欢看《奔跑吧,兄弟》吗,其中最精彩的环节是什么?下面我们先来做个摆名牌的游戏。

出示活动要求:

(1)同桌合作摆名牌,让人一眼就能看出两个小队的队员及重复参加活动的队员。

(2)比一比,看谁摆得最清楚。

学生合作摆名牌,教师巡视。

预设1:学生不能摆出两个小队的名牌。

预设2:学生能把重复参加的4人摆在中间。

学生展示交流、评价。

引导学生认识把重复参加的4张名牌摆到中间,看起来就更清楚。

2. 数形结合,说图明理

追问:谁来具体指指哪些同学是小记者的?小交警的?哪些是重复的?

学生指一指,圈一圈。

谈话:这样指一指我们看得就很清楚了,他在指的时候用了什么好方法?

同学们也来圈一圈,试一试吧。

学生动手操作,教师巡视,展示各种不同的圈法。

预设1：学生用三个圈圈画。

预设2：学生画两个圆形圈画。

全班交流，学生评价不同的圈法，感受韦恩图的优势。

谈话：同学们虽然圈的形状不同，但都可以看成一个集合，用重叠部分来表示重复的人，这样就把信息表示得清清楚楚，真是了不起！

小结：介绍韦恩图。

学生指图理解各部分表示的意义。

追问：从图中你还能想到什么信息？

（设计意图：电子书包的动画功能、编辑功能、推送功能、投影功能的协同运用，让学生动手圈画，经历集合从实物阶段向符号阶段的抽象过程，充足地独立思考、自主尝试、交流评价的空间成就了学生的自主学习，有效地突破了创造韦恩图的这一教学难点，学生获得了成功的体验）

（三）教师引领，优化方法

谈话：我们画图整理好信息，要求参加实践活动的一共有多少人，怎样列式？

$10+9-4=15$（人）

追问：$10+9$ 求的是什么？为什么要减4呢？

追问：如果重复参加的同学有5人，参加活动的一共有几人？6人呢？重叠的部分还可能是几人？

学生列出算式，全班交流。

谈话：重叠的部分最多有几人？这时两个圈的位置是怎样的？怎样列式？

预设1：小交警最多有9人，所以不可能有10个人重复参加。

预设2：现在是大圈套小圈，说明参加小交警同学的全都参与了小记者活动。

追问：观察列出的算式你有什么发现？要求参加实践活动一共有多少人，应该怎样列式？

学生组内交流，全班汇报。

总结方法：总和减重复部分等于实际数量。

谈话：再来想想课前脑筋急转弯的正确答案是什么，你能解释一下吗？

（设计意图：通过重叠部分数量的变化，呈现不同的集合图，并列出不同的算式，让学生通过观察、比较，归纳总结出解决重叠问题的一般方法，建立

解决问题的模型)

(四) 自主练习, 应用方法

谈话:看来重叠问题在生活中随处可见,让我们一起进入"数学欢乐岛",感受快乐。

1. 基础练习

四年级一班订《开心学堂》和《探索历史》两种杂志,每人至少订一种。其中订《开心学堂》的有25人,订《探索历史》的有27人,两种都订的有10人。全班有多少人?

2. 提高练习

(1)

井深多少厘米?

(2) 儿童节文艺汇演中,跳舞的有14人,合唱的有30人,参加这两项演出的一共有35人。两项都参加的有多少人?

引导学生找准解题关键,体会解决问题过程中的建模价值,具体问题具体分析。

3. 综合练习

有一个面积为12平方厘米的长方形和一个9平方厘米的正方形,请你用这两个图形拼成一个平面图形,拼好后图形的面积最大是多少平方厘米?最小是多少平方厘米?

谈话:同学们在这节课的学习中,你有什么收获?

小结:重叠问题在以后的学习中我们还会遇到,那时我们就是老朋友了,让我们与数学共同成长。

(设计意图:教师设计的练习,从简到难,这里电子书包分级功能特别实用,学生必须正确解答基础题才能进入到提高题,最后完成综合题。学生在解决问题的过程中,巩固了解决重叠部分的方法,提高了思维能力,让不同层次的学生都能得到发展)

四 效果评估

在传统的课堂上，简单地教学书本知识会导致这节数学课成了纯粹的计算教学课，学生没有兴趣，效率低下，完不成学习任务。电子书包的应用，既直观又清晰，加深了学生对知识的理解。本案例的教学设计能给学生更多的操作机会，有效地培养了学生动手动脑的能力，加深了学生的感性认识。电子书包从多方面、多角度来解决教学中的重点、难点，开拓学生的视野，有助于提高课堂效率，扩大知识的覆盖面。同时在讲解错题时，教师可以使用放大镜、画笔等功能，直接圈画批改。这样讲解练习形式新颖，集中了学生的注意力，实现了对思维的层层挖掘，增强了课堂实效性。又如，教师发现学生运用 pad 完成练习时，一脸专注，"我全部通关了！""这道题我明白啦！"学生不由自主地发出赞叹声、欢呼声，他们好学、乐学，更感觉到学习所带来的喜悦欢乐。

本案例学生通过小组协作学习、操作探究，掌握了运用电子书包的基本功能，不仅学到了数学知识，还经历了建模过程。通过学生的课堂练习反馈和课后作业，可以看出这个案例是成功的。

五 案例总结

应该说，电子书包确实有不少优势，但在本案例中并没有全部运用电子书包，如在教师引领、优化方法这一环节就没有使用 pad，而是通过列式计算帮助学生实现数学抽象，完成对重叠问题"模型"的自主建构。有句老话"好钢用在刀刃上"，恰当有效地运用电子书包才能更好地辅助教学。同时，我们在使用的过程中也有一些小建议，比如因为动画热区的限制，只能将名牌拖到中间两行的位置，限制了学生的思维，动画制作还需要更加灵活开放。还有，学生把错题攻关后，这道题就不再保存了。建议加强错题本的功能开发，如果能够一直保留练习中的错题，一个学期形成完整的错题积累，有针对性地进行复习就更加实用了。

电子书包教学研究，让已经 40 岁的我又重拾教学热情，也不断突破自己的教学瓶颈。品味着电子书包给我们带来的春意盎然，相信在不断深入的研究中，我们一定会收获金秋硕果。

运用现代信息技术手段 帮助学生理解知识难点

青岛市实验小学 李 艳

一 案例概述

《时分的认识》一课是《义务教育课程标准实验教科书·数学》（青岛版）六年制三年级上册第七单元信息窗 1 的内容。本部分内容是在学生已经初步认识了钟表并且在日常生活中积累了一些生活经验的基础上学习的。学生已有认读"整时""半时"和"大约几时"的基础，为今后学习年、月、日等知识作了铺垫。本课所涉及的知识点较多，每个知识点之间的衔接必须根据教学内容在原有的基础上进行创新和完善，并利用现代科技手段实现环节设置的有效性。

本案例选择运用 flash 技术手段形象展现了时分的关系，突破了本节课的重难点，从而实现教学过程的优化，通过选择集中讲授和小组合作研究的模式实现教学。

在以往的教学中，针对本节课的多个知识点，教师一般是平均用力，教得累，学生学得也累，而且学生主动学习的愿望不强烈，被动学习，教师领着走的痕迹太重，课堂教学活动设计得过多、过烦琐，还会导致拖堂。而借助现代信息技术手段，可以很形象生动地展示分与时的关系，并利用 flash 手段实现了新课导入情境的创设，培养了学生自主学习的能力。

二 教学设计

本信息窗以元旦联欢会为主题，根据学生刚刚过完的综艺节这一生活实际,教学时加以改变,将"元旦联欢会"改成了本校举行的综艺节,用钟面的形式呈现了联欢会及各个节目开始的时刻,引发学生提出关于时刻的问题,引入对时、分知识的学习,从而增强学生的时间观念,培养学生遵守时间和珍惜时间的好习惯。

本节课的教学目标如下:

(1)利用 flash 手段回放情境,借助信息技术画面呈现,认识时间单位时、分,掌握它们之间的关系;知道 1 时 = 60 分,初步体验时、分的实际意义,建立初步的时间观念。

(2)在动手操作、自主观察、小组交流中学会看钟表,能正确说出钟面上指示的时刻。

(3)在经历用时间描述生活现象的过程中,培养初步的应用意识。

(4)结合具体情境,采用不同的信息技术形式,体验 1 分钟的长短,并类推 1 小时的长短,感受时间与生活的密切联系,养成遵守时间、珍惜时间的良好习惯。

教学重点:认识钟面上的时刻,经历体验时、分长短的过程,建立时间观念。

教学难点:掌握时间单位时、分之间的关系,正确地读出钟面的时刻。

本案例中选用了二年级的学生,他们已有认读"整时""半时"和"大约几时"的基础,平日中有小组合作学习体验,并有明确的小组分工,但他们在动手操作和研究事物间存在的关系还存在一定畏难情绪。

基于学生的学习基础及存在问题,教师利用 flash 信息手段,从导入新课的情境就运用音乐加动画的方式给学生一个情境再现的视觉冲击,从而引出认时刻的旧知,很好地帮助学生回忆认时刻的方法,并借助追问引发认知冲突,通过小组合作研究进一步探索时与分的关系。在本节课的教学中,时分的关系是重点和难点。为了突破这一关键点,利用 flash 手段形象呈现了时针与分针同步的钟面,很好地帮助学生体会到时分的实际意义,建立了时间观念。

策略一:生活素材,运用信息技术再现。

在讲课的伊始,运用学生刚刚经历过的综艺节这一生活素材,再现了他们亲身经历或喜欢的节目,运用信息技术将音乐和图片连放的形式帮助他们快速进入情境,并将这一情境串贯穿整堂课的始终。

策略二:认知冲突,利用链接随机体现。

为了激发学生学习的积极性,培养学生的探究意识,在教学的环节上要根据学生的学情灵活应对。学生如果对"8时31分"这个时刻的读出比较轻松,并没有很大的困难,因此也没有产生必须再次观察钟面的需要,那如何进一步突破认识钟面的必要性这一难点,就成为思考的重点。基于这种情况,为了让学生更加能体会到认识时分的必要性,最终决定选用一个教材中不曾出现的、更难读的"8时52分"这个时刻作为随机出示的突破口,利用信息技术手段制作成超链接形式,在学生顺利读出"8时31分"时点击超链接进入"8时52分"界面,再让学生尝试读一读,引发认知冲突,体现认识钟面的必要性。

策略三:知识难点,采用动画手段呈现。

时分的关系是本节课的重难点,学生运用学具探索知识,在操作中观察时针和分针的运行情况,了解时针和分针的关系,得出 1 时 = 60 分的结论。如何在小组汇报总结中,与其他同学达成共识?在这个环节中运用了信息技术手段,呈现了时针与分针同步运行时的画面,让学生形象理解了分针的运行情况,看清了时针与分针同时运行时的关系,使他们对知识能扎实掌握,自主学习能力得以提高。

三 教学过程

(一)创设情境,提供素材

课件运用 flash 手段出示联欢会的图片,读出这个时刻(出示:8时30分图片),并说说是怎么知道的。

(设计意图:学生已会认读"整时、半时、大约几时",在这个基础上,通过8时30分的认读引导学生回顾认读几时半的方法,为后面准确认读时刻打下基础)

(二)分析素材,理解概念

1. 尝试读出时刻

试读8时31分,如果学生对这个时刻试读顺利,将利用超链接功能进入试读8时52分这一时刻的界面。

(设计意图:从学生熟悉的活动情境引入,通过对认钟面知识的回忆,为学习新知奠定基础;通过试读8时52分这个时刻,使学生产生研究钟面的必要性,激发学生学习新知的热情,调动学生学习的积极性)

2.认识钟面

(1)进一步认识钟面。

教师进行电脑演示,验证学生的发现。

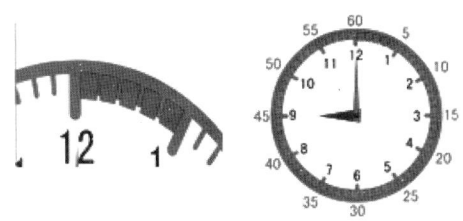

(设计意图:通过让学生自主观察、小组交流、演示总结的方式,让学生对观察到的大格和小格的关系,有更加深刻的理解和掌握)

(2)认识时间单位。

① 观察分针,认识1时=60分。

通过课件动画演示,引导学生观察分针的变化,从12开始走到1、2、9、11分别是几分钟。

引导发现:分针指在不同的位置,选择用不同的方法,就可以正确、快速地读出时刻。

小结:分针走了1圈是60个小格,是60分钟,也就是1小时。

② 厘清分针与时针的关系,进一步认识1时=60分。

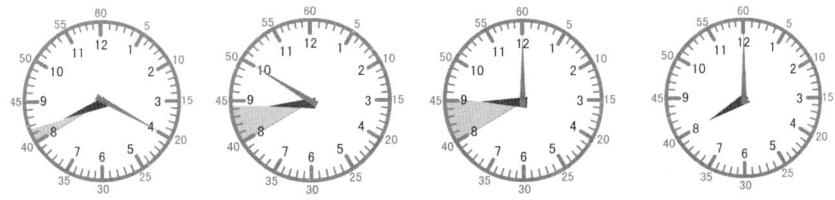

教师进行电脑动画演示,验证学生的发现。

小结:分针走一圈,时针就会走一大格,这一大格就是60分,也就是1小时。

(设计意图:运用学具探索知识,在电脑操作中仔细观察时针和分针的运行情况,了解时针和分针的关系,得出1时＝60分,既培养了学生主动探索知识的意识,也使学生对所学知识产生了浓厚的兴趣,有利于他们对知识的扎实掌握)

(三)借助素材,总结方法

总结读时刻、写时刻的方法,并自主练习写出时刻。

(设计意图:让学生借助素材,探究认读时刻、写时刻的方法,引导他们根据具体的事例进行归纳、总结,从而培养他们的抽象概括能力,提升他们的数学素养)

(四)体验感悟,内化概念

体验1分钟的长短,推想1小时的长短。进一步引导学生,1小时的时间可以做更多的事,要有时间观念,多做有意义的事情。

出示课题:时、分的认识

(设计意图:数学教学是数学活动的教学。为了让学生建立时间观念,设计与学生实际关联密切、感兴趣的数学活动,引导学生体验1分钟的长短,并推想出1小时的长短,同时自然地对学生进行了遵守时间、珍惜时间的教育)

(五)巩固拓展,应用概念

(1)自主练习:我拨你说。

(2)自主练习:看一看,说一说,连一连。

(3)拓展练习:时针和分针在什么时刻形成直角?

(设计意图:通过由易到难的练习设计,既巩固了本节课的基本知识、基本技能,又进行了较深层次的拓展练习,使学生更好地检验自己对所学知识的掌握,并在解决问题的过程中培养思维能力、提升数学素养)

(六)全课总结,布置作业

谈收获,完成"最喜爱的电视节目播出时刻"的调查作业。

(设计意图:通过回顾所学知识,学生在获得数学知识的同时,提升梳理、概括知识的能力,进一步体会时间与生活的密切联系,感受到时间的宝贵,养成珍惜时间的好习惯,学生的情感得到进一步的升华)

四 效果评估

　　杜威曾提出"学生中心说",他认为:儿童是教学的出发点,教育教学应该充分尊重学生的个性;教学过程是通过引导学生理解和认识有关知识的过程,而不是灌输既定知识的过程。现在提出教学以学生为中心,是吸收了其合理成分而形成的新教育观念。如在设计认识钟面的环节,教师利用信息技术手段设计的课件,很好地突破了重难点,摒弃了过分注重教师的主导的弊端。通过实际教学,在完全分析了学生的已有知识、充分了解了学生的学习倾向和交流倾向后,从学生的认知基础出发,利用现代信息技术实现重点和难点的突破,根据课堂中学生可能出现的情况作出相应的对策,从而唤起了学生探究的意识与欲望,很好地达到了既定的教学目标,提升了学生自主学习能力。

五 案例总结

　　现代信息技术的飞速发展,通过它自身的优势突破了时空限制的张力,很好地补充了传统教学中无法呈现的形象、直观的部分,可以有效地突破教学的重点和难点,有利于学生对知识的内化。但是,我们也有一些小小的建议,动画的技术含量比较高,更多展示的是形象思维方面,让学生的视觉和听觉受到刺激。但它毕竟是一种教学的手段,如果过分地使用,会使学生产生思维的依赖性,降低了抽象思维的发展。由此可见,只有做到深钻教材,抓住教学的重点和难点,恰到好处地利用现代信息技术,才能实现学生积极主动地参与教学活动以及对所讨论问题的深入理解,这样才能使我们的课堂提速,同时使学生的自主学习能力随之得以提升,切实做到有效的教学!

借助微课提高学生自主学习能力的研究

青岛嘉峪关学校　陈　静

一　案例概述

（一）研究背景

目前基础教育界正掀起可汗式"微课"的变革热潮，教师根据课程标准的要求，以视频为载体，围绕某一知识点（或重点、难点）进行讲解，或者对典型例题进行解决，以及动态演示实验过程等为主要内容制作微课，时间在10分钟以内。借助微课，学生先在课前进行自主学习，让学生的自主探究有了方向，学生在有思考的基础上，在课堂上进行探索、交流，更容易突破知识难点，也有更多的时间进行交流，实现课堂的翻转，把课堂真正还给学生。所以微课的合理使用对学生自主学习、自主探究能力的提高有着重要的意义。

（二）研究内容

本案例选取《表格列举法》（青岛版小学数学一年级下册）。这节课是教材中新加入的"智慧广场"一课。这类课关注学生已有的数学活动经验，是重视数学思想方法培养的课型，所以这节课的设计主要是通过学生独立思考、探索解决问题的过程，促进学生数学思维的发展。

教材中提出的问题"一共种了多少棵树"，对一年级的小学生来说比较复杂，他们需要先知道每年种了多少棵树，这就迫使学生要运用学过的知识了解每部分的答案。微课的设计是帮助学生回顾、整理、总结学习过的列举方法（数一数、画一画、写一写），唤起学生的已有知识经验，同时为新的列举法——表格列举法的学习做好准备。因为不同学生的思维发展程度不同,所以对他们解决问题的方法不做统一要求,不论是动手摆的、画的,还是最抽象的写数方法,都会在课堂上进行交流。而微课最后留给学生思考的数学问题则是为新授课打基础的。

这部分内容适于学生先自主探究,寻找解决方法,然后在课堂上进行交流。相比传统课堂中教师的"一言堂",这种教学的质量要高很多,学生在自主探究中对知识的理解会更加深刻。

二 教学设计

(一)教学目标

(1)结合具体情境,在探索解决递增递减问题的过程中,学习用表格列举法解决问题,进一步学会有序地思考问题,体验列举法解决问题的优越性。

(2)经历独立思考和合作探索的过程,掌握基本数学思维方法,形成运用表格列举的方法解决问题的策略,增长学生的聪明才智,发展学生的智力。

(3)在解决问题的过程中,进一步激发学习数学的兴趣和欲望,体验成功的乐趣。

(二)学情分析

本案例的学习者是小学一年级的学生,动作思维和形象思维占主导,数学知识的容量很少,会借助学具等解决相对复杂的数学问题。本节课教材中的情境问题(图1)对于一年级的学生来说在理解上有难度,如果所有问题都在课堂上解决,可能导致教学任务无法完成或者为了上完这节课讲授速度很快,使部分学生不能完全理解。所以在教学时,为了让每个学生都能思考、交流、理解新知,也为了将课堂教学的重点放在培养学生有序思考和掌握数学思想方法上,便采用几种教学策略将难点分解。

图1 教材情境

(三)教学策略

1. 课前微课

在一年级上学期学生学习了几种列举方法,虽然学生对这些方法有所遗忘,但是课前微课能够唤醒学生的已有经验(摆一摆、画一画、写一写),以此来帮助他们解决新问题。微课将旧知再现,辅助学生做好复习环节,引导学生自主学习。

教材提供的种树情境,在解决过程中需要学生两次深入的思考:先解决每一年种了多少棵树,再解决一共种了多少棵树。在课前微课中,先让学生明确如何解决"每部分有多少",所以在微课的最后设置了读书的问题(图2)。该问题和教材情境中的问题很接近,只是最后的问题是求每部分是多少,实际上将教材中的问题难度降低了,帮助学生将新课的难度分解。借助微课中的指导,学生首先进行自主探究。

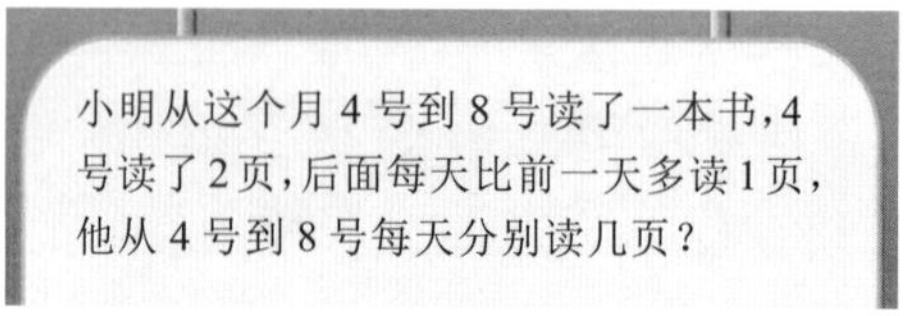

> 小明从这个月4号到8号读了一本书,4号读了2页,后面每天比前一天多读1页,他从4号到8号每天分别读几页?

图2

2. 翻转教学

课堂上学生对反馈单的题目首先进行交流。学生介绍不同的解决方法,进行课堂的翻转,在提问、质疑、解惑中解决本课第一个难点:各部分如何求(为什么5号读了3页,6号读了4页,7号读了5页,8号读了6页?)。学生"说"的机会多了,自主表达、自主提问、自主探究……让每个学生都动起来了。通过微课,让每个学生在课前充分思考,这样在课堂上、在小组合作中都有话可说,实现了思维的活跃。

3. 独立解决

借助微课中"求部分"的方法,出示教材中的种树问题,每年种了多少棵树对学生来说不再是难点,因此可以放手让学生独立解决"一共种了多少棵树"这一问题。

4. 游戏

小学一年级的学生无法保持40分钟的课堂注意力,因此游戏教学显得很重要。在中间穿插"拍手"游戏,一方面可以让学生活动活动,另一方面也是对知识的巩固。

三、教学过程

(一) 学习单的反馈

1. 回顾

课前通过微课的学习,你们都学到了哪些列举方法?

在你们的学习单上老师发现有 x 个同学是用摆一摆解决这道题的,有 x 个用画一画的,还有 x 个用写一写做的。谁愿意上来交流一下你的做法?

摆、画、写三种方法进行交流,生生交流,教师引导。

2. 比较

(1) 这三种方法有什么相同的地方?

(2) 为什么要把这两组信息都列举出来呢?

3. 表格列举法

(1) 我还发现有同学的方法跟大家不太一样!有什么不一样,谁来评价?

(2) 摆、画加上表格:摆一摆可不可以像这样加个表格呢?(画表格)那画的方法呢?可以吗?(画表格)这样是不是都更清楚了呀?这又是一种列举的方法——表格列举法。

……

反馈单中的"4号到8号每天各读了几页书"这一问题,让学生通过摆、画、写三种不同的列举方法进行交流,然后进行对比,优化方法,体会出写一写的列举方法的优势——省时。微课的设计特意将"动手摆、动手画、动手写"的方法用实际录像的方法呈现,目的就是让学生体会不同方法的优点,优化列举方法。

设计课前微课的目的是让学生探索"各部分是多少"的方法,尝试用自己喜欢的方法进行列举,其实也是对新知难点的分解,让更多的学生能够在课堂中达成本节课的学习目标。该部分内容是通过生生交流、师生追问来帮助学生掌握"各部分如何求"这一难点。借助学生摆、画、写的三种方法,教师把每种方法都动手画上表格,并把三种方法进行沟通优化,从而引出本课的列举方法——表格列举法。

(二)探究新知

1. 解决问题

(1) 学生默读题目。

(2) 问题求的什么?(板书:一共种了多少棵树)

(3) 学生独立解决。

2. 展示汇报

(1) 谁先来介绍一下自己的想法?怎么解决的?

追问:8岁1棵怎么知道? 9岁2棵呢? 10岁? 11岁?

(2) 他做的有没有什么问题?

学生自主提问。

3. 梳理

(1) 先用表格列举出欢欢每年种了多少棵树(出示表格)。

横向表格,能看懂吗?什么意思?

(2) 解释两行表示的意思。

(3) 我们先根据题目告诉我们的找到了8岁种了1棵,然后根据"后一年比前一年多种1棵"找到9、10、11岁各种了几棵。知道了每一年的,那求一共种了几棵就是把它们加起来。[板书 1+2+3+4=10(棵)]

(4) 口答。

4. "拍手"游戏

……

此时,引出教材中的种树问题。该问题与微课中的问题相比,不同之处在于求"一共有多少棵树",实际上就是在"求部分"的基础上把它们合起来。学生尝试用表格列举法独立解决这一问题,体会表格的优势;在全班交流的过程中,明确两种表格的列举形式,以及表格中各部分的含义。当教师对该问题的数学方法总结后,用"拍手"的游戏让学生在"玩"中巩固新知。

(教师先拍,然后一组一组地拍,每组要比前一组多拍1下;再要求每组要比前一组少拍1下)

四 效果评估

传统的课堂是教师占主导地位的课堂,以教师讲学生听为主,为了赶进度,教师不能照顾到每个学生是否思考了、是否表达想法了、是否学会了,学生自主探究的机会比较少。而本节课借助微课,在课堂中实现了翻转,保证了每个学生独立思考,然后再交流、提问,学生表达的机会增多了。其实,学生听学生讲解时的注意力比听老师讲时要专注得多,因此课前微课的使用不但能指导学生自主学习,而且提高了课堂教学的效率,让更多的学生对新知的理解更加深刻和全面。

数学课是培养学生思维的课堂。本节课通过学生的微课交流,让学生有了更多表达的机会。学生不再是"用听来学知识",更多的是"用说来学知识",而说的前提则必须是要"思考""探究"。学生在学习微课后,对反馈单上题目要独立尝试解决,每个学生都动脑思考了,尽管方法各异,但是都是借助微课中回顾的方法,说明课前微课可以帮助学生很快地回忆起方法,也给学生留有思考的空间,比起"翻书"复习要有效得多。当然,也有个别学生在家中完成学习单时会直接求助家长,缺少独立思考的环节,这样,教师就无法掌握学生在家中的完成情况。

五、案例总结

微课是一种新兴的教学资源,而带给教师的则是新的教学方式,带给学生的则是新的学习方式。传统的课堂学生主动参与的机会很少,这也就让数学学习变得枯燥,而现在转变了教学理念,加之使用了现代技术,便把课堂真正还给了学生。本节课课前微课的使用,动态形象地唤醒学生的已有知识经验。微课中对不同列举法的回顾展示了教师实际动手操作的过程,让学生真切地感受到不同列举方法的优势和劣势。该微课的最后留给学生的问题不但帮助学生分解了新知上的难点,而且还能让每个学生在充分思考的基础上到课堂中进行学习,让每个学生都能参与到课堂教学中来,不再做"课堂之外"的人。

在设计微课的过程中,我们不断地改变着设计方案,这不仅仅体现在知识的前后联系上,还体现在方法的前后联系、能力的前后联系、思维的前后联系上……如何能让微课更加"合适"——课前微课的内容适合学生先自主探究、课中微课的内容适合作为本节课知识的总结再现、课后微课的内容适合拓展孩子的思维,如何能让微课更加"有效"——学生看后有收获、对解决新问题有帮助……这就需要教师学习新的课程理念和更多新的信息技术来实现。在微课的道路上我们继续前行着。

微课在小学"空间与图形"中作用的研究

青岛宁夏路小学　王树忠

一 案例概述

《新课程改革纲要》指出,"要把知识学习与创新精神相结合,要培养创新型人才"。而信息技术提供了这样的平台,它为数学教学开放性的发挥,为学生的自主性、研究性的发挥提供了有力的支持。有了这种支持,使得学生在学习数学知识时,可以通过不同的途径与方法对其进行研究,对已有的知识从多角度去思考与再认识。发挥信息技术的作用,构建交互式、多样性的学习环境,更好地引导学生学习,可加强学生对数学的理解和直觉。

由于学生刚刚接触几何,他们在理解上有很多的困难,特别是很难理解"互相垂直"是什么意思。这是一个教学重点,也是一个教学难点,但对"互相垂直"的理解对学生以后给三角形画高有很大的影响。课上在学生认识了相交的基础上,演示一组相交的直线,然后让学生观察两条直线形成几个角、都是什么角,学生很快发现是两个锐角,两个钝角;接着动画转动其中的一条直线,使其中的一个角成为直角,教师适时提问:当一个角是直角时,其他几个角是什么角?学生很自然地推出也都是直角。这时引出互相垂直的概念:当两条直线相交成直角时,这两条直线叫作互相垂直。在这个过程中,利用微课进行动态模拟,演示了两条直线由相交关系到垂直关系,化静为动,变抽象为形象,能有效帮助学生认识垂直,帮助他们更好地展开深刻的思维过程。

一 教学设计

本节课的教学目标是通过学习使学生理解相交、互相垂直的意义,认识垂线、垂足、点到直线的距离,熟练掌握画垂线的方法,动手画垂线,培养学生动手操作能力。通过练习,初步培养学生思维的灵活性,解决实际问题和自学能力。做到学以致用,发展学生空间观念,增强学生自主创新的意识。

本案例的学习者是小学四年级的学生,他们正处于中年级向高年级转换的阶段,已具备了较低水平层次的想象能力,已有可能初步了解矛盾对立统一的辩证思维规律,处于空间观念的最初发展期,但这个阶段的学生还以直观思维为主要发展趋势,思维仍属于经验性的逻辑思维,很大程度上仍需依赖具体形象的经验材料来理解抽象的逻辑关系。

基于对学习者的分析,为更好地解决数学知识抽象性的特点与小学生认识事物具有形象性的特点这对矛盾,设置了5分钟三个环节的微课。环节一:两条直线相交。环节二:出示4幅图,已知直线摆放的方向不同。环节三:一个运用垂直线段性质解决问题的题目。微课有效地弥补了传统教学的不足,化抽象为具体,把难以理解的内容或是不容易观察到的事物充分显示出来,而且能积极调动学生的视觉直观功能,刺激学生的有意注意,从而找到事物间的联系,突破教学难点,促进学生思维导向由模糊变清晰。

三 教学过程

(一)微课辅助,掌握概念

通过前置性学习,学生掌握了两条直线相交有4个角和1个交点。此时教师引领学生继续观察两条直线相交成直角,使学生根据自己的观察来认知一条直线的转动引起角的变化,从而直观地引导出"两条直线相交成直角时,这两条直线叫作互相垂直"这一概念。接下来通过自学,学生自己认识垂线和垂足两个概念,培养学生的自学能力。微课充分体现出学生的主体地位,力求展现学生从不会到会、不知到知的螺旋上升过程。

为凸显正确的"点到直线的距离"作图方法,教师结合微课中呈现的一些作图的错例,对于"点到直线间的距离,垂直线段最短"设计了一个小故事引入,通过动画演示证明出几条线段中垂直线段就是最短的,并说明垂直线段的长度就是表示这点到直线的距离。这对于学生清楚地认识过直线上一点和过直线外一点向已知直线作垂线的步骤中细微区别;垂线和垂直线段

的区别。学生自主使用三角板和直尺画图,教师展示学生作品:

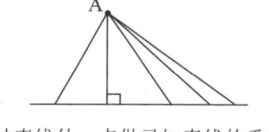

过直线外一点做已知直线的垂线　　　　　前置作业反馈

通过学生的微课前置学习和教师适度的引领,将课本中枯燥的语言变为生动的画面,引发学生的学习兴趣。在多个知识点的教学过程中,教师注重让学生多观察、多操作、多讨论、多交流,培养了学生的观察能力、抽象概括能力、动手操作能力、解决实际问题的能力、抓住事物本质的能力和合作意识。

(二) 学以致用、总结提升

(1)请学生画一条从蘑菇房到小木屋最近的路。画一条从蘑菇房通向小河最近的路。通过两种方法的对比,进一步感知"点到直线之间的距离,垂直线段最短"。

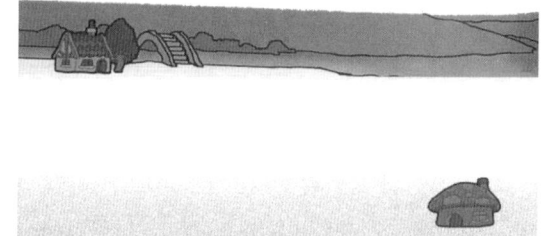

(2)请学生从数学的角度谈谈看法。即从理解的角度了解生活中有些不良现象发生的原因,也提高了学生自觉维护公共环境卫生的自觉性。

本节课带着生活中的问题学习,再用所学的知识解决实际问题,这样的设计渗透了辩证唯物主义"实践第一"观点的启蒙教育。

四 效果评估

三个环节的微课设计,将书中枯燥的语言变为生动的画面,引发学生的学习兴趣,课堂气氛非常活跃。微课以"小""实""新""效"的特点,务实有效,小步子,多节奏,推动了教师的教学研究,通过微课的播放,让学生清晰地看到"相交"与"垂直"的关系,拓展了学生的视野,也丰富了教师的教学资源。教师和学生在这种真实的、具体的、典型案例化的教与学情景中可以实现"隐性知识""默会知识"等高阶思维能力的学习,并实现教学观念、技能、风格的模仿、迁移和提升,从而迅速提升教师的课堂教学水平,促进教师的专业成长,并提高学生的学业水平。

学生在观看微课进行前置学习的过程中可以构建自己的认知结构。采用课前"扶"和课中"放"的方法,对学生来说是一个发现的过程、一个创造的过程、一个总结的过程。本节课运用先进的教育技术,让学生积极主动地参与学习的全过程,学生在主动获取知识的同时,不断提高自身的观察能力、动手操作能力、解决实际问题的能力和自学能力,创新意识也得到了提升。

五 案例总结

本案例充分发挥现代教育技术录屏微课的形式,实现教学过程的最优化,使学生得以全面发展。利用微课的直观性使学生清楚、自然地感受图形之间的相互联系与变化,激发学生学习兴趣,把抽象的知识具体化,逐步将感性认识提升为理性的思考。利用信息技术的科学性将点到直线的距离这一抽象的知识变得具体,实现静动结合,充分展现知识的形成过程,提供丰富的感知体验,以便于学生理解,从而容易突出重点、突破难点,让学生顺利完成学习任务。

运用微课培养学生的自主学习力

——《100以内数的认识》教学案例

青岛新世纪学校　赵　晶

一　案例概述

《数学课程标准》指出:"数学课程的设计与实施应重视运用现代信息技术,特别要充分考虑计算机对数学学习内容和方式的影响,大力开发并向学生提供更为丰富的学习资源,把现代信息技术作为学生学习数学和解决问题的强有力工具,致力于改变学生的学习方式,使学生乐意并有更多的精力投入到现实的、探索性的数学活动中去。"自主学习力是在学习过程中,独立发现问题、提出质疑、合作交流解决问题,积累数学活动经验,逐渐形成的自我学习的一种能力。发展学生的自主学习力,让学生学会学习是现代教育研究的重要课题。我们从这一点出发,有效地利用微课,充分调动学生的主观能动性,进行基于"翻转课堂"的教学研究,对于一年级学生的自主学习力以及问题意识的培养,具有重要意义。

本案例选取了《100以内数的认识》(青岛版一年级下册)。首先,利用多媒体课件展示了农家小院的情景,引出探究活动的内容——建立100以内数概念。引用短小精悍的微课演示把抽象的知识形象化,让学生在直观学习的过程中体会数字化教学的应用价值。课前,学生通过微课的学习,带着本课的相关问题去思考,完成自主学习单。在开课伊始,以小组交流的方式展示微课学习成果和遇到的问题,其他学生可以向台上的同学提出质疑。学生通过自主学习,在课堂上学生质疑、学生解惑、师生互动,形成遇到问题解决问题的教学方式,为课堂探究做好了铺垫,提高了课堂教学效率。实践证明,运用数字化教学资源能有效地提升教学质量和数学学习效果。

二、教学设计

（一）微课学习反馈

（1）学生借助学具操作，经历数概念的形成过程。认识新的计数单位"百位"，理解100以内数的意义，知道"10个十是100"，会读、写100以内的数，掌握100以内数的数位顺序，发展学生数感。

（2）学生在建立数感的过程中，借助学具进行抽象概括，形成初步的抽象概括的能力。

（3）学生能感受到数学与生活的密切联系，产生学好数学的自信心。

本课微课目标：

（1）通过微课学习，引导学生用学过的方法，借助小棒、计数器等学具，迁移学习100以内数的数数方法、组成、读写。

（2）借助微课，培养学生自主学习能力，以及敢于表达、质疑的学习习惯。

（二）学情分析

本案例的学习者为一年级学生，在学习了20以内数的认识后，对数序的建立、数的组成、数位的意义等有了初步了解。但对于一年级的学生来说，百以内的数算是大数，生活中的接触机会较少。学生的思维特点以形象思维为主，对数感的形成和数概念的建模这样抽象的知识理解得不够透彻。传统的课堂上，学生通过观察教具演示被动地接受知识，思路不清晰，对探究活动失去兴趣。

基于对学情的分析，为了更好地帮助学生突破本节课的重点、难点，激发学生的学习兴趣。我利用学生已有的知识基础和数学活动经验，在上课之前精心制作了3分钟的微课程，内容是迁移学习100以内数的读写及组成。本节课的微课设计具有问题引导性和可操作性，提供给学生自主学习的机会和平台。学生不仅学会了知识，还积累了相关的数学学习活动经验，进行迁移学习，从而使每一个学生带着"探索问题"进课堂，为课堂上的探究活动做好了铺垫，有利于提高课堂效率。

（三）教学策略

1. 建立个性化的自主学习机制

通过视频来进行分层教学，以"微课+自主学习单"为自主学习形式，放手让学生在已有的知识经验和学习方法的基础上进行迁移学习,完成主动建构。

2. 将自主学习和合作学习相结合

在课堂上,组织学生以小组为单位,交流微课学习情况或自主学习过程中所产生的疑惑,提出有价值的问题,有针对性地引入深层次学习,实现"翻转课堂"。

3. 在"问"中想,引发学生走向思考的关键点

在"辩"中悟,促进思维水平向高层次发展。在知识内化过程中,抓准问题的关键,学生质疑,师生释疑。同时教师要赞赏学生独特性和富有个性化的理解与表达,激发学生的探索欲望。

三、教学过程

(一)微课学习反馈

谈话:(出示农家小院情景)通过微课你都学习了什么,请以小组为单位合作交流,汇报。

自主学习单

1. 从图上,你看到了什么?

2. 你能提出什么数学问题?
　　_____?(　　)个
　　_____?(　　)个
　　_____?(　　)个

(1)从图上你看到了什么?

(2)你提出了哪些问题?是怎么解决的?

反馈:课前老师看了大家的预习单,大部分同学都和他们一样。有没有不一样的,说一说?

(设计意图:借助自主学习反馈单,通过看微视频进行自主学习。引导学生通过观察情境图找数学信息,提出数学问题,并放手让学生借助学具,用迁移的方法来探究数数、数的组成、读写的活动)

（二）自主探究，理解概念

1. 认识 100 以内数的读写、组成

（1）谈话：你用什么方法知道玉米有 28 个是对的？大家有什么疑问可以向他们提问？

小组交流，全班汇报。

① 数一数。

学生质疑：数到 20 以后再怎么数？你是怎么数的？这样数有什么好处？

② 摆一摆。

一共有 28 个玉米。

学生质疑：28 里面有几个十和几个一？

  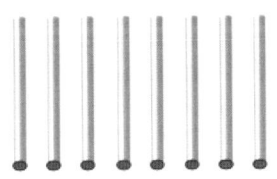

（板书 28 里面有 2 个十和 8 个一）同桌相互说说。

③ 拨一拨。

学生质疑：十位上 2 个珠子表示什么？个位上 8 个珠子表示什么？

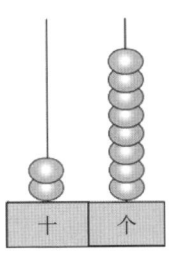

小结：我们刚才除了数实物，还借助小棒和计数器来数，发现玉米有 28 个是对的。

（2）请你在计数器相应的位置上写出 28，并读出来。

学生质疑：为什么在十位下面写 2，在个位下面写 8？

（3）玩拨珠游戏。边拨边数，在计数器上从 28 拨到 55。

追问：刚才你在拨珠的过程中，你觉得哪个地方最有意思？

（4）谈话：（板贴 30、55 的拨珠图）你会写这些数吗？

学生质疑：为什么 30 的个位上写 0？

追问：拨 55 时，这两个 5 的意思相同吗？33 呢？99 呢？

小结：看来，所在的数位不同，表示的意思也就不同。

（设计意图：借助计数器和课件演示，学生在经历大量的感性认识的基础上，逐步认识两位数的组成，初步体会"满十进一"和理解数位意义）

2. 认识"百位"和 100 以内的数位顺序

谈话：刚才我们通过数一数的方法，准确地数出玉米的个数、还通过摆一摆、拨一拨学习了数的组成、意义和读写。下面，你用什么方法知道辣椒有 100 个是对的？小组交流，汇报：

① 数一数。

每串都有 10 个，可以 10 个 10 个地数。

追问：你是怎么数的？

② 摆一摆。

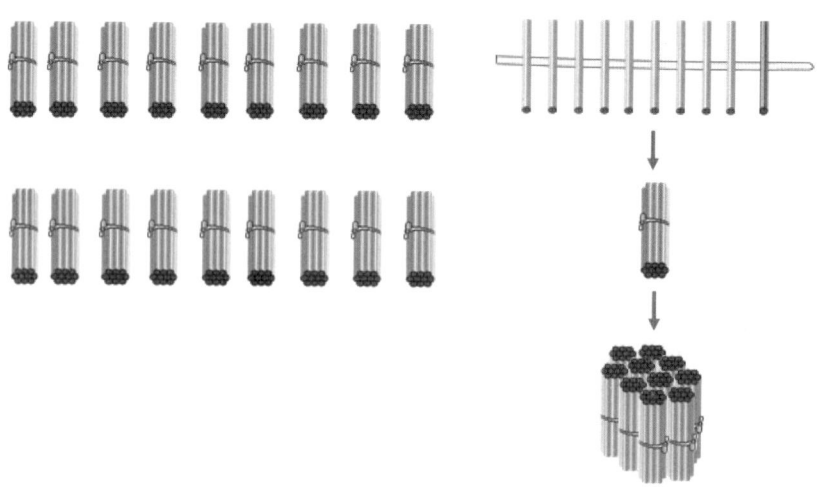

100 里面有 10 个十。

学生质疑：100 里面有几个十？几个十就是 100？（板书：10 个十是 100）

③ 拨一拨。

追问：在计数器上拨 99，再添 1 是多少？拨 100 的过程中，哪里最有意思？

学生质疑:十位又满十了,怎么办?百位在哪?

追问:每个数位上的数各表示什么?

④ 谈话:你会读写100吗?(板贴100的拨珠图)

在计数器上拨一拨:99添1是多少?

10个十是一百。 10个一是十。

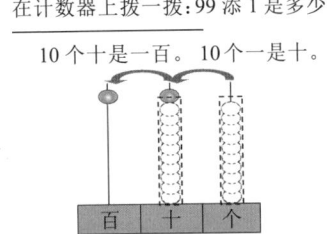
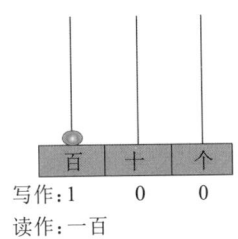

写作:1 0 0

读作:一百

学生质疑:为什么在十位和个位上都写0?

对比:我们在读数和写数时有什么共同点?(板书:读数和写数时都是从高位起)。

小结:这就是我们今天所学习的(揭题板书:100以内数的认识)。

(设计意图:认识100时,先十个十个数,再一个一个数,借助小棒直观表示"百"与"十"的关系,进而引导学生在计数器上从99拨到100,再次体会"满十进一",揭示"百位"产生的必要性,呈现了知识的迁移过程)

3. 感知100的大小

谈话:在生活中处处有数学。瞧,这是100只羊(课件展示图片)。老师这里有本书有100张纸,这个瓶子里有100粒花生米。你感受一下。

对比:为什么同样数量是100,为什么觉得100只羊很多,而100粒花生米少呢?

追问:我们还可以数100个什么?

(设计意图:对于一年级学生来讲,100就算是大数。通过看一看、摸一摸建立学生对100数量多少的感知,体会100以内数在生活中的作用,逐渐培养数感)

4. 回顾整理

谈话:你能把今天的知识分一分类吗?怎么分?(课件操作分类过程)

小结:通过数一数,我们能准确地数出100以内的数;通过摆一摆、拨一拨,学习了数的组成、读写及数位的意义,明白了"满十进一"的道理。另外,我们还认识了新的数位"百位"。

(设计意图:通过引导学生回顾本课所学的知识和方法,进行分类、归

纳、总结,从而培养学生的抽象概括能力,提升学生的数学素养)

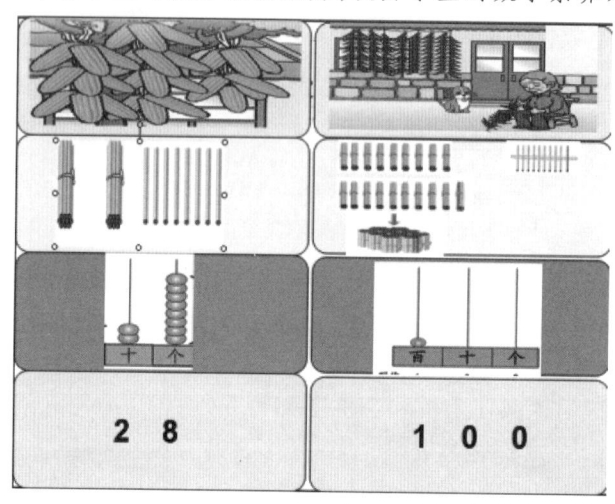

四 效果 评估

由于本课教学内容容量大,学生稍有分心,就影响教学效果。而在数字化环境下,运用现代多媒体技术和学具相结合,既直观清晰,又调动了学生学习的积极性和注意力。传统的评价方式是无法测出"翻转课堂"中教师的"教"和学生"学"的全部效果的。

生本愉悦的课堂,建立在学生的学习需求之上。教师通过微课进行知识的传授,借助微课与学生交流互动,学生通过自主探索与小组协作相结合的学习形式,带着"成果和疑问"深入课堂,可更为有效地针对学生间提出的质疑作为重点问题进行解决。学生对于微课中提到的问题,作出了精彩的回答:"我们组从图上数、摆小棒来数、拨计数器来数三种方法,发现玉米的数量都是28个。"在拨珠游戏环节中,学生对"满十进一"深刻理解,作出了个性化的回答:"我觉得在拨珠中,个位满十向十位进一最有意思。就像评比栏上得了10个星可以换一个硕果一样。"同时,学生也提出了精彩的疑问:"为什么30的个位上写0?"……学生在学习提问中带有很强的目的性,表现出极高的学习热情和自信。

"微课+课堂"的学习形式,能够让课堂的内容在广度和深度上都有所拓展,受到学生的喜欢和家长的大力配合。尤其是经过一学期的微课学习,学生的学习习惯有了很大改进,学生从一开始的简单模仿提问逐步走向"有真疑问"。也就是说,我们把学生被动接受的知识点,转化为学生学习中自主发现的疑点。学生学会学习了,教学效果也就事半功倍了。

五 案例总结

1. 借助微课,造就"个性化学习",提高学生自主学习力

通过视频进行分层教学,可让不同学生得到了不同发展,做到轻负高效、关注全面。通过微课学习,学生"有备而来",让"翻转教学"成为一种问题探究的需求;"舍得放手",使得学生参与度、表达能力和质疑能力有了很大进步,也自信了许多。特别是在交流微课所学知识中,人人都可以当"小老师"展示交流自己的想法,使学生的能力在积累中提升,构建起生本愉悦的"翻转课堂"。

2. 重新认清教师定位,解惑非授业

在"翻转课堂"的实践中,我发现教师的作用发生了巨大改变。当学生通过微课学会了知识,就产生了新问题——教师在课堂上怎么做？在微课与课堂融合过程中,如何有效组织学生之间的讨论、思辨、质疑,使教学目标得以落实甚至拓展,以及如何提高对课堂的掌控能力和对小组学习状态的调节能力,将是对教师综合素质的巨大考验。这需要我们教师不断钻研教材,提高多维度的交互能力,构建高效的生本课堂。

数字化推动英语教学走向个性化
——电子书包在小学英语教学中的应用

青岛市实验小学　王　蕾

一、案例概述

"社会在网络化,网络同样在社会化"。当无线网络铺天盖地覆盖全球的时候,我们的教育也面临着新一轮的变革。2014年底,"生本愉悦""小班化""合作学习""微视频""翻转课堂""电子书包"等这些新的教育名词接踵而来,一种新的教育理念在慢慢渗透——"先学后教,以学定教"。八个字的理念,体现了教育要注重学生个体的个性发展。此时,"电子书包"的出现,为每位学生搭建了私有云学习平台,激发了学生的内驱力,实现了各取所需、按需成长。那么,如何在小学英语课堂中借助电子书包实现由"教为主导"转变为"学为主体"呢?

本案例选取的是《英语》(新标准)(供一年级起使用)第八册 Module 2 Unit 2 It costs one hundred and eighteen *yuan*。本节课中,教师通过文本的学习和平台上多层次、多形式、多场景的练习,使学生学会用英语描述价钱。基于教学目标和"先学后教,以学定教"课堂教学理念,将游戏引进课堂,激发课堂的活力;通过电子书包的平台,实现了分层学习,尊重个体差异,并且在练习中能够及时反馈,实时监控;在拓展环节的"Let's go shopping"中,激发学生内在驱动力,实现基于个性化的英语学习。

二、教学设计

(一)教学内容

本课教学内容是《英语》(新标准)(供一年级起使用)第八册 Module 2

Unit 2 "It costs one hundred and eighteen *yuan*",共分为三个部分。第一部分以微视频和 flash 动画游戏的方式复习英语数字,通过"翻转教学"的形式让学生提前观看微视频,课堂上答疑解惑;第二部分是通过 Daming 购买钢笔的故事文本,学会用英语描述价钱,通过班级集中教授与小组研究的方式增加对文本的理解;第三部分是借助电子书包平台,练习对价钱的描述并进行虚拟购物,通过个别化学习的方式订制学生的私有云学习平台。

(二)学情简介

经过三年的英语学习,大部分学生已经养成良好的学习习惯,具备一定的英语自主学习能力。借助电子书包平台,学生能够进行课前预习,如听读课文、观看微视频等。通过微视频复习巩固了英语的数字,并且对英文价钱的描述有了初步的了解,为本节课的学习做好了铺垫。授课班是我校电子书包实验班,每周两节课的电子书包实验课,学生对平台操作非常熟悉。

(三)教学目标

1. 知识目标

(1)能够听说认读单词:cost, hundred。

(2)能听说、认读句型:It costs one hundred and eighteen *yuan*。

2. 能力目标

(1)能用所学的词汇、句子说明物品的特征和价格。

(2)能够借助电子书包平台自主进行课文跟读、虚拟商店购物等练习。

3. 情感态度目标

通过文本学习、角色扮演等方式谈论购物及商品的价格,并学会合理的使用自己的零花钱。

(四)教学重点和难点

(1)学会正确描述物品的价钱。

(2)在描述物品价钱的基础上,能够说明物品的特征。

(五)教学准备

课件、pad。

(六)课前预习

(1)预习课文,圈出不会的单词。

(2)观看两段微视频《怎样用形容词描述物品》《怎样描述价钱》。

(3) 在 pad 上玩两个小游戏《我来摆价签》《临时售货员》。

三、教学过程

Step 1: Warm up

(1) Play a game:《我来摆价签》。

(设计意图:通过课前观看视频及玩小游戏,使学生了解本课主题——学会用英语描述价钱)

(2) Say a chant and review module 2 unit 1.

(设计意图:通过说儿歌的方式,引入第一单元的讨论电脑的话题,然后利用 pad 发送三个复习内容(Retell the story/Act out the story/Dub the story),让学生自由选择并练习)

Step 2: Presentation

(1) Ss look at the picture of Daming and know that he will buy pens.

Then watch the video with the following question: Which one will Daming buy and why?

(设计意图:学生带着问题观看动画,之后回答问题,培养整体理解文本,学会抓主要信息的能力)

(2) Ss listen to the tape and complete the form.

(设计意图:学生自己在 pad 上完成"听一听,填一填"练习,实现学习的个性化;通过练习增加对文本的理解)

(3) Ss listen and imitate the dialogue.

(设计意图:通过 pad 自己跟读课文,可以根据学生的不同情况进行反复操练,进一遍加强对语音语调的模仿)

(4) Ss play a salesman(saleswoman) to introduce the pens.

(设计意图:学生通过角色扮演,模拟钢笔的销售和购买场景,将对课文

理解,转化到语用上)

Step 3: Practice and Consolidation

(1) Ss do some exercises on Ss book and AB book: Ss book P12, AB book P8 Listen and talk about the price.

(设计意图:学生通过同位合作,练习对价钱的描述,通过电子书包的屏幕广播功能,实现近距离学习)

(2) Ss do some exercises on pad: Listen and write the price.

(设计意图:基于教学目标的分层,在练习环节,利用电子书包设置了分层练习题。学生在做题时,可以根据自己的需求选择适合自己的试题形式,并且系统可以自动反馈正确率,及时订正)

(3) Ss solve some problems in daily life.

(设计意图:在电子书包平台中,"抢答器"进驻课堂,第一时间显示学生的发言次数,极大地调动了学生自主参与学习的积极性,同时增加了活动的趣味性)

(4) Ss enjoy Mary's story and imagine: What will Mary buy?

(设计意图:学生欣赏 Mary 的小故事,在故事中先让学生对故事内容进行预设,然后再呈现完整故事情节;通过故事,引导学生合理使用自己的零花钱)

(5) Ss play a shopping game on the pad.

(设计意图:学生通过自己在 pad 上玩购物游戏,练习本节课主要功能句)

Step 4: Homework

(1) Listen and repeat the dialog three times.

(2) Share your bought items with your parents.

四 效果评估

本节课在电子书包平台的帮助下,实现了由游戏导趣,体现课堂活力;分层活动设计,满足学生不同需求;平台及时反馈正确率,监控学习质量;创建真实化语言学习情境,体现个性学习。

五、案例总结

本节课借助电子书包平台，初步实现了课堂教学以"教为主导"到"学为主体"的转变，学生在私有云平台中实现了英语学习的个性化。但对于中年级学生来说，课前已经在电子书包平台上进行了跟读、模仿，在课堂上应该再留出更多的时间给学生进行展示，创设更多的情境让学生进行操练，提高表达能力。

微课在课前复习中的有效运用

青岛宁夏路第二小学　郭　培

一、案例概述

课程标准要求学生能在具体的语境中理解一般将来时的意义和用法，并能理解和运用介绍、请求等功能的语言表达形式。本节课的内容涉及一般将来时和表达介绍、请求。

对于五年级下学期的学生来说，他们已经接触过不少关于"will"的句型，于是我制作了复习"will"句型的微课，让学生在学习本课前在家中进行复习，从而为新课的学习和输出作好铺垫。以便使学生进一步熟练掌握一般将来时态并能够结合语境进行灵活的运用。同时要积极参与各种课堂学习活动，并在小组活动中实现与其他同学积极配合和合作，积极运用所学的英语进行表达和交流。教师引入的世界头脑奥赛这一活动，也让学生了解了世界上主要的文娱和体育活动之一，开阔了学生的眼界。

二、教学设计

本课教学对象为小学五年级学生，大部分学生能够积极主动地参与各种课堂学习活动，大胆开口说英语，并在小组活动中能与其他同学积极配合合作。

本模块中出现的关于 will 的句型是学生比较熟悉的句型，在前期的学习中已经学习过关于 will 的肯定句，否定句、一般疑问句和特殊疑问句。为了帮助学生更好地复习以前学习过的句型，使这节课更顺利地进行，同时也为了进一步帮助学生梳理语法形成清晰的知识脉络，课前我制作了微课发送到班级邮箱中，学生学习后第二天再进入课堂学习。

本节课的句式和时态对学生来说比较容易理解,通过微课的学习在巩固知识点之后,将本课的目标定为复习、练习知识点的同时,注重引导学生理解文本中的文化内涵,帮助他们学会为别人挑选合适的礼物。

三 教学过程

(一) Warm up

(1) Free talk: Will you... this weekend?

T: Look at this weather report, it will be windy and sunny this weekend. So what will I do this weekend? Can you guess?

Ss: Will you...? T: Maybe I will./No, I won't.

(设计意图:活动热身,熟悉语言。在开始正课内容之前,与学生讨论周末的活动,复习句型 Will you...? 为后面的学习内容作铺垫)

(2) Talk about Simon.

Is Simon Daming's brother?

Where is he from?

Does he live in New York?

(设计意图:复习旧知,引入过渡。谈论已经学习过的关于 Simon 的个人信息,引入文本的背景,引导学生思考可以带什么礼物给 Simon,顺畅进入选择礼物的情景之中)

(二) Presentation and practice

(1) Free talk: What present can Daming take? You can say, I think he can take...(板书: I think)

(2) Watch the video and find out: What present will Daming make?

I think I'll make a Chinese kite.(板书重点句)

(设计意图:整体呈现,初步了解。通过整个文本课件的播放,抓住关键信息,找到大明要制作的礼物是什么)

(3) Talk about chopsticks and dragon. Guide the students to choose the suitable presents for somebody and arouse the students' sense of national pride.

① Why did they talk about chopsticks and a kite? Because both of them are traditional Chinese presents. They are Chinese style.

② Why not chopstick? Because Daming's mother and grandma are Chinese.

They have got some chopsticks.

③ What's the kite look like? It's a Chinese dragon. Show some words about dragon. dragon boat, dragon dance, dragon fly, dragon warrior. Dragon is very important for Chinese. It's the symbol of China.

（设计意图：深入解析，梳理文本。通过层层提问，引导学生思考大明为什么会选择中国龙风筝作为礼物，了解其中的文化内涵，并树立民族自豪感）

④ Find out the sentences with "will". Understand the dialog deeply.

I think I'll make a Chinese kite.

Will it be windy in New York?

（指导学生连读"will it"）

Will you help me?（板书重点句）

Of course, I will.

It will be a great present.

（设计意图：通过找找含有"will"的句型，来呈现文本中出现的和一般将来时态相关的句型，帮助学生进一步理解文本）

⑤ Listen and repeat. Then show it to the class.

模仿课文过程中指导学生连读"can I"。

（三）Consolidation

（1）Finish the circling exercise on Activity Book and make the answers into full sentences.

（2）Do the work book P29-2. Help Daming write a letter to Simon.

T：What will Simon do? Ss：I think he will…

T：Maybe he will fly this kite. And I think he'll sing a song when he's flying the kite. Let's sing a song together with Daming together.

（设计意图：巩固练习，检验反馈。通过活动手册和配套练习，巩固学习内容的同时，检验学生对知识点的掌握和对文本的理解）

（3）Introduce the odyssey of the mind tournament.

（设计意图：通过视频向学生们展示我校参加全国头脑奥赛的资料，然后呈现一部分他们制作道具的原始物品，引导学生使用句型"I think they will"猜一猜他们将会用这些物品制造成什么道具）

（4）Imagine：What will we make? I think you will make…

（设计意图：拓展练习，真实运用。向学生们展示我校参加全国头脑奥赛的过程资料，展示部分道具材料，引导学生展开丰富的想象，运用本节课的主要句型谈论自己的想法，达到在真实的情景中实际运用的目标）

(5) Help us to think about: What present will we take to America?

（设计意图：说明我们被邀请去美国参加世界头脑奥赛，引导学生帮我们想想带什么礼物给美国的朋友们，既延续了礼物的话题又创造了真实的情景，引导学生们达成真实的语言交际）

(6) Imagine: What present will we bring back?

（设计意图：根据课堂上的时间情况灵活掌握"What present will they bring back?"这一话题的交流呈现方式是课上还是课后，鼓励学生继续讨论赠送礼物的话题，并尝试体验制作的乐趣）

（四）Homework

(1) Listen to the tape and follow it.

(2) Try to recite the words and sentences.

(3) Try to make a present for our American friends

四 效果 评估

这节课中复习了一般将来时态的关于"will"的句型，学生对于句型和时态都已经有了认知，课前学生通过微课进行了复习，达到了较好的复习效果，能顺畅地理解一般将来时态中"will"的用法，对本节课将要出现的带有"will"的复合句更易接受和掌握。且因为有了前面的复习和铺垫，我在复习、练习知识点的同时，更注重引导学生理解文本中的文化内涵，帮助他们学会为别人挑选合适的礼物，基本达到了激发学生思维活动的目的；引导他们参与到头脑奥赛中，在真实的情景中使用本节课的主句型来表达自己的想法，学生能够灵活地使用句型表达。

五 案例 总结

这节课的优点如下。

(1) 课前制作了关于"will"的微课，梳理了课本中出现过的关于"will"的各种句式，新授前给学生播放，帮助学生回顾知识并进行总结，为本课的学习进行了铺垫。

（2）教师的教学设计能够体现出梯度，从选择到填空再到句型的表达，体现出了教师引导并逐渐放手的过程，从课堂效果看学生掌握得比较好。

（3）引入头脑奥赛的内容，教师精心设计了多处练习，激发学生的思维活动，引导他们运用本节课的主要句型表达自己的想法，从而体现了真实的语言交际。

不足之处如下。

（1）作为一个模块的第一课时，教师可以在文本的理解上再多花些时间、下点工夫，帮助学生充分地理解本文，而将拓展练习的比重减少一些或放到第二课时。

（2）拓展环节引入我校去美国参加世界头脑奥赛时要为外国朋友准备礼物的情境，由于开始设计时和上课时有个时间差，学生已经出发了，因此继续使用拓展环节设计的话题"What present will we take？"显得不太合适，如果选择"What present will they bring back？"则更为贴近学生的实际生活，更加真实。

让音乐教育乘着信息技术的翅膀飞翔

——微课堂《音的强弱》

青岛大学路小学 赵 倩

一 案例概述

现代社会随着多媒体和网络信息技术的迅猛发展和普及,运用多媒体和网络信息技术进行教学,对于实施素质教育,促进基础教育的改革和发展,全面提高教育质量和效率具有重要意义。把信息技术广泛地运用在音乐教学中,对音乐教学的改革也起到非常重要的推动作用。现代信息技术突破了传统音乐教学在时间、空间和地域上的限制,扩展了音乐教学的容量和空间,极大地丰富了音乐教学手段和教学资源,开阔了学生的音乐视野,有利于学生主动、探究和创新性的学习。 但是,音乐教育又有其独特的学科特点,更加强调情感与体验,如何在教学中使用信息技术,以优化学习过程、提高课堂教学的效果和水平呢?那就需要将二者有机地进行"整合"。整合的原则就是辅助教学。信息技术与音乐学科教学的整合,目的是要辅助教师的教与学生的学,而不是完全取代教师的讲解、演唱、弹奏。课堂教学仍然是以人的活动为主导,只有合理、恰当地运用信息技术辅助课堂教学,起到烘托、画龙点睛的作用,才能使课堂教学更加精彩,才是音乐教学与信息技术最成功的整合。

本案例运用微课这一现代化教学形式,以"音的强弱"这一二年级教学中的一个知识点作为抓手,用学生喜爱的游戏进行互动学习,以达到了解音的强弱、认识音乐中强弱力度的记号、表现音的强弱、运用合适的强弱表现歌曲这些层层递进的目标,从而实现音乐学习中的"翻转课堂",提高学生自主学习的效果。

二、教学设计

本节微课案例运用录屏软件将制作的 PPT 课件和教师的讲解音频同期录制,围绕"音的强弱"这一知识点,根据本学段教学对象的年龄和学习特点,运用信息技术教学手段将情境教学策略和生活化教学策略贯穿于整个教学过程;选择了贴近于学生生活的内容来引导学生了解声音的强弱,在 PPT 的设计和制作中选取了学生喜欢的动画素材并配以生活中的真实音效,引领学生运用模仿、对比、表演、节奏游戏等互动方法激发探究兴趣,使学生在探索→模仿→实践的过程中循序渐进地完成知识的学习并加以巩固。

本节微课的学习目标:① 知道音的强弱;② 认识 f\p 这两个表示强弱的力度记号;③ 能够在歌曲《大海》中运用强弱力度表现歌曲。

在本课设计过程中,考虑到微课这一特殊的学习形式,为了能让坐在电脑前的学生有兴趣观看,我特意从学生自主学习的角度以启发法和练习法为主设计了有效提问、互动交流、反馈练习,从而激发了学生学习的兴趣。这既是学生对"音的强弱"这一知识点学习的反馈,也是作为歌曲学习中预习或复习的有效补充,体现了"翻转课堂"的主旨。

三、教学过程

(一)导入

(1)对比聆听一组声音,说说它们之间有什么区别。

教师播放大、小海浪的音效,听辨一个声音大一个声音小。

在音乐中大的声音叫作强音,小的声音叫作弱音。

(2)列举生活中声音的强与弱,并进行模仿。

(设计意图:运用多媒体技术将音效进行强弱对比,这种导入更加贴近学生的思维方式;由生活化的语言引导出本节微课的主题——音的强弱,学生更容易接受,运用主题创境生活化策略,列举生活中的声音对比感受强弱,更符合学生的生活经验,容易激发学生学习兴趣)

(二)认识音乐力度记号 f 和 p

(1)在音乐中用 f 表示"强",用 p 表示"弱"。

(2)聆听老师弹奏的旋律是强还是弱。"强"模仿解放军行走,"弱"模仿天鹅飞翔。

(设计意图:由导入环节的感性学习过渡到理性的音乐知识学习,学生在多媒体动画的界面上更加形象地理解和掌握知识,并在对比聆听中反馈知识的掌握情况。通过不同形象的表演,增强互动和学习的趣味性)

(三)在节奏游戏中掌握音的强弱

(1)听辨同一条节奏的两遍拍击所表现出的强与弱的对比。

(2)节奏游戏模打,表现"强"与"弱"。

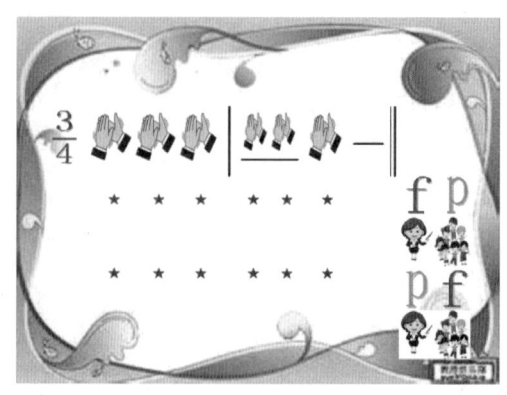

（设计意图：将后面歌曲中要学唱的乐句节奏放在这里进行游戏练习，既巩固了音的强弱的掌握，又增强了微课学习的趣味性和互动性，还为后面的歌曲学习作了铺垫，一举多得）

（四）歌曲中的强与弱

（1）聆听歌曲《大海》，辨别强与弱的乐句。

（2）学唱强的乐句。

（3）师生分强弱完整地表现歌曲。

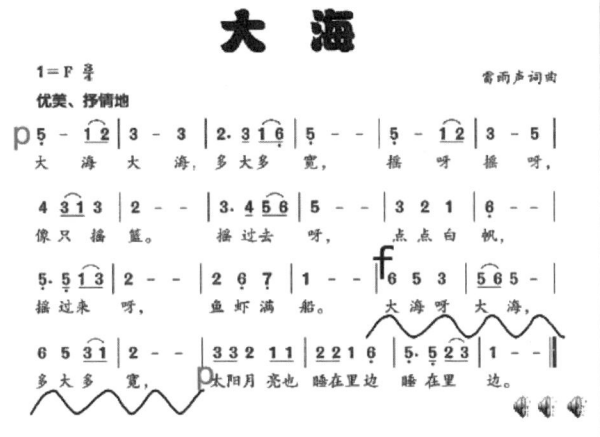

（设计意图：结合歌曲《大海》，听辨强与弱的变化，对本堂微课的知识点进行巩固；运用信息技术手段辅助学唱乐曲中强的乐句，学生从中对今天所学知识进行运用）

四、效果评估

微课中教师"教"的过程与学生"学"的过程是分离和异步的，视频展示的仅仅是教师"教"的过程，学生"学"的过程要等到学生观看学习的时候才会发生，其教学效果如何，最有发言权的是学习微课的真正用户——学生。为了更好地验证本案例在教学过程中的效果，我们以"微课在音乐教学中的有效应用"为主题在2年级选取了两个实验对比班进行了《音的强弱》的微课应用实践探究。

首先，为了更好地了解学生对微课使用的真实想法，我们设计了一份调查问卷。考虑到问卷对象是2年级学生，年龄较小，所以设计的问题比较浅显易懂，只包含了7个问题。

问卷是在两个实验对比班进行了微课学习后所进行的。通过调查问卷第三题"您对微课了解吗"的反馈数据可以看出，被调查的84位学生中有51.19％的学生选择"一般"，22.62％的学生选择"不了解"，而选择"一般"的这51.19％的学生大多则是因为看了《音的强弱》这节微课后才作出这种选择，可见学生现在对微课的了解和认识才刚刚起步，后面还需要我们老师加强对这一现代教学方式的普及。

从第6题的反馈数据可以看出，选择"非常喜欢运用微课进行音乐学习"的占59.52％，可见孩子们对微课的学习还是很感兴趣的。第7题"相比老师课堂上的知识讲授，你是否更喜欢运用微课进行音乐学习"，选择"是"

的则占到 78.57%，从这 2 道题的反馈可以看出，一方面学生接受新鲜事物的能力是非常之强的，另一方面他们对微课是非常喜欢的。教师可能会有这样的经验，每当课件上有视频素材时，学生会特别感兴趣。微课因为制作时的视觉素材比较丰富，因此学生对制作的精美微课一定是喜欢的。

作为实验者，我们一定要考虑学生的感受，在微课学习中对学生起到引领作用，让微课更好地为音乐教学服务，为学生的学习服务。

接着我们分别在课前、课中、课后进行了微课的应用实践。新课标提出"倡导自主、合作和探究的学习方式"，音乐微课视频的出现为学生自主选择适合自己学习情况的资源提供了可能。将目光聚焦于学生自主学习的主动性和有效性，是传统课堂学习的一种重要补充和拓展。在 A 实验班，我们尝试在学习《大海》一课之前将微课《音的强弱》提前拷贝给学生；考虑到学生的年龄较小，请学生回家在父母的帮助下完成微课的观看和学习。经过学生和家长的反馈，大部分学生都能够比较顺利地完成微课学习。经过自主学习后，在第二天的《大海》一课的学习中，教师没有在就音的强弱这一知识进行赘述，将重点放在歌曲的教学过程上，学生便很自然地将音的强弱和它们的表现记号 f、p 运用到歌曲的演唱中，而且有的学生还结合自己的器乐学习经验提出了 ff、mf、mp、pp 及渐强、渐弱的音乐知识，并且提出在《大海》这首歌曲的演唱处理中加入渐强、渐弱的力度变化比只加强、弱的力度要更好听。由此可以看出学生在课前运用微课预习，在课堂上就有更多的时间讨论、实验、答疑，学生学习的主观能动性会因此而得到提升。

在 B 班，我们将微课运用到《大海》一课的课堂教学环节中，作为一个知识讲解环节将《音的强弱》播放给学生看，学生看得饶有兴趣，集体跟随微课上的互动环节进行学习。这时候教师会和学生一起跟随微课互动，相对于课堂的现场讲解教师会比较轻松，但是又感到：既然能够面对面进行的课堂内容为什么要用微课讲解呢？让学生看老师的视频与现场讲课有什么不同呢？况且，教师与学生在课堂上的互动产生思维碰撞才是课堂教学中应有的效果。

经过课前、课中的实践，我们在考虑：课后运用微课复习的效果又会如何呢？根据艾宾浩斯的遗忘规律，学生在课堂上学得再扎实，过后不复习也会遗忘，而学生在复习时如果能够观看老师的微视频，会加深自己对教材的理解，会复现老师讲课的情景，激活记忆的细胞，提高复习的效果。所以我们在两个对比试验班建议学生在学过《大海》一课后，回家再次观看微课《音的强弱》。经过观察我们发现，学生利用微课进行复习的兴趣比传统的复习方式要高许多，而且复习效果也很好，对本课的掌握程度比其他没有微课学习的内容要扎实得多。

通过以上的实践分析，我们认为：微课不能完全颠覆传统的实体课堂，不能代替教师在课堂上的现场点拨和指导，只能作为课堂教学的一种补充。

五、案例总结

通过本案例的实践可以看出，信息技术在音乐学科的教学过程中起到了很大的辅助作用，改变了传统教学的模式，为音乐学习注入了新的生机与活力，对教师提出了更高的要求。特别是在掌握先进的信息技术教学手段和应用软件上，需要我们音乐教师不断学习、不断探究，努力掌握现代信息技术，利用其视听结合、声像一体、形象性强、信息量大等优点，为教学服务。

随着先进的教学信息技术平台的建立，在多媒体计算机这样的交互式学习环境中，学生则可以按照自己的学习基础、学习兴趣来选择所要学习的内容和适合自己水平的练习。奥尔夫说过："让孩子自己去实践、自己去创造音乐，是最重要的。"这就是说，学生有了主动参与的可能，而不是一切都听从教师摆布。教师完全可以拓宽学生的学习时空，从传统的课堂学习转变为课内外相结合，将课内的教学延伸到课外，让学生自由地、综合而富有弹性地安排学习时间，培养他们个性化学习的能力。而图文并茂、丰富多彩的知识表现形式,不仅有效地激发了学生的学习兴趣,使学生产生了浓厚的学习积极性,而且提供了多种感官的综合刺激,增加了获取信息的数量,延长了知识的保持时间,开阔了视野。

总之,实践证明,把信息技术运用到音乐学科教学中,能够收到很好的教学效果。它可以创设音乐情境,调动学生积极性;促进思维发散,培养学生想象美;引导艺术创新,发展学生创造美。随着教育现代化的普及,信息技术在音乐教学中还将得到更加广泛的应用,其技术的先进性、优越性、智能化将得到充分的体现。因此,在当前积极推进和探索信息技术和音乐学科的整合,对改革音乐学科教学、转变教育观念、提高音乐教学效果具有重要的现实意义和影响。

运用信息技术提高学生音乐学习能力的研究

青岛莱芜一路小学 孙　倩

一　案例概述

近年来，新课程改革进行得如火如荼，其中明确要求教师通过收集和使用教学资源、采取多样化的教学方式和教学手段来达到转变学生学习方式的目的，让学生从单纯接受式的被动学习转向自主、探究式学习。信息技术作为一种教学辅助手段，可以帮助教师解决音乐学科教学中存在的问题，最大限度地开发和利用音乐教学资源，使学生转变学习方式，提高学生的音乐学习能力。

本案例选取的是歌曲综合课《小蜜蜂》（小学《音乐》，第三册）。教师运用多媒体课件创设了大自然的生活情境来激发学生的学习兴趣。首先，播放了小提琴曲《蜜蜂》，让学生听是什么昆虫，从而使学生清晰、直观、明确地了解本节课所要学习的内容——蜜蜂，并带领学生跟随音乐视频模仿蜜蜂的飞行，借助肢体参与感受蜜蜂辛劳忙碌的音乐形象。其次，通过为小蜜蜂鼓掌加油的方式，引导学生体验歌曲《小蜜蜂》二拍子的稳定感和变化的节奏；通过画飞行路线的方式，引导学生观察和寻找歌曲中相同的旋律；通过观看动态的音符花图谱，使学生快速地掌握歌曲的旋律，并解决教学的重点和难点。整个过程，给予了学生一种美的感受和身临其境的感觉，学生学得很快也很准确。最后的知识拓展部分，让学生分别欣赏了钢琴版和管弦乐版《野蜂飞舞》，了解不同艺术形式所表现的蜂的形象，对歌曲的学习进行了延伸。

可以说，信息技术深刻地影响了音乐学科教学的方式和方法，也触及了音乐教育的本质特征。信息技术不仅仅作为辅助手段"介入"了传统的音乐学科教学,还作为一种新的内容、方法和手段融入了音乐学科教学当中来,催生着音乐学科教学新常态的形成,从而进一步提高学生音乐学习的能力。

二、教学设计

本节课的内容是学习歌曲《小蜜蜂》,教学环境是配有计算机、音响等多种媒体设备的音乐教室,计算机安装有 PPT、音频播放处理软件等。

本案例的学习者为二年级学生,他们处于小学低年级阶段,通过一年的音乐学习掌握了基础的音乐知识,能够听辨音乐情绪和简单的音乐要素,但缺乏对音乐要素的理解和表现能力;能借助音乐特点联想不同的音乐形象,并能进行旋律的听辨与记忆;具有一定的演唱旋律的能力,喜欢进行音乐表演。

本节课的教学在情感与态度方面实现以下目标:感受并体验音乐速度所带来的蜜蜂忙碌、辛劳的形象。在知识与技能方面达到如下目标:① 能用短促、连贯的声音以及不同的演唱方法表现歌曲《小蜜蜂》,尝试简单的二声部演唱。② 能借助音乐特点联想不同的音乐形象,并能进行旋律的听辨与记忆。在过程与方法方面实现以下效果:学会看指挥,从而体验二拍子的稳定感及节奏变化。

本节课是一节二年级的歌曲综合课,是学生接触的第一首 F 大调歌曲,旋律简单,朗朗上口,生动地刻画出了小蜜蜂为采蜜而繁忙飞舞的形象。因此,我结合音乐学科本身的特点,积极挖掘教材中的一个"趣"字,将信息技术的应用渗透到本节课的教学设计中,贯穿整节课的始终。我分别采用了情境创设、肢体模仿、图谱演示、二声部体验、视听结合等手段,让学生在轻松愉快的教学过程中学会这首歌曲。

三、教学过程

(一)情境创设

首先,我采用创设情境的方法来激发学生学习兴趣。导课时,借助多媒体课件播放了小提琴曲《蜜蜂》的主题旋律,让学生听一听是什么昆虫,目的是以音乐打开学生的思维,借助教师评价让学生快速走进音乐形象"蜜蜂"。

紧接着，我出示蜜蜂照片，并再次播放主题旋律，引导学生感受旋律特点，如音乐速度快、旋律高低变化、嗡嗡的音效等，让学生逐步明确旋律要素与蜜蜂形象之间的关系。

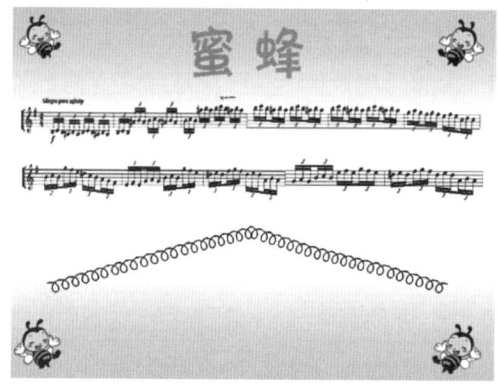

之后，我播放视频《蜜蜂》，借助视频手段达到视听结合的目的，让学生初步了解音乐要素的表现手法，并结合变化的线条对乐器音色及抽象的旋律产生直观的印象。

然后,我带领学生跟随视频中的蜜蜂一起飞舞,在创设的情境中体验音乐的速度特点;在肢体活动中,区分表现音的高低变化;在动作模仿的过程中,充分感受蜜蜂的辛劳,激发对蜜蜂的喜爱之情。

(二)学习歌曲

学习歌曲环节,通过为小蜜蜂鼓掌加油的方式,引导学生即兴跟随教师指挥拍手,在兴趣中提高学生对音乐的关注度,在律动中体会2拍子的稳定感及强弱的韵律感。

在画飞行路线的基础上,我运用多媒体课件播放了开放的音符花朵,借助图谱的视听手段引导学生不断熟悉音乐并逐步达到分辨歌曲旋律段落、相同乐句、旋律高低的目的,实现从感性向理性认知的过渡。

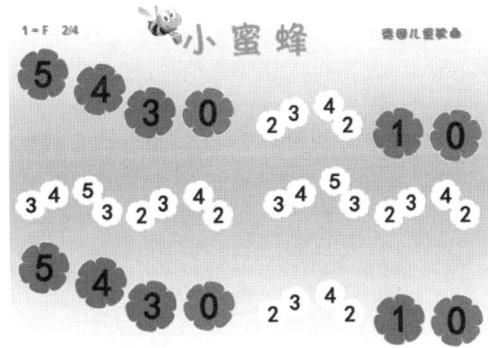

接着,我再次播放歌曲,让学生聆听歌词是怎样赞美小蜜蜂的?播放歌曲时,我运用信息技术手段让课件上依次出现变化的歌词,既让学生们准确地了解了歌词内容,也知道了歌曲出处,理解了歌曲情感。有效地引导学生清楚地咬字、吐字,并在音乐中感受歌词韵律。

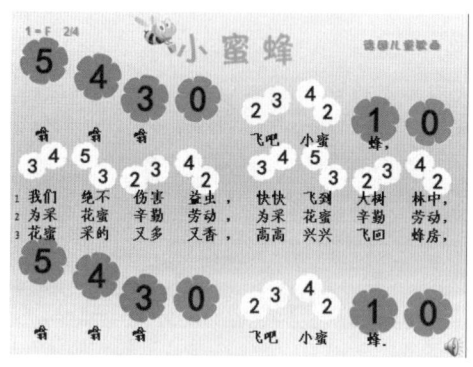

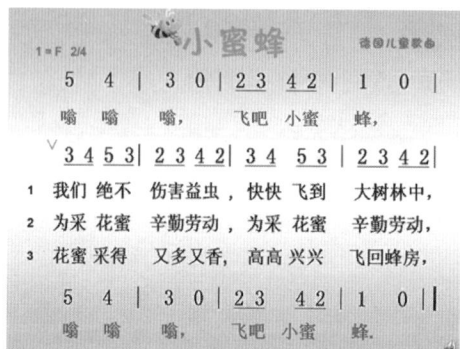

在学生能够完整演唱歌曲之后,进入本课的重点和难点学习,也就是二部轮唱的学唱。首先,教师播放课件音乐,通过教师示范引导学生初听二部轮唱,感受音乐效果。接着,请学生跟着课件音乐里的小朋友先唱,教师后跟上演唱,引导学生尝试简单的二声部演唱,体验合唱的乐趣。

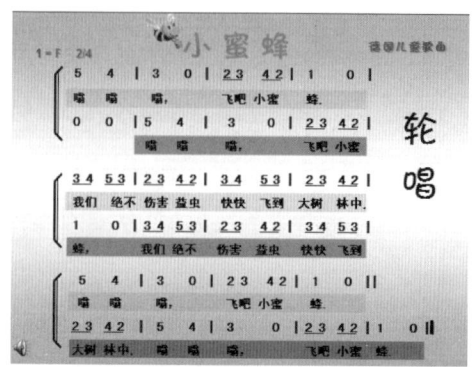

然后，教师借助多媒体课件音乐，让学生听一听二部轮唱的结尾是怎样同时结束的，并引导学生聆听音乐，初步了解二部轮唱的基本方法。之后，教师逐步增加演唱的难度，在实践中增强学生聆听和演唱二声部的能力，同时提升学生的合作意识。

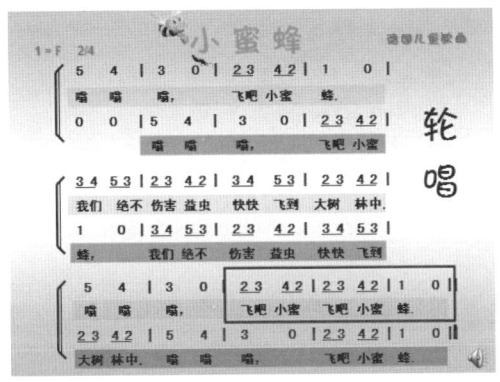

（三）知识拓展

在知识拓展环节，我根据蜜蜂和野蜂不同的形象，让学生分别欣赏了钢琴版和管弦乐版《野蜂飞舞》，让学生了解不同艺术形式所表现的蜂的形象，感受管弦乐所塑造的丰富而形象的音乐效果，加深对野蜂音乐形象的体验。

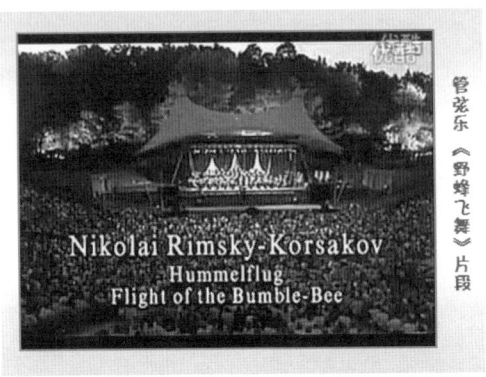

最后，通过对比音乐要素特点，培养学生联想及创作能力，达到对歌曲的学习进行延伸的目的。

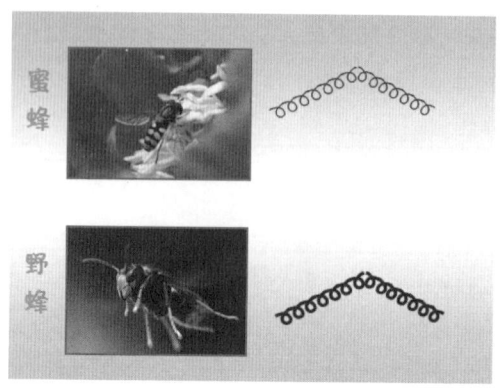

四 效果评估

本案例确定了借助多媒体信息技术辅助教学,让学生在轻松愉快的过程中学会这首歌曲,优势主要有以下两点。

1. 信息技术与音乐学科有机整合,激发了学生的学习兴趣

二年级的学生具有活泼好动、好奇心强、模仿力强、可塑性强等特点,因此,宜采用直观、形象、变化的教学手段设计教学。为此,我设计了猜昆虫、视频欣赏、图谱展示、模仿律动、表演与多媒体演示等相结合的综合手段。由于课前设计充分,教学过程中学生非常喜欢这样的活动,多媒体课件演示歌曲、视听结合等手段极大地激发了学生的学习兴趣,高潮迭起。他们好像在音乐中"玩",在"玩"的过程中丰富了情感体验,在积极自信地参与音乐活动中表现音乐的美,表达对音乐的喜爱之情。

2. 信息技术与音乐学科有机整合,优化了教学过程

多媒体信息技术的运用,为课堂带来了活力,注入了生机,不仅突出了音乐学科的特点,让学生感受了音乐情绪、速度、旋律、节拍、节奏等音乐要素,丰富了学生的情感体验,有效地促进了学生音乐审美能力的形成与发展,而且操作便捷,节约了教学时间,弥补了教学中单一的教学方法,给了学生以直观的美感享受,使教学环节更加流畅、自然,使教学过程得到优化。

五 案例总结

本课例在常规教学中往往是教师简单地、反复地教唱,难以激发学生学习音乐的热情和兴趣,学生的音乐学习能力也难以得到提升。而《小蜜蜂》是以音乐审美为核心、以兴趣爱好为动力设计的一节寓教于乐、新颖独特的

音乐课,教学内容丰富多彩,教学方式生动活泼,既发挥了学生的想象力,又增强了学生学习音乐的兴趣和表现音乐、创造音乐的意识。

  整节课,学生都在教师创设的情境中进行学习。在情境的发展中,自然地加入了肢体模仿、图谱展示、二声部教学等内容。在演唱歌曲的环节中,利用高低不同的音符花给学生创造出旋律的高低起伏的视觉冲击,加深了他们对音乐的记忆。学生通过听、唱、演,在轻松愉快的氛围中表现出很高的学习积极性,突破了音乐课枯燥地反复学唱的难关。

  综上所述,信息技术的多元化、多样化具有突破时空局限、运用多种艺术形式扩大容量的特点。通过音乐教学实践证明,信息技术在音乐课堂教学中已展现出广阔的应用前景,音乐教学的信息技术化增加了教学的魅力。因此,在积极推进教育现代化、信息化的大背景下倡导和探索信息技术与音乐学科的整合,对改革音乐教学有着重要的现实意义。

微课教学在技巧教学中的应用

青岛榉园学校　朱　克

一　[案例] 概述

　　运动技能领域是体育与健康课程标准的四大学习领域之一，是体育课的其中一个环节，也是培养学生终身体育意识的一个重要方面。在体育课堂技巧单元的教学中，单纯地进行技能讲解、示范，学生很难理解技巧里面的术语以及保护与帮助的意义，如果在课前，教师把学习的技巧内容做成微课，这样学生会很容易理解所要学习的比较抽象的学习内容，知道如何去完成所要学习的技术动作。

　　本案例选取的是三年级《前滚翻》单元第一堂课。首先，教师通过大屏幕向学生展示优秀运动员进行前滚翻的视频，使学生清晰、明确地了解了本节课所要学习的内容——前滚翻。其次，三年级的学生理解能力和空间想象力较差，教师单纯地去讲解前滚翻的动作要领，学生很难透彻理解。为了让学生明确前滚翻的动作要领，掌握本节课的重点和难点，同时激发学生的学习兴趣，我把前滚翻的完整动作以及分解动作制作了一个微课，课前播放给学生观看，这样较难理解的专业术语被一个短小形象化的微课取代，动作的重点和难点，技巧教学强调的保护与帮助直观地显现在学生面前，课堂效率大大提高。

二　[教学] 设计

　　本节课的教学目标是学习掌握前滚翻的技术动作，在小组合作学习中学生相互指导、相互评价，并在练习过程中提高身体的灵敏、力量和协调性；

培养学生学习前滚翻的兴趣和团结合作精神,增强学生自我保护和保护他人的意识。

本案例的学习者为三年级学生,学生的柔韧性较好,但是不能保持长时间的注意力集中,同时理解能力较差,但是对于动画、声音较为敏感。根据这个特点,我在上课前将所要学习的前滚翻的技术动作做成一个以动画的为主要形式的微课,让学生先去整体感知前滚翻的技术动作。

微课具有可操作性和实用性,不仅让学生直观地感受到前滚翻的完整技术,而且给学生自主学习的机会。学生通过课前学习微视频的内容,熟练掌握前滚翻的动作方法,为课堂的探究活动作好铺垫,有利于提高课堂效率。

本案例是学习前滚翻。前滚翻是一项技巧动作,对学生身体条件要求很高,同时动作不准确还会造成受伤。基于这些特点,我采用了小组合作学习教学策略,通过充分地研讨和交流,深化学生对知识的理解,并对可能出现的错误动作进行分析。在合作交流中,通过互相帮助,让所有学生都能得到发展,达到共同进步的目的,同时也使学生学会了保护自己与帮助他人。具体学习进度做如下安排。

(1)观看完微课后,以小组为单位合作完成下列任务。

① 找出完成前滚翻的动作顺序。

② 说出前滚翻中的低头、含胸、收腹、屈腿的含义。

(2)小组合作探究活动安排如下。

活动一:在下坡中完成前滚翻。

学生在一个小下坡中体验一次前滚翻。

活动二:在平地中完成前滚翻。

在平坦的地面上铺上垫子,完成前滚翻。

活动三:在上坡中完成前滚翻。

在上坡中铺上垫子,学生体验一次前滚翻

活动四:脖子上夹一个乒乓球,大腿和小腿各夹一个乒乓球的情况下在平地上完成前滚翻。

(3)以小组为单位分别尝试这四个活动,合作完成,通过报告的形式进行展示,并通过自己体验和小组讨论找出前滚翻的动作要领。

小组合作学习已经成为促进学生技巧知识学习和能力发展的一种新的教学方式和新的学习方式,成为构建体育高效课堂的一个策略。

三、教学过程

（一）课前观看微课

首先在多媒体教室里全班学生观看前滚翻微课，接着分组讨论认识前滚翻的动作顺序和前滚翻中低头、含胸、收腹、屈腿的含义，以及保护与帮助在前滚翻教学中的作用。由小组长汇总小组讨论的结果，在全体学生面前将小组的研究小结进行陈述，目的让学生对所要学习的前滚翻的动作有一个整体印象，初步了解前滚翻的技术要点，同时通过小组讨论、探究学习，培养学生间交流合作的能力和探究能力。

（二）课中实施

准备部分的第一部分设计了配合音乐的并队和裂队跑，通过这种形式的慢跑让枯燥的慢跑活动变得有趣；第二部分热身后通过两个人的拉伸练习活动各个关节，同时进行了肌肉和韧带的拉伸，为后面的前滚翻学习打下坚实的身体基础。整个准备活动过程中，教师通过音乐的引领激发学生的运动兴趣，使他们的身体得到充分活动，为下面的技能学习作好铺垫。

技能学练环节先是将全部学生分成四组，首先由教师进行整体示范，让学生整体感知所要学习的前滚翻的动作，然后分步讲解示范每一个动作。例如，学习前滚翻中团身抱腿技术动作时给学生举例子：方形的木块和圆形的木块哪个更容易在地面上滚动呢，并让学生亲自体验，加深印象。通过学生的体验以及从高处往下滚动获得初速度，从而突破本课的重点。然后再分组，目的是一个人在做动作的同时其他人进行保护与帮助，每个组的骨干同学要发挥骨干的作用，带领学生学会动作，发现问题及时纠正，四个小组完成4个不同的活动，最后再进行轮换。体验完毕之后，每个小组根据体验的过程找出前滚翻的重点和难点，并能解决重点和难点。在整个过程中，教师要注意合理地对学生进行评价，关注学生的个体差异，注重学生的自我超越发展；同时，学生之间也要相互评价，学生要敢于在全班面前表达自己的观点。

体能练习环节进行20秒立卧撑练习，既关注学生的体能发展，也为学生的自我超越发展创造条件。在整个教学过程中给学生自我展示的平台，让学生自我评价，关注自我纵向的比较；教师运用语言激励，鼓励学生在练习中不断超越自我，让每一位学生获得成功和快乐的体验。

放松部分运用"音伴贪吃蛇"的小游戏，让学生的身心得到放松和恢复。

四 效果评估

在传统的课堂上，简单的讲解示范会让体育课变得枯燥无味且效率低下，完不成学习任务。将现代教育技术应用于课堂教学，既直观又清晰，也加深了学生对于技术要点的理解。运用现代多媒体技术，从多方面、多角度来解决教学中的重点、难点，开拓学生的视野，有助于提高课堂效率，扩大知识的覆盖面。

本案例通过学生对微课的学习，合作探究，学生掌握了前滚翻的技术动作，还学到了探究的方法。通过学生的课堂表现出的学习兴趣可以看出这个案例是成功的。微课将教师从主导课堂转变为课堂导师的地位，这样的课堂教学提高了学生自主学习的能力，对教师转变教学模式也提出了更高的要求。微课带给我们教师的是一个全新的理念和课堂，微课帮助我们实现了课堂的翻转，实现了"翻转课堂"。大大提高了教学效率。作为学生来讲，学生的练习时间增加了，而且学生更直观地感受到了所要掌握的学习内容，学习兴趣大大提高。

五 案例总结

通过本课的学习，大部分学生掌握了前滚翻的技术动作。如果单纯用语言来描述前滚翻，学习者很难在短时间内明白这项技术。微课的介入把前滚翻这项技能直观地展现在学生面前。这项技能的重点是团身抱腿技术动作，微视频就像一把手术刀，把繁赘难懂的语言描述解剖成了一片片的"面包片"，学生看了会很容易明白这一环节如何去做以及要注意些什么。

本课例在常规教学中，往往是教师讲解学生照做，有的时候学生根本没有理解教师讲的是什么意思。没有运用数字化资源时，不让学生经历探究的过程，这样处理使体育课堂失去了应有的魅力，难以激发学生学习的热情和兴趣。而合理地在课前运用微课将难以理解的专业术语用动画的形式表现出来，充分调动学生的直觉思维，有助于提高学生学习的兴趣；同时，通过微课能直观地感受到完整动作与分解动作，让学生感受其中的规律，尝试成功后的喜悦，培养了他们学习体育的兴趣。通过小组合作探究以及合理发挥骨干的作用，课堂不再只是优生的课堂，也让学困生主动、积极地参与到课堂学习中，增强了他们学习体育的信心，进一步培养了学生观察问题、分析问题、解决问题的能力。

对于体育学科，制作什么样的微课、怎样利用好微课的优势提高体育课堂的教学效率是值得认真研究的课题。要取得良好的效果，前提是要钻研教材，认真备课，仔细准备课件，熟练使用软件，精心组织教学，只有这样才能达到预期的结果。

"翻转课堂"和"133"课堂管理策略在篮球教学中的运用

青岛榉园学校 杜 龙

一、案例概述

新的课程标准对体育教学提出了新的要求,也让体育教师面临着许多挑战。信息技术给我们体育课提供了良好的操作平台。体育教师教学能力的提高不仅需要深厚的文化底蕴和扎实的基本功,也应该学会借助先进的信息技术开展体育教学,让体育学科与信息技术相整合,从而激发学生对体育的兴趣,实现学生学习方式的转变,让学生学得轻松。体育课中合理运用多媒体教学,既可帮助学生多层面地了解各体育项目的知识,开阔学生的视野,将学生眼中复杂的动作剖析得简单化,从而激发学生学习的主动性,又可以优化教学环境,突破教学中的重点和难点,使学生更好地建立正确的动作表象,从而达到提高课堂教学效果的目的。信息技术中的多媒体具有图、文、声并茂甚至有活动影像这样的特点,所以能提供最理想的教学环境,必然会对体育教学过程产生深刻的影响。信息技术在体育教学中的应用,能优化课堂教学,激发学生学习动机和兴趣,增强学生对基本动作的形象性认识,加深学生对动作概念和体育理论知识的理解。新课标要求我们,要遵循"健康第一"的指导思想,强调实践性和健身性特征,突出学生的学习主体地位,努力构建较为完整的课程目标体系和发展性的评价方式,重视教学内容的基础性、选择性及教学方法的有效性和多样性,注重激发学生的运动兴趣,引导学生掌握体育与健康基础知识、基本技能和方法,增强学生的体能,培养学生坚强的意志品质、合作精神和交往能力等,为学生终身参加体育锻炼奠定基础,促进学生健康、全面发展。

本案例是"翻转课堂"和"133课堂管理策略"在篮球行进间运球上篮中的运用。首先,教师通过微课展示了篮球行进间运球上篮的全过程。其次,对于六年级的学生而言,篮球已不是陌生的运动项目。随着水平二的学习再加上五年级一年的学习,篮球运动已经深入人心,越来越多的人喜欢上了篮球运动,尤其男生更为爱好。就我校学生实际情况而言,90%以上的男生喜欢上篮球课,但女生约占50%。其原因之一是,青春期的到来给女生带来的诸多不便及运动能力的下降。行进间"三步"上篮动作这一学习动作技术性强(关键在于做出一大二小三高跳)、难度大(尤其是连贯做出动作),因此关于本课的教学,我将合理疏导并根据学生的差异性进行科学指导。本节课例也利用了互动效能教学的十大教学策略之一"133课堂管理策略"为课堂探究作好铺垫,以提高课堂效率。

二 教学设计

篮球运动深受广大学生的欢迎,它对抗性强,学生在参与活动过程中能体会到成功的喜悦,感受到运动所带来的无穷乐趣;运动不受时间、场地的限制,学生可以利用休息时间在家进行练习。篮球运动动作多,比赛时变化大、耐看。它不仅能促进身心的发展,更能发展学生的体能与技能。本课所学的"行进间高手上篮——'三步'上篮"是承上启下的技术性动作:承上是在所学的步法、运球、传接球、原地单手肩上投篮的动作基础上学习的内容。启下是用来更好地学习运球接行进间单手肩上投篮的组合动作。本课的学习内容,技术性强,学习难度大,具有一定的挑战性,学生需要一定的勇气、意志来完成学习任务。结合学生的特点,借鉴美国spark课程教学理念中的"5秒钟"原则和"15秒钟原则"及我区"互动效能教学法",构建了"四段式"体育与健康课堂基本结构,关注课堂管理效能,强调课堂上"精讲多练",大胆放手鼓励学生,让他们成为学习的主人,实现主体能动教学法在体育课堂中的灵活运用。我在课中运用"133课堂管理策略","1分钟"原则和"30秒钟"原则有意识地做到精讲,把课堂上更多的时间让给学生去实践练习。而"3秒钟"原则可以有效地帮助学生养成良好的课堂常规习惯,为课堂的高效开展提供保障。通过对教材和教学管理方法的分析,本节课教学目标是让学生掌握行进间接抛球的高手投篮动作的方法与要领;通过运球上篮发展学生的下肢力量及身体的协调性;利用游戏来培养学生团结协作的集体主义精神。

三 教学过程

课前观看微课视频,并填写预习卡。预习卡内容如下。

(1)行进间运球上篮为什么要第一步大、第二步小、第三步要高跳?

(2)如何将动作做得连贯优美?

(一)科学热身(11分钟)

通过情境创设,用一分钟时间导入本课,讲清本课的学习内容和要求。利用情境教学激发学生的学习热情,通过行进间运球和滑步练习来激发学生的学习兴趣并达到热身的效果。

(二)技能学练(20分钟)

(1)原地散点运球。在这个环节中教师下达口令后,学生在3秒内快速到达指定位置并找到适合的运动空间开始练习。

(2)运球一次做起步练习。在本环节开始前,教师用一分钟时间讲清楚练习的目的和方法。教师示范完整动作后让学生带着为什么第一步要大这个问题去进行模仿练习,练习后集中讨论,让学生大胆说出练习后自己得出的答案;听取学生的回答后教师总结归纳,得出结论:第一步是为了迅速摆脱防守。

(3)行进间运球休息调整的过程中,听到教师的口令后随机分成两人一组做接抛球上篮练习。要求学生在练习时做完整动作,右脚向前迈出一大步随即左脚跟进第二步起跳举球瞄篮动作。本环节解决的问题是为什么要第二步小、第三步高跳。先让学生自主体验练习10次,教师巡视观察发现动作正确和不正确的学生。练习结束后,让他们进行展示,请学生观察两名同学的动作,结合微课学习给他们进行点评。通过学生的点评教师总结第二步小是为了降速缓冲向前的力量为第三部高跳做准备,高跳后把向前的力量转为向上的力量,让球更接近篮筐,从而提高运球上篮的命中率。

(4)四人一组做接抛球上篮练习,要求瞄点在篮板的黑框,找好打板的点。

(5)分成四组,结合篮筐进行练习,要求一大二小三往高跳,瞄点准,出手柔和。随机分组,学生按老师的要求在3秒钟内分组完成并立正站好等待老师口令。本环节让学生带着课前观看微课的内容将动作做得连贯。学生在组长的带领下自主练习,同伴间相互点评,相互提醒对方应该注意的问题,将运球上篮动作做得连贯优美。最后每个小组进行展示,通过举手的方式对小组进行评价,获得支持多的小组获胜。

(三)体能练习(6分钟)

进行一分钟运球上篮比赛。

(1)按照分组,学生进行一分钟运球上篮比赛,在比赛的过程中让学生带着问题"怎样才能投得准"去练习。

(2)每组在规定时间内运球上篮,投得最多的获胜。

(3)男同学必须从三分线上运球开始,女同学自由选择位置。

(四)放松活动(3分钟)

在教师的带领下学生通过放松操进行放松活动,让学生消除疲劳,使身心得到恢复,最后通过自我评价和综合评价结束本课。

四 效果评估

30秒钟原则和3秒钟原则是借鉴了美国spark的教学理念,将这两项原则与微课有机地融合在一起,充分体现了体育与健康课程性质之一的基础性,培养学生的规则意识和规范意识,养成良好的体育锻炼习惯和健康的生活习惯,为学生终身体育学习和健康生活奠定良好的基础。3秒原则,即选择表扬、评价,学生展示的一般都不宜超过3秒。利用3秒原则培养学生的规范意识尤为重要。在以往的课上,学生无论是站队还是收放器材,总是拖拖拉拉、不紧不慢的,显得整个课堂混乱无序。采用了3秒原则后,无论是高年级还是低年级的学生,只要老师的口令到位,学生在站队分组和收放器材时明显利索了,节约了体育课调队分组的时间,学生总能在第一时间到指定的位置立正站好,每个人都想成为同学们心目中的好榜样。

在还没有运用"翻转课堂"和"133"课堂管理策略的体育课上,因为没有重视对学生规则意识和规范意识的培养,以至于上课前学生先站上五分钟,等学生安静后再啰唆教育10多分钟,然后再将学生分成几个大组进行练习。每个学生练习的次数少,练习的密度和强度达不到锻炼的目的,白白浪费了学生上课学习技能、发展体能的时间,从而导致学生的体能逐年下降。新课程标准提出,教师在课堂上要做到精讲多练、少教多学。30秒原则的出现,又正好符合了新课标的要求。教师在上课前的导课,要在30秒的时间内完成,让学生明确本节课学习的目标和内容。这就要求教师要提高自身的教学素养和语言表达能力,做到讲解简单明了、落实到重点,为学生节省更多的学练时间。在课上各环节的过渡中,要在30秒内完成,这就需要教师在课前做好充分的准备,精心设计自己的教案,做到认真备教案、认真组织自己的教学语言,提高学生练习的密度和强度,发展学生的体能,增强学生的身体素质。

五、案例总结

传统的体育课,上课的方式一直沿用的是站位式的体育教学,课前的准备活动跑圈——简单、枯燥、乏味的准备活动,然后就是扔给学生一个篮球、一个足球。没有科学的热身活动,没有技能教学和体能练习,实则就是放羊式的体育教学。而"翻转课堂"让学生提前预习,明确学习目标和内容,通过互动效能教学法明确的四段式结构,教师参与学生的练习并负责组织学生和引导学生进行学习,达到师生互动、学生互动。在体育课堂中采用新型的学习方法进行目标引领下的合作探究学习。首先是目标引领,互动效能教学法在体育课中实施后,要求教师要根据课程目标、纲要目标、单元目标、课时目标及每个环节的目标设计出适合学生的课时计划,突出学生的主体地位,以利于学生能力的发展;有了目标的引领,让学生自主进行体验式学习。在练习的过程中,让学生带着问题在真实情景中活动,观察同伴的动作,积极结合问题进行反思性学习,从而获得知识,产生相应感悟,以问题来导引思考。学生通过自主体验,可以掌握自己能够掌握的动作技能,同时发现问题、解决问题。自主体验激发了学生个体的潜能、促进了学生的独立学习能力。由于能力的不均衡,学生遇到的问题和解决问题的办法也可能不相同。因此,教师应提供机会,组织小组合作交流。这样的交流不仅能使每个学生都有机会展示自我、享受成功,更能引起学生对问题不同侧面的再认识和再思考。合作交流的环节落实的实际上就是互动效能教学法强调的导教、导学、导评功能。

"翻"出来的快乐

青岛文登路小学 孙亮星

一 案例概述

"翻转课堂"是当今再也流行不过的教育行业行为了,译自"Flipped Classroom"或"Inverted Classroom",是指重新调整课堂内外的时间,将学习的决定权从教师转移给学生。课堂内的宝贵时间,学生能够更专注于主动的基于项目的学习,共同研究解决本地化或全球化的挑战以及其他现实世界面临的问题,从而获得更深层次的理解。教师也能有更多的时间与每个学生交流。在课后,学生可以自主规划学习内容、学习节奏、风格和呈现知识的方式,教师采用讲授法和协作法来满足学生的需要和促成他们的个性化学习,目标是为了让学生通过实践获得更真实的学习。这种新型的教育模式在教师与学生之间从悄然兴起到轰轰烈烈,大家已经完全被"翻转课堂"所吸引。从学习翻转到应用翻转,未来的几年,我们的翻转课堂、翻转教学能不能做得更好,怎样做会深受孩子们的喜爱,翻转究竟能为我们的课堂带来了什么,带着一系列的问题,我们也经历了两年多的实践历程。我认为它更多的是让学生的学习更加灵活、主动,让学生的参与度更高,更多的是为我们"翻出了快乐",学生感受着学习的快乐,教师享受着学生快乐学习所带来的幸福。

二 教学设计

翻转课堂最大的优势就是全面提升了课堂的互动。由于教师的角色已经从内容的呈现者转变为学习的教练,这让教师有时间与学生交谈,回答学生的问题,参与到学习小组,对每个学生的学习进行个别指导。下面就结合我执教的五年级美术《学画抽象画》来简要谈一谈我的感受。

《学画抽象画》的基础教学目标是让学生在自主体验中,喜欢抽象画,会画抽象画。因为在之前的学习中,抽象画的表现形式在学生的眼里很难与美的艺术相联系,他们总把胡乱画和抽象画联系到一起,再就是我布置作业让学生回家搜集一些材料,学生由于不明白搜集的作用,他们往往是为了应付而去找东西,而且有时候老师布置的东西他们找不到,所以就在学习工具的准备上没有动力。为了转变学生的这一观念,为了让学生在课堂上主动参与到课程学习中,为了达到预期的学习效果,我充分利用了"翻转课堂"这一手段,做了课前反转,制作了微课《五花八门的画法》学习资源包。学生通过课前学习,了解抽象画的背景、抽象绘画特殊的工具,以及抽象画在艺术界中的地位,他们对于抽象画尤其是抽象画的创作过程有了更多的期待,通过自己对于生活的观察,去寻找生活中可以应用的创作材料,带到课堂上,为创作所用。"翻转课堂"这一手段,很巧妙地解决了学生参与课堂活动的主动与被动问题。学生完全变成了学习的主人,他们可以主动发现生活中可用的物品,搜集的材料更广泛了,课堂上参与的积极性更高了。

三、教学过程

在教学中,通过一个个有趣的教学环节,借助多媒体技术手段和一次次鼓励的评价,让所有的学生能更喜欢抽象画,更喜欢美术课。通过多媒体手段及"翻转课堂",让学生直观地了解美国抽象画家波洛克,欣赏其艺术作品,并能从视频中感知抽象艺术的形式语言和创作方法,初步理解抽象艺术作品的内涵,并尝试运用各种表现方法创作抽象绘画作品;通过探究和体验活动,了解抽象艺术的形式语言,学会欣赏抽象画,并能运用丰富的抽象艺术的形式语言进行抽象画创作,让学生体验创作的快乐。

(一)探究材料,发现新技法

尝试探究抽象画的表现方法是本节课的重点,由于课前的微课学习,学生已经对于抽象画表现方法有了极大的好奇心和期待感。抓住学生的心理,上课伊始,教师就以示范一个方法为引领,激发学生探究更多表现方法的欲望;紧接着一个自主探究环节,小组同学先来讨论具体的实践方案,然后一起实践探究抽象画的表现方法。这个环节中,学生将自己搜集到的可用的生活用品蘸上颜料进行实践。他们有的用牙刷刷颜料,有的用梳子刮颜料,有的用粗布印颜料,还有的用鸡蛋壳将颜料装进去,然后从高空中扔下来,蛋壳破了,颜料溅出了不规则的形状。他们有的在绘画技法上有了新的发现,有的在色彩搭配上有了新的发现,学生时而为自己的精彩发现喝彩,时而为自己的意外收获而鼓掌。当一个个意想不到的效果呈现在画纸上时,说明他们已经在不经意中获得了抽象画的表现语言——点、线、面,更从不同形象中感受到了抽象语言的个性。在这一探究活动中,他们不仅仅获得了新知,更可喜的是他们获得了学习所带来的快乐,也更感到自己真正成为学习主人的那份成就感。看到学生从未有过的那种积极投入创作的热情,作为老师的我别提有多么激动了。我想,当教师更多地成为指导者而非内容的传递者时,也有机会观察到学生之间的互动。教师在教室内巡视过程中注意到学生组织起了他们自己的合作学习小组,学生彼此帮助,相互学习和借鉴,而不是依靠老师作为知识的唯一传播者。

(二)作品引领,开拓创意

当学生发现了创作抽象画的语言时,再以大师作品、同学作品为例,让学生进一步感受抽象语言的魅力,感受抽象表现方法的神秘与奇特,感受绘画的快乐。在教师范画的过程中,邀请学生参与绘画,使他们更深入地思考如何运用抽象画的表象方法和语言,表达自己心中的感受。最精彩的地方当数学生自主创作环节。通过创作,学生能够自如地运用抽象画的表象方法和语言。他们不仅能用基本的抽象画创作技法,更能通过色彩和抽象语言描绘自己心中的快乐,表达自己的情感,这也突破了这节课的难点。

在教学中,我时刻鼓励学生主动参与,褒奖学生的创新思维,张扬学生的个性,引导学生发挥自己的主体作用,培养他们的主体意识,使每一个学生的创造力、想象力以及创新意识都能够有所提高,使美术的基本知识与技能真正地转换为学生认识美、创造美的能力,达到美育的目标。

四 效果评估

这节课中最让我欣慰的是,无论平时表现怎样的学生都积极地参与了课堂活动之中。每一个学生都发自内心地将感想表现在画纸上,他们完全投入到创作之中了。在课堂上他们开始认识到,老师是在引导他们学习而不是发布指令。教师的目标是使学生成为最好的学习者,并真正理解课程的内容。当教师和学生一起学习,学生会以最好的行动来回应。

创作之后学生谈感受时,他们居然用"爽""快乐""酷""刹不住车""想将创作继续到底"来形容。这简短的话语让我感受到了学生的那种快乐。其实,这也让作为美术教师的我反思:小学阶段一节好课的标准是什么,不就是在学生疯狂快乐的创作中收获知识和体验经历吗?美术课就应该用平凡的媒材调动学生所有的创意,让他们体验创作所带来的快乐。

五、案例总结

这是一节成功的美术课,它完全将学习的主动权归还给了学生。从课前的搜集材料、课上的探究方法,到课后的创作不止,在这一切的活动中,学生在一次次地享受着创作所带来的快乐。这一切,其实就从翻转开始。"翻转课堂"对学生的学习过程进行了重构。《五花八门的画法》是学生在课前进行的微课学习;通过"微课学习单",教师能够提前了解学生的学习困难,在课堂上给予有效的辅导;"课堂实践"是在课堂上通过互动来完成的,学生之间的相互交流更有助于促进学生知识的吸收内化过程。

以前,我们的课堂就是太习惯于教已有的知识了,我们把这些知识理解得很透彻,拆解得很细致,领着学生在40分钟的课堂上把这些知识点牢牢掌握。但随着社会的发展,我们也越来越觉得这不应该是我们的落脚点。我们要把这些已有知识变成探索未来、探索世界的一种能力,带领学生一起探索。我们需要教给学生的不是知识,而是探索知识的能力。我们不希望学生只是知识的执行者,而更多的希望学生是知识的探究发现者。这大概也是北京师范大学王磊教授所说的"从知识解析到促进学生认识发展是现在学科课堂教学转型的关键点"吧。

小学美术教学中微课的应用

青岛新昌路小学　李　敏

一、案例概述

随着教学形式的不断创新,运用现代教学技术进行美术教学不仅是素质教育的需要,也是学生发展的要求。提高美术课堂的教学效率,必须从传统的教学形式中解脱出来,努力尝试改变,使用新技术,完成美术教学的根本任务。课堂上的美术教学已不单单是教会学生画画,应该具有更深层次的体现,这就需要进行课堂教学的改革。在教学过程中融图、文、声、像于一体,是一种具有智能化的双向教学活动过程,这大大地简化了教师的操作,使得教师能集中精力于教学本身,从而为学生提供生动逼真的教学情境、丰富多彩的教学资源,提高了课堂教学效率。教师组织、指导与协调学生以最快的速度认知、领会、学会,能使各种适用于美术课堂的教学模式得到充分的发挥,使学生的学习能力和综合素质得到全面的提高,从而为学生营造一个色彩缤纷、多姿多彩的美术课堂和艺术氛围。

本案例选取的是《绘画游戏》(人美版二年级下册)这一课。本课通过微课展示引导和教师示范讲解,在小组合作学习中充分激发了学生学习美术的兴趣,更发挥了学生的想象力,培养了他们的创新精神,让学生在教学活动中体验美术学习的乐趣,并能尝试新的绘画方法。二年级学生已经了解了线的变化,教师要引导学生根据线的随意变化所产生的形状进行想象设计,添画上各种具象或抽象的形象。教师通过微课进行示范指导,让学生通过看一看、猜一猜、想一想、说一说等途径,充分调动起学生的创作欲望和展示自己的机会,提高学生的创作水平。

二 教学设计

本节课的教学目标是通过欣赏、观察、表现等方法,让学生学会利用随意线条形成的图形,想象添加形象,完成一幅有趣的画。学生以个人或合作的方式参与美术活动,发展学生的美术实践能力,培养学生丰富的想象力。通过本课学习,调动学生的学习兴趣,发挥学生的想象力,引导他们体验美术活动的乐趣。

本案例的学习者为二年级学生。每个小学生都是爱说、爱动、爱跳的孩子,上课气氛活跃,但没有太大的耐心,偶尔还会有厌烦的情绪。他们由于年龄阶段的特点,对新鲜事物充满了无穷的好奇心。有了好奇心,才会更有兴趣地进入到课堂。本课就是抓住学生"好奇心"这一特点,利用微课来进行课堂上的教学设计。本课以做游戏为主线,学生在游戏中能充分展现自己的创造性才能。而线条是学生最喜欢、最得心应手的绘画语言,通过微课中"线条朋友"的引导,激发学生带着线条随心所欲、自由自在地创作。本课正是利用微课将线条和游戏这种轻松的状态带进课堂,从而让学生了解通过线条的随意变化所产生的形状,来添画各种形象和色彩,激发学生丰富的想象力,培养学生的创新精神。我们常说兴趣是最好的老师,作为小学生,他们只有对美术课产生了浓厚的兴趣,才会积极主动、全身心地投入到美术创造中去。在本课的教学中,我用微课展示进行导入设计,以老师带着线条朋友来和大家做游戏为主线,创设了贴近学生生活的有趣情境。在教学的第四环节,通过微课展示,由学生帮老师添画作品,进入到教师示范演示环节,展示了具体的绘画步骤、绘画方法和最后作品的完整展现,不仅提高了课堂效率,更有利于学生绘画创作,激发他们的灵感。

本课以小组合作学习为主,让学生围绕某一主题展开合作,发挥每个学生的特长,提高学生合作的欲望,使每一位学生都能参与,学生间建立起积极的相互依存关系;每一个组员不仅自己要主动学习,通过每一位成员的亲身参与,使他们能积极地完成个人承担的任务,感受到为集体作出贡献的喜悦。

三 教学过程

(一)微课导入

在具体教学中,首先组织好微课导入。

微课展示:教师邀请线条朋友和大家一起做游戏,跳舞表演给大家看。今天小线条见到大家可高兴了,蹦蹦跳跳地来到咱们教室,一会儿左看看这个同学,一会儿右看看那个同学,高兴得还翻了个滚儿,在教室里转来转去……看,我们用淘气的小线条画了这幅舞动的线条,你们想和线条朋友一起做游戏吗?(师边讲边画)

(1)出示(课件)三张用线分割的画,让学生比较一下哪张画最容易让我们添画。

学生小组讨论:图片三分割合理,添画容易。图片一分割简单,不宜联想。图片二分割复杂,不利于添画。

(二)学生绘画练习

师:线条朋友邀请大家一起来跳舞,拿起笔让你的线条朋友跟着音乐舞动起来吧。要求线条要流畅,有疏密变化,布局要合理。(学生用线条练习创作)

把你们的画举起来看一看,看谁的线条有变化、布局更合理。

小组成员相互欣赏讨论,学习同学们作画的优缺点。

(三)作品欣赏(猜一猜)

(1)大师作品欣赏:既然是做游戏,小线条不只邀请了老师和同学们,还邀请了一位著名的大画家。不过,小线条要请大家猜一猜,他画的是什么?(教师依次出示作品的几个部分,引导学生想象,最后出示完整作品)

我们来看看,到底是不是像同学们说的那样呢?(出示作品)这就是画家用线条朋友画的一幅有趣的画。这个画家叫米罗,他诞生于100多年前的西班牙。这幅画中的线条分割之后,有没有你特别感兴趣的形状和图案?

学生积极回答,体会到艺术作品带来的乐趣。

师:画中有各种不同的造型,有的变成了眼睛、小鸟、蛛网和叫不出名字的生物精灵。原来线条分割出的图形可以让人产生多种想象,就像变魔术一样。

(2)欣赏学生作品:我们来看看小朋友们都是怎样用线条变魔术的。

学生通过直观的感受说出自己的想法。教师充分利用小朋友们的作品,引导学生进行分析、比较,发现探索出引发联想的方法和不同的表现形式,开阔学生的想象空间,激发他们的创作灵感,为全班不同层次的学生提供参考。

(四)微课展示(学生帮忙添画老师作品)

微课展示:快来帮老师变变魔术,看看线条朋友分割出的这些形状让你

联想到了什么。谁还有什么好的想法吗?(启发学生思考)

学生交流讨论回答,组内的成员一起出主意想办法。

请看看我联想到了什么。

微课展示:教师添画创作。

(师一边说一边画,让学生更直观地感受到绘画的创意无限。教师总结继续添画,让画面更完整,可以添画各种想象的事物,讲解绘画方法、添画技巧,以快速播放的形式展示涂色方法等。引导学生除了联想到一个形以外还可以把几个形放在一起进行联想,想成一个整体的形象)

(五)学生创作

看了这么多的作品,同学们是不是也跃跃欲试了呢?快来看看自己的作品,可以添画哪些有趣的形象。同桌之间互相提出建议。(引导学生大胆自由地把自己的想法表现出来,培养他们互相帮助的精神)

作业要求:线条要流畅,画面分割恰当;能用多种方法进行想象,添画独特。

学生自主创作,教师巡回指导。

(六)展示评价

评一评:你最喜欢谁的画?哪幅作品的想象最有趣、最生动?

评价要点:线条分割均匀、流畅,随形添画合理、有趣,大胆创作。

(七)课后拓展

看今天的绘画游戏,同学们玩得好、画得好。其实,绘画不仅可以在纸上进行,还可以在墙上、树上、地板上等地方进行创作(图片展示)。希望同学们在生活中也能勤于动手,勤于发现,创作出更具特色的绘画游戏,使我们的生活更加丰富多彩。

四 效果评估

小学美术教育不仅仅是教会学生如何去画画,而更多的是要通过美术课的课堂学习发展学生的想象力和创造力。这样,就可以更好地利用微课教学,因为微课课时一般比较短,教学材料小,具有很大的灵活性,不只是让学生提取知识,而是鼓励学生进行更高层次的思考。在具体的活动过程中,学生既学习了本门课程的知识,也丰富了其他相关学科知识。这就要求学生在课堂上要敢想、敢说、敢做,让学生充分展开想象的翅膀,打开自己的思维,大胆地、活跃地、积极地表达自己的创造能力。对于处在这样好奇、好动活跃期的小学生,美术教师更应该在教学中使学生快乐地学习,寻求新的知识,来培养他们的动手参与能力。

微课以学生为中心,重视学习情境、资源、活动的设计。微课是以一个学习主题为核心来组织起的教学活动,将单一的被动接受学习方式还原为丰富多彩的自主学习方式。而在小组合作学习中学生讨论的机会增多了,学生学会了与人沟通,发现了他人的优点;并学会了宽容,能客观地评价他人;培养了学生合作学习的精神和能力,激发了学生的学习热情,使学生在合作互动中得到了全面和谐的发展,这也更有利于美术课堂的艺术创作。

五、案例总结

微课强调以学生为中心,但这并不意味着学生可以完全脱离教师的指导进行探究。学生在这种环境中提高了知识的摄入效率,从而获得良好的学习效果,也能更好地解决课堂中的重点和难点。微课更加直观地创设情境,学生也表现出对于学习的浓厚兴趣,使学生能轻而易举地理解和领悟所学的内容,缩短了授课时间,提高教学效率。

微视频操作方便,增加了知识量,而且学生学得开心主动,从而使学生的绘画创作更加精彩。在微课中,进行绘画步骤的示范,学生更容易学习掌握,为学生兴趣的产生创造出有利的条件。兴趣浓厚肯定会勤于动手,动手表现的能力也得到了提高。学生从中体会到了创作的欲望和乐趣,也就可以创作出令人喜爱、新奇的美术作品了,学生的成就感自然而然就产生了,感受到了美的熏陶。而且,微课一下子就紧紧抓住了学生的注意力,创设了一个生动的课堂情境,培养了学生的绘画能力,从而促进了学生手与脑活动的相互协调,手上越来越娴熟,越有利于学生自身才能的发挥。综上所述,微课的恰当使用,可以更好地促进学生对美术课堂的感知,从而提升学生的美术素养,也更加贴合素质教育所提出的培养全面发展的人的要求。

巧用电子书包搭建信息技术课堂新舞台

青岛八大峡小学　吕　杰

一、案例概述

2013年末，我校成为市南区首批电子书包实验学校。为了更好地推进电子书包项目，我花费了大量时间学习、了解电子书包使用的意义以及电子书包的性能、操作要领、怎样更好地为学习服务等，学生也渐渐适应了这套新系统，但是具体落实到课堂上，怎样在信息技术教学中更好地应用电子书包是我感到比较困惑的问题。众所周知，信息技术学科教学的主要知识内容是鼠标、键盘的操作技能以及各种应用软件的使用，教材所涉及的操作系统、应用软件在电子书包中都是没有的。信息技术课除了传授知识外，还应注重培养学生基础的信息素养，所以在寻找电子书包与信息技术学科的结合点上我进行了大胆的尝试。

《网络寻宝》（青岛出版社《小学信息技术》三年级下册）一课是基于电子书包学习和微课运用的信息技术课的一次尝试。我以猜谜语为开题，引出本节课学习的主题为网络。课前给学生观看了微视频，了解了什么是搜索引擎；通过pad的练习功能，反馈学生的掌握情况。然后让学生带着问题观看第二段微视频，解决如何使用关键词进行信息的搜索。通过分层练习，让学生掌握使用一个关键词和多个关键词进行搜索的方法。网络安全版块使用pad的投票功能，让学生了解网络安全和网络道德，自觉约束自己的上网行为。

本案例抓住了网络搜索这一知识点，大胆尝试利用电子书包来学习，创造性地处理教材，精心设计教学范例，激活了学生的思维。相对于传统的机房上课，可以说本节课巧妙运用电子书包构建了信息技术课堂新模式。

二、教学设计

本节课的教学目标是了解什么是搜索引擎,学会运用关键字搜索信息,同时培养学生运用网络浏览、搜索信息的能力。通过师生的互动交流,鼓励学生大胆探索,培养学生的自主探究能力和小组合作能力,提高学生的信息素养,同时让学生了解网络安全和网络道德,做一个文明的小网民。

本案例的学习者为三年级的小学生,本节课的实施是在学生已经掌握了一定的网络知识的基础上进行的。通过课前了解,学生存在较大差异,有的学生已经接触过搜索引擎,并且有过相关经验,在教学时要充分调动这部分学生的积极性;面对学习有困难的学生,要注意分层教学,采用小组合作学习的形式使每个孩子都能完成学习任务。

本节课的教学难点突破,我是采用翻转课堂的形式,通过"观看微课—动手尝试—层层递进—巩固知识"的模式进行的,即学生先课前观看微课,通过电子书包的及时反馈功能掌握学生自学微课的效果,然后通过层层递进让学生逐步掌握新的知识。

综合练习环节,我采用电子书包中的分组研讨功能,让学生自己选择喜欢的环保主题,尝试不同的分类搜索,进行小组合作学习,在汇报交流中展示不同的学习成果。

网络文明和网络安全环节,我采用电子书包的投票功能,让学生先自由选择,然后通过网络文明公约约束自己的行为。

本节课的教学设计体现了学生是学习的主体,通过设计分层学习任务最大限度地激发了学生的学习动机,培养学生运用因特网浏览、搜集信息的能力、迅速准确地筛选信息的能力,以及利用因特网有目的地进行学科知识探究学习的意识和能力。面对因特网上随手可得的资料,要培养学生树立客观、批判的态度,教师有责任鼓励学生以严谨、批判的态度浏览、查询因特网上的信息。

三、教学过程

(一)情境导入

同学们你们喜欢猜谜语吗?今天老师给大家带来一个谜语,我们一起来猜猜看:虚拟世界乐趣多,五花八门信息广,新闻图片和音乐,想要知道就找它。你知道谜底吗?(学生:网络)没错,网络就像一个大海洋,现在展示

老师利用网络搜到的宝贝。(教师广播教学:雾霾图片)

师:关于雾霾还有很多知识,同学们想不想了解一下呢?(生:想)

师:网络上的信息这么多,怎样快速准确地找到需要的信息呢?别着急,老师有一个小助手介绍给你,它的名字叫"小搜"。现在就让我们一起"网络寻宝 揭秘雾霾"。

(二)传授新知

1. 认识搜索引擎

师:课前我们一起学习了微视频,了解了关于搜索引擎的知识。你们都学会了吗?接下来老师来检测检测你的学习情况,好吗?

pad推送练习。

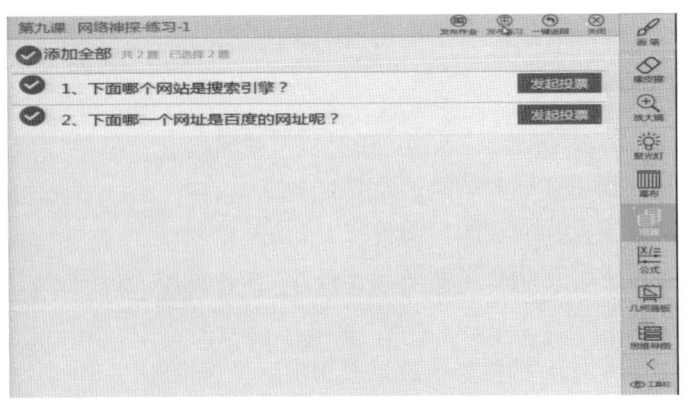

通过练习,老师相信你们都已经认真学习过微视频了。那现在我们来比一比赛,看看谁能在一分钟的时间,在自己的pad中打开百度搜索引擎。(利用电子书包投屏功能)

2. 通过关键字查找信息

现在就让我们利用百度搜一搜雾霾是怎样形成的。雾霾形成的原因是什么呢?

找操作最快的一个同学,看一看他在搜索栏中输入的信息是什么。

看,像这样可以提炼我们要查找信息的词语,我们称之为关键字。

师:如何利用关键字搜索信息呢?(播放微课)请思考:使用两个以上关键字时,中间用什么符号隔开?

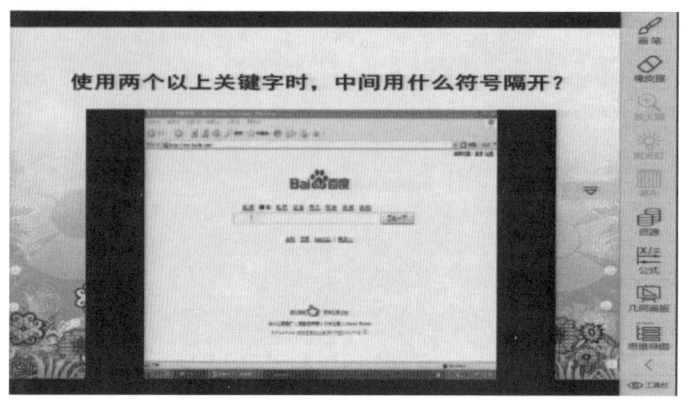

（学生回答问题）

那么，请同学们用百度搜索引擎搜索有关雾霾的信息，了解什么是雾霾、雾霾有什么危害、雾霾天我们应该如何防护等信息。一会儿我们一起来交流一下。

（教师找一个学生展示，询问"你的关键字是什么"）

问题1：你知道雾霾会给我们带来什么危害吗？

问题2：雾霾天我们该如何防护呢？（生介绍）

2014年习主席在北京考察时指出：应对雾霾污染、改善空气质量的首要任务是控制PM2.5。

师：PM2.5是什么？再来请教请教百度这个好老师。

（生自由操作）

师：通过学习我们了解到PM2.5是雾霾的一个重要指标，那同学们来猜一猜，今天是北京的雾霾严重还是青岛的雾霾严重？你怎么知道？

展示学生的pad成果，请学生看他的关键字，精确到北京的数值我们要使用两个关键字。

在刚才的搜索过程中我们可以根据搜索内容使用1个关键字（板书）或多个关键字（板书）。

小结：百度搜索这么好用，以后我们在学习中遇到什么困难或者不明白的地方我们可以请谁来帮忙？

生：百度。

3. 分类搜索

师：刚才老师在使用百度搜索雾霾消息时找到了一个有趣的"东东"，我们一起来欣赏一下。

师：对，我是在"视频"里找到的。百度除了可以提供网页搜索外，还可以提供分种类别的信息，这些标签叫分类搜索（板书）。通过这些分类我们可以快速地找到我们需要的信息。现在请你尝试搜索关于"雾霾"的其他分类信息，掌握更多关于雾霾的知识。

展示一个学生的pad，提问：你的关键字是什么？你点击了什么分类？

想一想：关键字是一样时，我们还需要重新输入吗？（生：不需要）

（三）综合练习

刚才我们和"小搜"一起揭开了雾霾神秘的面纱，那同学们你们喜欢雾霾吗？雾霾归根到底就是因为我们的环境被破坏造成的，就像刚才那首歌里唱到的：保护环境，人人有责。我们应该做些什么可以保护我们居住的环境呢？现在就请你利用百度搜索引擎，尝试找一找保护环境的具体做法，搜一搜保护环境的宣传画，听一听号召大家保护环境的公益歌曲，看一看有关保护环境的公益影片，然后小组内选出最有代表的内容，全班交流。

展示小组内的学生作品，回答：你想给大家欣赏什么？你使用的关键字什么？你是从什么分类找到的？

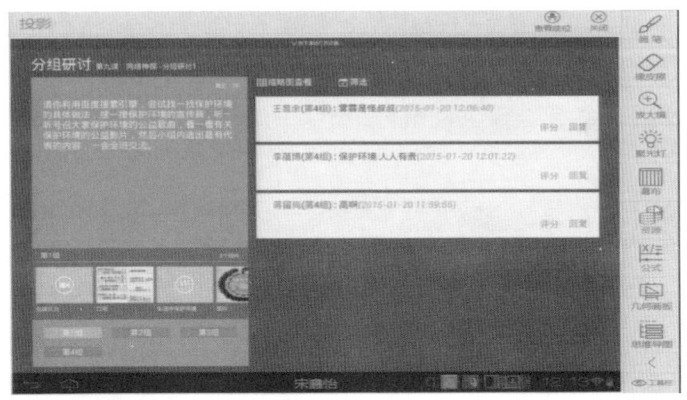

（四）网络安全和网络文明

师：因特网确实是一个大宝库，可以帮助我们解决很多难题。那是不是网络上的所有信息都是有价值的呢？接下来我们来完成两组投票，看看你更支持谁的做法。

师：展示投票结果。我们在上网的过程中一定要注意网络安全和网络文明（板书）。下面我们就上网搜一下《全国青少年网络文明公约》，看看如何做一个文明的小网民。

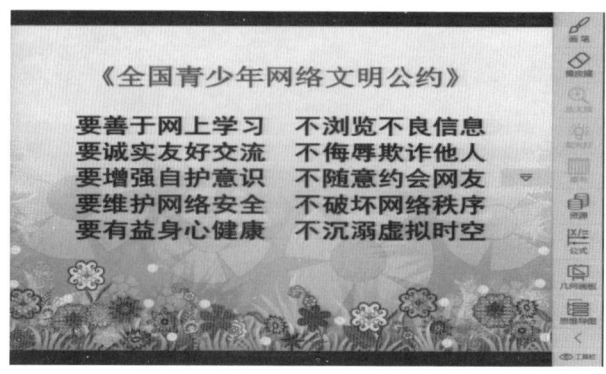

四 效果评估

1. **本节课使用了交互式电子白板、基于 AiSchool 云平台的电子书包系统**

利用 AiSchool 云课堂教学系统的电子课本和电子白板两种功能辅助教学，课堂教学效果较好。形象生动的微课、亲身体验的操作，给学生营造了一个真实、自主的课题学习氛围，让学生在实际操作中体验如何利用搜索引擎进行学习，通过提炼关键字—提炼多个关键字—分类搜索—分组研讨—投票等环节全面掌握本节课的知识。

2. **通过电子书包的练习反馈，掌握学生课前自学微课的效果，达到翻转课堂的目的**

教师通过电子书包资源推送练习，学生在平板电脑上完成习题后提交练习。利用交互式电子白板的背投功能展示学生习题完成情况，教师根据电子书包对正确率的统计情况了解学生掌握知识情况，充分提高了课堂反馈和及时评价的效果。

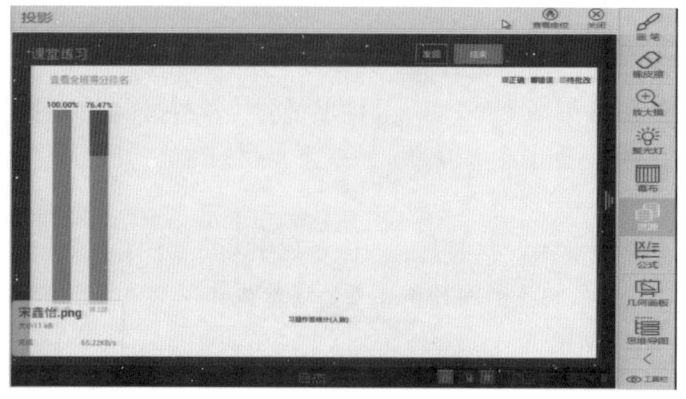

3. 通过电子白板和电子书包的投影功能,展示学生学习效果

利用交互式电子白板和电子书包的投影功能,同时多屏展示多个学生的操作步骤,在自主学习的同时体现交流与互动。学生可以利用白板,展示自己的学习成果,充分发挥了学生在课堂上的主体地位,使他们体验到成功的乐趣。

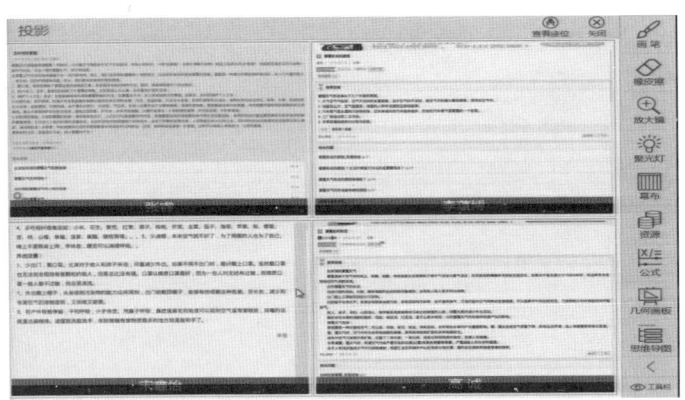

4. 通过电子书包的分组研讨功能,体现合作学习的乐趣

综合练习是使用了电子书包的分组研讨功能,不同的小组选取自己感兴趣学习任务,自己动手操作,然后全班交流,让学生真正成为学习的主人,在合作学习中分享学习经验。

5. 通过电子书包的投票功能,让学生自由发表意见

在学习网络文明与网络安全部分,教师采用投票功能,让学生自己选取支持的做法,体会网络文明和网络安全的正确做法,起到了较好的交互性。

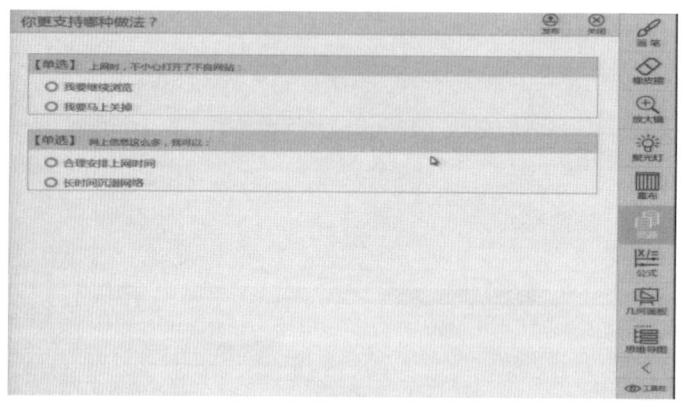

五、案例总结

基于电子书包的学习与传统学习模式有较大差异,教师由学科专家转变为学生学习的促进者和指导者,学习的主要资源不再是课本而是电子书包及后台这一拥有相对海量信息的资源,学生更注重问题,强调学生发现信息的过程。

1. 恰当选取教学内容

相对于传统教材,本案例抓住了网络搜索这一知识点,大胆尝试利用电子书包来学习,创造性地处理教材,精心设计了教学范例,激活了学生的思维。全班学生围绕着真实的情景学习任务通过自主探究、教师启发指导、学习小组中成员间的交流与合作以及学习成果展示,不断地获得成功的喜悦和认同,从而激发了学生后续学习的热情,课堂学习气氛浓厚。

2. 恰当应用电子书包的及时评测系统

课前,教师制作简单明了的微课教学资源,引导学生进行课前学习。开课伊始,教师恰当应用电子书包的及时评测系统,对学生课前预习进行反馈,有针对性地进行讲解;课中,将网络道德的知识巧妙地融入网络投票中,通过电子书包的讨论平台进行及时评价。

3. 恰当应用电子书包的交互功能

教师很好地利用电子书包进行课堂同步教学,即时捕捉学生学习动向,

借助电子书包对学习行为数据的反馈,即时把握真实学情,准确把握学生的学习行为,及时调整教学策略,随时关注学生的学习行为,有针对性地进行一对一辅导,使得课堂互动更有实效。

总之,我认为在信息技术学科开展电子书包的学习是完全可行的,关键是教师要找准合适的切入点,充分利用电子书包拓宽学习环境,搭建信息技术课堂的新舞台。

微课在 logo 语言教学中的应用

青岛文登路小学　陈　琰

一、案例概述

在数字化大环境的引导下,文登路小学轰轰烈烈地开展了"翻转课堂"新模式教学,而作为一名信息技术教师,更应该跟随时代脚步。因此,我大胆地在四年级下册第七课《舞出多边形的小海龟》一课中,利用微课进行了"翻转课堂教学模式"的初次尝试。

本课学习的是 logo 语言重复命令的嵌套。其中,涉及重复命令嵌套的含义,利用 repeat 命令的嵌套绘制复杂图形,以及编写语句过程中需要注意的问题等知识,是前一课简单 repeat 命令的延伸,也是构建学生简单编程思路的开始。

在教学中,我发现:课时较短,容量较大。学生注重复杂图形的分析,操作练习时间相对减少,没有大量的实践经验,对于重复命令的嵌套没有更深刻的认识,更不用谈灵活运用了。

为了解决这个问题,我做过多种多样的思考。如果是放在课堂上,要在有限的 40 分钟时间里既讲清重复命令的嵌套的含义,又要学习如何制作复杂图形,再进行拓展,课容量太大很难实现,并且无法做到分层教学。放给课下,网上的资源大多都是罗列各种命令,学生没有专业的学习方法的指导,没有清晰的解决思路,效果更是事倍功半。由此,我想到了录制这节关于分析并画出复杂图形的微课。

整个微课只有 4 分钟,大小在 4M 左右,我利用班级邮箱、学校校园视频网站发布微课给每个学生。前期,学生在课下自主探究学习,结合学习反馈单进行自我检测,微课中带有检测的答案,学生可以自行校对;没有学会的部分,或者不熟练的知识点,可以自由选择再看一遍,巩固新知,加深印象。

二、教学设计

开课时通过进阶检测方式,掌握学生课下自主探究新知的学习情况,有的放矢地对简单 repeat 命令的使用、重复命令的嵌套的含义等知识点进行强调。

在探索新知的过程中,为了让学生在操作中完善编程思路的构建,我以任务为驱动引导学生通过活动,进行体验、分析、讨论、反馈,逐步加深绘制复杂图形方法的思路,构建"不同的图形,按照不同的角度旋转一周,就能得到复杂图案"的思路。

拓展练习时间里,学生以小组为单位,自主进行组内的标识图案设计,利用重复命令的嵌套编写命令;运用"项目教学法"引导学生独立完成复杂图形的设计制作,激发学生的创作欲望,既巩固新知,又能灵活运用,达到学以致用的目的。

最后我以个人为单位展示作品,引导学生从编程思路的角度介绍作品,从美观、创新的角度来评价作品。

三、课程设计

依据学生的掌握水平,基于本课承前启后的地位,在《中小学信息技术课程指导纲要》的指导下,我将本课的三维目标确定为以下几点。

知识与技能:认识重复命令的嵌套;掌握复杂图形的制作方法;培养学生自学能力,总结归纳知识的能力及相互协作能力。

过程与方法:学生利用微课以自主探究学习为主,通过课堂检测、交流等方法完成新知的掌握。

情感态度与价值观:通过学生自己解决问题,让他们体验成功的喜悦;通过对作品的展示评价,提升学生对美感的追求。

这节课的重点,我认为是学会利用嵌套命令设计出复杂图形;难点为能够正确分析复杂图形。

课堂活动中,我分了四个部分进行。

(一)交流自学经验,归纳知识点

师:同学们之前我们在课下观看了第七课的微课,谁能来交流一下,你

都学到了什么内容？（学生回答）

教师引导：既然学会了这些知识我们来检测一下。（学生进行检测）

你都答对了么？咱们来订正一下，谁第一题做对了，给大家当当小老师？（订正结果）

师：你选择了正确的四叶草命令，能不能告诉大家其他的为什么不对？我想请一位小老师来带领大家回顾一下如何制作四叶草的。（板书四叶草 repeat 4[repeat 3[fd 50 rt 360/3] rt 360/4]）

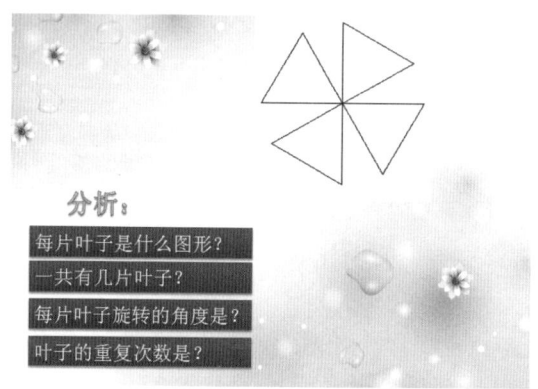

学生讲解。

师：看来你们的第一步都是画一个三角形，大家能不能一起说说三角形的命令？（板贴三角形命令、角度、重复次数）

师小结：通过学习，我们了解到先得出一个三角形命令，旋转一周就得到了四叶草命令。

（二）课上练习反馈

现在四叶草你学会了，小海星还难么？快来试一试。

（学生尝试制作）提示：反馈单中有小海星的图案，你可以参考对照。哪位小老师能到黑板上写出小海星的命令，并像刚才一样分析制作思路？（学生讲解分析板书）

师：我们发现，一个正方形旋转一周得到了一个小海星的图案。像四叶草命令、小海星命令都是用重复命令的嵌套制作的（板书）。看来，你们真正学会了怎么制作复杂图形。

制作完成的同学跟大家分享一下，在书写这些复杂命令时，你认为应该注意哪些方面？

学生回答。

（预设：

① 中括号是成对出现，并且有多少个 repeat 就要有多少对中括号；

② 为了帮助输入，用什么办法不漏掉中括号呢？成对输入。

③ 命令与命令、命令与参数之间的空格千万不要忘记）

小结：通过学习，大家了解到不同的多边形，按照不同的角度旋转一周，重复相应的次数，就能得到千变万化的美丽图案。当然，有些图形并不是通过旋转，而是其他方式。比如打开书第 43 页，连续五个正方形的命令，最后命令是 fd 60，它则代表一个正方形前进的位置。

（三）小组合作，拓展提升

请大家以小组为单位，自主进行四人小组的标识图案设计，并将实物变成图案，利用重复命令的嵌套编写命令，展示出来。看看哪个小组的图案最有创意和想法。

> **终极任务：班级 logo 标识征集**
>
> 每排五人为一组，自主进行标识图案设计，利用重复命令的嵌套编写命令，以小组形式或个人形式展示出来。比比哪个小组或个人的图案最有创意和想法。
>
> 展示要求：
> 1. 简单介绍图案的意义。
> 2. 说说设计的思路。

（四）展示创作，总结

小组为单位，展示介绍一下你的作品和设计思路。大家来评价一下，你喜欢吗？为什么喜欢？

小结：通过大家的展示，我们了解到重复命令的嵌套虽然复杂，但是它的变化多端会给我们带来许多惊喜。但是"复杂"并不是我们所追求的，重复得太多就会出现满屏或超载的情况，反而让图形失了美感。希望咱们同学再接再厉，继续有好的表现。

四、效果评估

传统课堂中教师,也可以理解成为一种学习资源。学生已经习惯有教师在现场进行讲解的学习过程,多数人认为这是"定理"是不可替代的。其实,教师的作用是把学生要学习的知识、能力、情感等多方面通过自己的解读转化成最适宜学生学习的材料。

本节课中,微课里的"我"延续了学生对教师"在现场"的这种心理需求。学生既能通过微视频听到"我"的讲解,又能根据需求针对地听、反复地听,构建自己的分析过程和编程思路,更好地学习重点、突破难点。

另外,利用微课,学生有了为自己的学习需求进行主动规划设计学习过程的可能。例如在本节课中,学生想要完成复杂图形的制作,就要先学会repeat重复嵌套的使用,而需要熟练掌握简单repeat命令就成为了最重要的前提。学生会根据最终的学习目的,认真地从简单repeat命令进行复习巩固,进而达到自己完成复杂命令的目的。学生从"被学"变成了主动调用学习资源的主体,真正成为课堂学习的主人。

而课堂上的进阶练习、过程性评价更是伴随学习者的有力支撑。课前的进阶练习,也正是针对学生自学的学习成效进行设置。

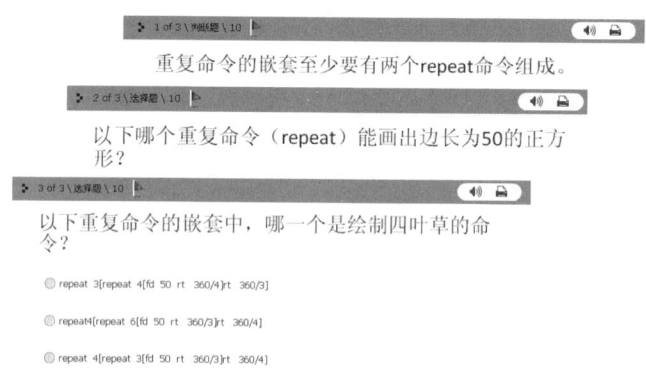

学习目标是学习的起点,也是评价学习成效的终点。无论是学习起点是否有差异,在预设的学习目标引导下,采用不同的路径、方法,经历不同的思维碰撞,最终所到达的学习成效就用学习目标作为评价贯穿始终。

五、案例总结

教学规律表明,教师的教是为了不教,学生的学是为了会学。在本节课的教学中,用"翻转课堂"的形式,构建学生的分析能力和编程思路,更好地突出重点、突破难点;发挥教师是引导者、组织者、指导者、促进者的作用,关注全体学生,做到"人人都参与",给予充分的时间让学生进行体验、操练,引导他们主动表达自己的意见和想法,充分发挥学生的主动性和积极性,达到最佳的教学效果。

本节课还在2014年10月份的全国信息技术优质课比赛中进行展示,得到了南京师范大学教授的肯定,荣获了一等奖的好成绩。

通过实践反思,我逐渐体会到翻转课堂人性化的魅力,它为每个学生提供的个别化学习环境。虽然改变了教学顺序,却产生了不一样的学习效果。对教师来说,可以根据学生的掌握情况进行课堂调控。对学生而言,不用全班都按照一个节奏来上课,学生真正成为了学习的负责人和执行者。我想,我会继续走在探究"翻转课堂"的道路上,为体现"生本课堂"而不懈努力。

运用电子书包提高学生信息技术素养的研究

青岛南京路小学 姚 帅

一 案例概述

《信息技术课程标准》指出:"小学信息技术课程的主要任务是培养学生对信息技术的兴趣和意识,让学生了解和掌握信息技术基本知识和技能,了解信息技术的发展及其应用对人类日常生活和科学技术的深刻影响。通过信息技术课程使学生具有获取信息、传输信息、处理信息和应用信息的能力,教育学生正确认识和理解与信息技术相关的文化、伦理和社会等问题,负责任地使用信息技术;培养学生良好的信息素养,把信息技术作为支持终身学习和合作学习的手段,为适应信息社会的学习、工作和生活打下必要的基础。"在传统的信息技术课堂上,简单的讲授、操作练习会禁锢学生的创造性思维,而有效地利用电子书包教学,对于学生自主学习能力以及分析问题、解决问题意识的培养乃至创新精神的塑造具有重要意义。

本案例选取的是《神奇的GIF动画》。首先,教师通过课件展示了生活中不常见的一些情景,使学生直观了解本节课所要探究的内容——GIF动画的神奇魅力。其次,五年级学生对于动画创作以及GIF原理理解的不透彻,对于抽象的GIF概念掌握不深刻。为了让学生明白GIF动画形成的原理,顺利突破本节课的重点和难点,激发学生的学习兴趣,我引用电子书包教学把抽象的知识形象化,让学生在直观学习的过程中体会数字化教学和电子书包资源的实效和应用价值。此外,本节课例也利用了微课教给学生如何用平板电脑制作GIF动画,为课堂探究作好铺垫,提高课堂效率。传统的课堂上,学生通过概念描述,教师演示制作来理解这个问题,不直观,效率低,学生对探究活动失去兴趣。运用电子书包的数字化教学资源能有效地提升教学质量和信息技术学习效果。

二 教学设计

本节课的教学目标:理解 GIF 动画的原理;认识 GIF 相机应用的操作界面;学会使用摄像头拍摄照片,并能够利用 GIF 相机制作简单动画;通过拍摄照片,软件合成动画,体验完整的 GIF 动画制作过程;在制作动画的过程中,尝试与同学合作,并从中体验到成功与快乐。

本案例的学习者为五年级学生,动画表现形式符合学生心理特点,GIF 动画学生喜闻乐见、兴趣高。动画原理的日常应用也很多,但能让学生更好地理解它,理解"视觉暂留"现象很重要。该现象对五年级学生有点抽象,所以要提供直观、易理解的内容给学生。这个班的学生有初步的自主学习能力,但是还不能熟练地应用平板电脑。

基于对学习者能力的分析,教师在上课之前精心制作了 2 分钟的微课,内容是使用 GIF 相机应用软件制作 GIF 动画。微课的设计具有可操作性和实用性,给学生自主学习的机会,为课堂的探究活动作好了铺垫,有利于提高课堂效率。

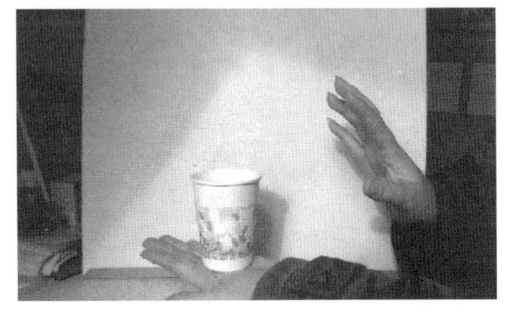

在这节课的教学中,为有意识地创设贴近生活的实际情境,激发学生兴趣,使学生能主动学习,呈现的情境是魔术表演利用"隔空术"捏扁纸杯。

在原理揭秘环节用了"隔空术"启发学生思维,用 pad 抢答来完成对于 GIF 动画形成过程的解释,让学生对 GIF 有实质性的认识,然后再引入概念,通过形成实例的介绍后,学生理解概念就顺理成章了,继而运用游戏加深理解。

教师着重介绍的是如何构思一个 GIF 动画,以及如何把想法制作并展示出来。学生通过自主探究 GIF 相机应用,自己建构知识;有些探究活动通过小组合作完成,充分地研讨,广泛地交流,深化对知识的理解。

三、教学过程

（一）投票

从投票情况来看，大家对 GIF 知道的不多，那我们就先来见识一下 GIF 图片。请看大屏，这是盛开的花朵、结晶的雪花、会动的苹果、自己剥开的橘子，还有老师的隔空术。看完这些，你有什么感受？

今天我们就来学习一下神奇的 GIF 图片！

（二）GIF 原理揭秘

同学们想知道这些图片怎么做出来的吗？见证奇迹的一刻到了！

看懂了吗？明白道理的请举手！看谁反应快，用手中的 pad 抢答，321 开始！好，××号同学反应最快，我们请他来揭秘！

噢，原来 GIF 图片是多幅图片快速连续在眼前播放而形成的动态图片啊！

（三）认识 GIF

老师推送了一份资料，帮助我们进一步认识 GIF。请认真阅读，把你认为是重点的画出来。

你从资料中了解到了什么？举手回答。

看来大家学得很认真，短时间内了解了这么多信息。

下面我们玩个小游戏，放松一下！答对的同学会得到金苹果，错了也没关系，把 pad 竖起来可以看到下一题继续答。我们来看看同学们回答的情况。

（四）脚本设计

通过刚才的游戏大家对 GIF 有了更深的了解。那你想不想亲手制作一个？

别急，我们先来看看老师在制作前做了哪些准备。

首先我构思了一个脚本，这个脚本以什么为线索制作的呢？谁在动？在哪动？怎么动？请看这四幅图，谁来说说？

请同学们按照这个方法，小组讨论一下，看你们想创意一个什么主题的动画。

好，老师现在推送脚本，请你把想好的脚本写下来。

讨论制作 GIF 动画的主题，小组用 pad 设计好后，找代表发言。

（五）GIF 相机的应用

同学们的想象力很丰富啊，有了脚本，接下来我们就能制作了。同学们可以直接打开绿色应用中的 GIF 相机尝试制作；不知道怎么用的同学，老师在课堂资源中准备了微课，你可以边模仿边制作，开始吧！小组讨论分析如何使用 pad，并互相帮助拍照。

（六）展评

好，看来大家做得差不多了。我们欣赏一下大家的作品。请展示的同学详细说说你的想法，小组分别展示作品，组与组之间互相欣赏评价，提出意见和建议。

（七）总结

老师推送给大家一个思维导图，它可以帮助我们更好地梳理知识。

这节课你有哪些收获？

生活中也有很多地方用到了 GIF，就比如前段时间老师在微信上看到了会动的青岛。

大家在课后也寻找一下你的生活中哪里用到了 GIF；除了老师推荐的 GIF 相机，还有哪些软件可以制作更精美的 GIF 图片。下课。

四、效果评估

在传统的课堂上，简单的电脑、网络、教材会导致这节信息课成了纯粹的操作和模仿，效率低下，无法启发学生创新思维。将电子书包技术应用于信息技术课堂教学，既直观又清晰，也加深了学生对于技术的理解与运用。运用现代多媒体技术，从多方面、多角度来解决教学中的重点、难点，开拓了学生的视野，有助于提高课堂效率，扩大知识的覆盖面。

本案例通过学生的自主学习、合作探究，学生掌握了如何运用现代技术平板电脑解决实际问题，不仅学到了信息技术知识，还学到了探究的方法。通过学生的课堂作品展示可以看出这个案例是成功的。

学生的作品体现出了本节课运用电子书包的价值。本案例的教学设计能给学生以更多的操作机会，有效地培养了学生的动手动脑的能力，加深了学生的感性认识，学生反映这样的课看得清楚、听得明白、易理解、不会忘。通过学生的自主探究，教师让学生谈谈自己在探究过程中的收获，学生认为运用电子书包把抽象的内容变得形象、直观，感受到这节课收获很大。

五、案例总结

　　本课例在常规教学中往往是给出具体的软件操作步骤，没有运用数字化资源，不让学生经历探究的过程，这样处理教材使信息技术课堂失去了应有的魅力，难以激发学生学习信息技术的热情和兴趣。而用电子书包辅助教学则完全不一样，制作方法让学生自己总结出来，充分调动了学生的直觉思维，有助于提高他们学习的兴趣；能把新软件应用的精华之处一步一步地展现在学生的面前，让他们感受其中的规律，尝试成功后的喜悦，培养了他们学习信息技术的兴趣，让他们主动、积极地参与到课堂学习中，增强了他们学习的信心，同时还有助于培养他们敏捷思维和观察问题、分析问题、解决问题的能力。

　　现代化的信息技术教学虽然可以给课堂注入生气、带来活力，但要使用好这些现代化的电教手段，教师必须要钻研教材，认真备课，仔细准备课件，熟练使用软件，精心组织教学，这样才能达到预期的结果。

寻找金钥匙打开美好品行的大门

——《遇到困难的时候》教学设计

青岛文登路小学　姜雨均

一、案例概述

"教学创新"是创新教育体系的重要组成部分。它是以培养人的创新精神、创新意识、创新能力为宗旨，以创设新型人才健康成长的教育教学环境为手段，为改革现行教育教学模式为突破口的教学管理活动和教学实践活动。作为"品德与社会"课的教师我们有责任让学生感受到品德在生活中运用的重要性，并激起他们学会应用的欲望，这就需要我们在每节课的课堂上下工夫。为此，要求我们进行创新性的教学设计，营造积极主动的教学氛围，选择生活型的教学内容，设置开放型的问题，形成翻转型的教学风格。只有在真正的平等、和谐、宽松的课堂环境下，学生才能寻找到更多解决问题的金钥匙，打开美好品行的大门！

二、教学设计

本节课，我主要翻转在课堂前的预习环节，学生通过课前观看微课，并填写课前学习反馈单，将本节课的目标提前进行梳理和归纳，并可提前对"困难"进行多方面的诠释。困难不是只有学习中的，在生活、与人交往等多个方面都会遇到困难；不局限学生的感知范围。将问题带入课堂，通过课堂感悟、与人合作、向榜样学习等方式，最终将自己的问题得到解决。

"身边的榜样"环节，四位同学分别从绘画、音乐、学习、与人交往四个方面向同学们介绍经验，解决困难，其他同学也可自主向以上四位同学进行提问。台上同学既增强了荣誉感，又尝试自己来当小老师，提高语言表达能力；

台下同学既反馈了自己听完后的感悟,又积极动脑提出新的疑惑,形成了台上台下良好、轻松的互动。

三、教学过程

我所执教的《品德与社会》四年级上册《遇到困难的时候》一课中,设计了如下环节。

教学准备:多媒体课件、学习反馈单、微视频。

教学时间:1课时。

教学过程如下。

(一)情境导入

(1)教师谈话:同学们,我们的成长是快乐的,但过程也是充满挑战的。通过同学们课前观看的微课,填写的微课学习反馈单,我们帮助视频中的三位同学解决了困难(出示课件),谁还想起来再说一说你是如何帮助他们解决困难的?

(找出问题的原因,再想解决的方法;多下苦功;向别的同学求教;要有信心,不放弃,不灰心……)

(2)我们在生活中也经常会遇到困难(随机板书——遇到困难)。这时候该怎么办呢?今天我们就来学习第6课(顺势揭示课题——6 遇到困难的时候)。

(二)问题呈现

和大家一样,最近姜老师在学习中也遇到了困难——瞧,马上就要参加考试了,这么多材料和书籍,光看着都让人犯愁!

教师小结:看来,人人都有遇到困难的时候!一个个困难,像一把把没有开启的锁,挡住了我们快乐成长的道路!

(三)问题剖析

(1)面对这些困难,我们应该怎样对待呢?结合大家在"我不怕"板块中所提出的困难(出示课件),小组间合作,大家一起出出主意。相信众人拾柴火焰高,一定会得到更多的解决办法!下面开始吧!

(2)学生交流。

点评:

他的意见,你同意吗?

洪亮的声音,可以看出你克服困难的勇气。

说得棒,老师佩服你的决心。

困难像弹簧,你弱他就强,你强他就弱。

达·芬奇说过:顽强的毅力可以克服任何困难。

(3)教师引导:生命的旅程中,每个人都不会一帆风顺,我们总能遇到这样或那样的困难与挫折(出示图片)。想要实现梦想,要具备哪些精神与品质呢?答案就藏在下面这个故事中。第一次看完这个故事我着实感动得热泪盈眶,希望同学们也能够带着问题和好奇,充满感情地观看。

(4)播放故事。

(5)教师引导:看完之后是不是感触颇多?那么,同学们都从中感悟到了舞蹈女孩遇到困难时所展现出的哪些美好品质?

(预设:我觉得她太厉害了;我觉得她有毅力,付出了比别人多的努力才成功的;我们要向她学习,遇到困难不退缩,勇敢面对……)

(6)教师引导:榜样无处不在。这个女孩是我们学习的榜样,在我们身边也有值得我们学习的榜样!课前我从咱们同学那里了解到,咱班有四位同学在一些方面各有特长!想不想听听他们遇到困难的时候是怎么做的呀?

那就让我们身边的榜样(点击出示投影片:身边的榜样)闪亮登场!掌声在哪里?

(7)四名学生介绍经验。

(8)四位学生做本环节的小老师,解答台下人以"学生"身份提问的"问题"。

(9)教师总结:台下"同学"提问的有水平,台上"老师"解释总结得很到位!困难时时有,困难处处在,只要我们(结合板书)有信心有毅力,积极想办法,一个一个困难都会被征服!正如成龙(展示图片)在歌曲《真心英雄》中所唱的——不经历风雨,怎么见彩虹,没有人能随随便便成功!

四 问题 反馈

(1)教师引导:此刻,请大家拿出你写在金钥匙板块中的那些困难吧,看看现在你有信心解决没有。每一把锁都有开启它的一把钥匙,每一个困难都有解决它的一个办法。当你自己解决不了困难的时候,你可以请教我们身边的榜样,向他借一把金钥匙;你也可以请你的同位、小组成员或者是请我、请

今天听课的老师帮忙,帮你解决困难!好!开始行动吧!(点击音乐播放)

(2)交流:老师真为大家高兴!来,介绍一下你的金钥匙,让大家都来学习学习吧!

点评:

是你自己想到的吗?希望你说到做到!

你们真是一对黄金搭档!祝你们共同进步!

怪不得咱们班的语文成绩好,原来老师有这么多好办法!

(3)大家的困难解决了!瞧,姜老师的困难还在这里呢!愿意帮帮我吗?

(预设:姜老师你应该对自己要有信心,要坚持学习,制订学习的计划,还要经常复习背过的知识,不怕困难……)

(4)小结:相信有了大家的好办法,老师的笔试一定能过关!谢谢大家!遇到困难的时候,互帮互助,可以共同进步!

(五)课堂总结

(1)这节课给你留下印象最深的环节是什么呢?(学生自由回答)

希望你说到做到,把收获化为行动!最后老师送大家一首歌曲,祝愿同学们在知识的天空中,飞得更高,飞得更远!

(2)播放歌曲《飞得更高》。

(六)实践作业

自由组合4人一小组完成填字谜游戏,共5个关卡,完成最快且正确率最高的小组有优先选择下节课"学习自助餐"的权利。

五 案例总结

先说一下我的微课设计。本节课我主要将微课运用在课堂伊始,学生通过课前观看微课,并填写课前学习反馈单,将本节课的目标提前进行梳理和归纳,并提前对"困难"进行多方面的诠释。困难不是只有学习中的,在生活、与人交往等多个方面都会遇到困难,不局限学生的感知范围。通过让学生观看视频,能够让学生更直观地感知这些困难,并提出自己解决困难的办法;从"我为他出主意"提高学生互帮互助的意识,同时从"视频中三位同学的表现"联系自身再解决问题,最后将问题带入课堂,通过课堂感悟、与人合作、向榜样学习等方式,最终使自己的问题得到解决。

学生在课前对微课进行观看,并填写微课课前学习反馈单,能够将"感知和疑惑"都带进课堂内,相当于进行了复习也进行了情感的升华,将节约出来的时间更多地运用在了"学生互动"中,体现了品德与社会课堂自主化、探究式、活动型的特点,在不断的互动、合作中引导学生找出解决困难的好方法。

课中,要不断结合微课学习反馈单中学生填写的内容进行讨论,找到解决困难的金钥匙,让学生先自己解决,再求救他人,学习身边的榜样,一步步深化感知,收到了活跃、积极的课堂效果。

"让学生成为课堂的主人"也是此案例我非常关注的一方面,尤其在"我身边的榜样"环节中能充分体现出来。四位在特长、学习、与人交往中有独到见解的学生代表在介绍完自己的经验与窍门后,留在台上回答台下同学们的提问,他们有的侃侃而谈自己的"独门绝招",有的教授给同学们"小方法",有的则害羞地告诉大家想要处理好同学间的关系就是要"真心相待,一切以班级利益为重"。这些回答都是不能通过教师口口相传得到的最好的德育秘籍啊!我珍惜这一环节的即时性与教育效果,随后简单的点拨就能获得巨大收益,这就是品德与社会课堂的魅力所在!

总之,教无定法。在品德与社会课堂教学中,要求教师能够创造性的理解和运用现代教学理论,在复杂多变的课堂教学中,最大限度地把时间和空间还给学生,让学生在自主、合作、探究的学习中逐步培养创新精神和创新能力。与此同时,教师更要在学生的学习指导方面作出探索和研究,把创新教育巧妙地融入到品德与社会课的教学中去,最大限度地发挥品德与社会课堂的价值!

巧用多媒体提高小学生在品德与社会课堂中的参与度

青岛宁夏路第二小学 赵焕梅

一、案例概述

多媒体在小学品德与社会(生活)教学中发挥着十分重要的作用。巧用多媒体,让多媒体融入课堂能有效地整合教学资源、丰富教学内容及活动形式、推动教与学的高效互动。在多媒体背景下小学品德与社会教学应充分利用网络资源,拓展与丰富教材内容,提高学生学习的积极性与主动性,让每一位学生都乐于参与到学习之中。

本案例选取的是《我为集体做了什么》(山东美术出版社四年级下册)一课。首先,教师通过多媒体课件展示本学期班级获得的各种荣誉,激发学生学习的积极性,引导学生思考自己为集体做了什么;在此基础上引导每一位学生结合自身实际以及教师给出的评分表给自己进行评分。其次,利用网络搜集学生为赢得集体荣誉而努力拼搏的照片配上背景音乐制作成视频的形式供学生在课堂上进行观看,进一步引导学生思考怎样才算是为集体做了什么。再次,四年级的学生思想方法开始转变,思维形式由具体思维向抽象思维过渡,可以进行比较复杂的分析。教师应把握学生的以上特征,注重对学生行为的引导。教师通过结合案例引导学生思考怎样才算是真正关心集体、为集体争荣誉,并让学生在自己理解的基础付诸实践并拍摄下来,供课堂上学生一起进行分析、讨论交流,给学生发展提供舞台,也为教学提供丰富而生动的素材,提高学生的课堂教学参与度。

在传统的小学品德与社会课堂上,通常采取先学生看图再个别学生进行交流汇报。这种设计形式无法调动每一位学生的积极性,学生的课堂参与度低。然而,巧用多媒体有助于提高学生的课堂参与度。课前,在教师的引导下学生分小组积极参与视频制作活动。同时,教师也运用网络搜集资料、图片等,并运用视频编辑软件制作成视频丰富教学资源。在课堂上通过多媒体把文字、表格、图片、声音、视频等综合起来使课堂由静态变为动态传播,提高了学生的积极性与参与度。

二 教学设计

本节课的教学目标是通过学习让学生懂得集体荣誉是靠集体成员的共同努力得来的;通过引导学生分辨哪些行为对集体荣誉有益或有害,使得学生能通过自己的行动努力为集体争得荣誉,不做损害集体荣誉的事情;培养学生关心集体、积极参与集体活动的意识;培养学生珍惜集体荣誉的情感。

本案例的学习者为小学四年级学生。四年级是儿童成长的一个关键时期,处在从低年级向高年级的过渡时期,偏重于对自己喜欢的事物进行分析。四年级孩子也有一些叛逆,在引导上会遇到很多困难,甚至还出现说的和做的不一致的现象。因此,在教学过程中更应当注重对学生过程性的引导与评价;同时,注重与学生家长共同引导学生的行为,对积极的行为给予肯定性的评价,对消极的或错误的行为进行指正。

基于对学习者学习、心理、生理的分析,了解到大部分学生集体荣誉感较强,但是还是存在说的和做的不一致的现象。教师在上课之前准备了两段视频。第一段视频内容是整理学生曾经为集体作贡献的照片。第二段视频内容是学生自编自导的为集体作贡献的案例,引导学生分小组进行辨析。两段视频充分调动了学生学习和讨论的兴趣。

在这节课的教学中,一共设计了四个环节,引导学生积极参与是为集体作贡献,让学生明确怎样算是真正关心集体、为集体作贡献。

活动一:我给自己评评分。

通过多媒体展示评分项目和分数,要求学生在教师给出的小卡纸上给自己进行评分,在此基础上总结自己为集体所做的努力及应改进的方面。

活动二:夸夸你我他。

通过播放班级同学们为赢得集体荣誉而积极参与、努力拼搏的视频,激发学生为集体作贡献的愿望,并引导学生进行总结。

活动三：议一议。

教师播放学生自编自导的关心集体、为集体争荣誉的视频，引导学生分小组讨论哪种是真正的关心集体、为集体争荣誉。

活动四：小游戏。

在游戏中引导学生体会合作的力量。集体是大家的，不是某个人的，需要每一个人共同努力。

三、教学过程

（一）活动一：巧用多媒体，创设情境

小学品德与社会课堂中巧用多媒体有助于为学生提供认识的感性材料，培养学生的观察与分析问题的能力。在教学过程中，教师用手机拍摄并记录下学生在本学期获得的各项荣誉，以图片的形式在PPT上进行展示，让学生感受并分享为集体争得荣誉的心情。随后，通过多媒体以表格的形式列出十项小学生关心和热爱集体的内容（表一）。教师给学生发放评分卡，要求学生根据自己的表现认真对自己进行评价。这一活动的目的是通过让学生给自己评分，找出自身还存在的问题，为下一步的改进提供方向；同时，也能够让每一位学生静下心来思考自己的行为是否正确。

表一　给自己评分（满分10分）

评分项目	分　值
1. 积极配合各科老师上课，遵守课堂纪律	1分
2. 积极配合班干部的工作，做好本职工作	1分
3. 地上有纸能主动捡起来	1分
4. 上课铃响后不随便讲话	1分
5. 认真做好眼操，并积极参加阳光体育活动	1分
6. 为班级各种活动付出实际行动	1分
7. 升旗不迟到、不讲话	1分
8. 积极参加各种课外活动	1分
9. 按时交作业	1分
10. 爱护班级及学校公物	1分

(二) 活动二：巧用多媒体，深化认识

课前，教师广泛地搜集本班学生积极参与集体活动的印记，如运动会上、古诗朗诵比赛、科技比赛等活动上他们的身影。随后把这些图片通过超级录屏等软件配上音乐制作成班级争荣誉视频。课堂上，通过多媒体呈现该视频，并要求学生在观看的同时进行思考：谁为班级做的贡献大？你想夸夸谁？观看结束后要求学生把想夸的同学的名字写在老师发放的表扬卡上；待学生写完之后，进行赠送卡片活动。随后，教师统计获得卡片最多的几名同学，并邀请他们说说自己的感想，并以此为契机为学生树立学习的榜样，引导他们积极参加集体活动，从而为集体争荣誉，增强他们的自信心和集体荣誉感。

这一活动关注到了学生的个别差异和不同的需求，充分激发了学生的主动意识。学生在这一环节的参与度非常高，他们通过自己的观察发现班级中值得表扬的小榜样。写一写、读一读、送一送等活动不仅增进了学生之间的感情，也培养了学生对班集体的热爱之情。

(三) 活动三：巧用多媒体，提高能力

在课堂上播放课前由本班同学自编自导的关心集体的视频。利用多媒体引导学生积极参与教学过程，让学生主动进行思考。同时，由于学生对本班同学比较熟悉，在观看的时候兴趣非常高，因此，在小组讨论环节也反映得十分激烈。最后，学生在议一议中深刻认识到什么是真正为集体作贡献。

在这一活动中，学生通过小组交流讨论、自主学习、合作学习等形式，用喜欢的方式表达个人独特的见解。这样的教学设计给学生提供了更多表达自己想法的机会，培养了学生分析和解决问题的能力，以及创造性思维的能力。在实现这一目标的教学过程中，多媒体扮演着重要的角色。

(四) 活动四：巧用多媒体，增加体验

在游戏开始前引导学生思考怎样才能获得胜利，从而激发学生的思考。在游戏过程中，运用多媒体手段增加游戏的趣味性，让每一位学生都参与进来。在游戏结束后，引导学生进行再思考。主要目的是让学生体验集体荣誉的取得光靠一个人或者几个人的努力是不够的，而是要靠班级所有人共同努力，进而让学生懂得合作的重要性。

儿童课后的拓展生活犹如一根检验棒，检验着课堂教学的实际成果。小学品德与社会课堂教学在布置作业之后不是结束，相反应当是一个新的开

始,是小学品德与社会课生活化教学的开始:拓展生活,锻炼道德意志。在学习《我为集体做了什么》一课结束后,教师要求学生每周一记,每月一展览。在学生记录的为集体作贡献的后面有自评、互评、家长评和教师评等,这有助于学生自我反思以及家长和教师了解学生的实际情况。

四、效果评估

在传统的小学品德与社会课堂上,教师引导学生说一说自己为集体做过什么,并指出集体的荣誉是大家共同努力得来的,每一个人都应该珍惜集体荣誉。这种教学方式很难让每一位学生都参与进来,相反只是个别活跃的学生的舞台。然而,运用现代多媒体技术,就能够让更多的学生参与到课堂的学习当中去,并能从多方面、多角度来解决教学中的重点和难点,提高学生理解与分辨真正关心集体、为集体争荣誉的能力。

本案例通过学生的自主学习,小组合作探究等活动,使得学生不仅认识到积极参与是为集体作贡献,还极大地指导了学生以后的实践行为。

巧用多媒体,让多媒体融入课堂助力传统课堂的转型,这给学生提供了更多的实践机会,有效地培养了学生的理解能力,也加深了学生的认识。学生普遍反映这样的课堂既有趣又有意义,他们愿意参与到课堂的教学环节之中。总之,课堂不是教师的舞台,而是学生充分发挥、展现自我的舞台。而巧用多媒体创设情境、拓展体验活动、提供技术支持等,正是在为学生搭建舞台,提高他们学习的积极性和参与度。

五、案例总结

本课例在常规教学中往往局限于课本上的内容,脱离了学生生活的实际情况,学生的参与度不高,难以激发他们学习品德与社会课的热情和兴趣。

巧妙运用多媒体手段,搜集资料丰富的课堂教学内容,并引导学生在理解的基础上制作成视频形式在课堂上播放、分析、讨论,极大地提高了学生学习的兴趣,也让每一位学生都能参与到课堂教学之中。

小学品德与社会课教学应当有一个更高的起点和更新的局面。巧用多媒体整合教学资源为小学品德与社会课课堂教学提供新的活力。在当前的课堂上多媒体与课堂教学的结合还是不够的,需要我们不断探索、挖掘潜力,让多媒体在小学品德与社会课教学中发挥出更大的作用,让课堂焕发新的生命力!

借助微课突破重点、难点，寻求高效自主学习

青岛基隆路小学　刘晓凤

一　案例概述

现代教育显著的特征之一就是尊重学生的主体地位，注重唤醒学生的主体意识，充分调动学生的学习积极性、主动性和创造性，促使学生生动活泼、主动和谐地发展。在信息技术的变革下，"微课""微视频"等信息技术手段引入了课堂，不仅仅改变了教师的教，还进一步激发了学生自主地学。

学生在学习过程中的认识和实践是教师无法替代的，因而必须确立学生的主体地位，把课堂大部分时间还给学生，让学生更加主动地参与到课堂学习活动中。"以学生为主体，以教师为主导，以活动为主线"俨然成为当今课堂教学改革的主旋律，从而使全面提高课堂教学的质量，实现高效、自主的生本愉悦课堂成为可能。"微课""微视频"的巧妙运用，更好地优化了教学过程，解决了传统教学活动中不能解决或难以解决的问题，也更有效地将抽象、静态的知识形象化、动态化。这一新型教学手段无论从教学问题的提出，还是到深入探究、辨析、释疑、归纳等过程，都突显着学生自主的学习，践行着"翻转课堂"这一新型的教学形式。

本案例选取的是青岛出版社蓝色的家园【海洋教育篇】四年级《海上运动》一课。开课伊始，学生欣赏教师录制的微课，初步了解海上运动内容，认识不同种类的海上运动项目，调动学生探究帆船这一海上运动的兴趣。由于四年级的学生对于帆船知识的了解有限，在交流了帆船的发展历史、了解学生的基本学情后，学生结合学习任务单观看一段微课，提取关键信息认识帆

船的基本结构和类型。在小组合作探究环节,教师要引导学生着重探究帆船的类型。小组内每位成员的分工都要明确,这样才能提高小组合作的效率,并灵活运用区分帆船类型的方法认识不同类型的帆船。"微课""微视频"与课堂教学的有机融合,使得教学过程的各环节能够得到有效的落实和优化。这样一来,在海洋探究活动中,学生是课堂的主人,提高了他们自主学习的能力,发展了他们独立思维能力,使他们更加有兴趣融入自主、高效的生本海洋课堂之中。

二 教学设计

海洋教育教材分为海洋自然环境、海洋资源与经济、海洋文化与生活、海洋开发与科技、海洋生态与环保和海洋权益与国防等六大自主探究领域。《海上运动》属于海洋文化与生活这一内容领域,旨在通过探究式学习方式,认识帆船的结构和类型,培养学生热爱海洋、亲近海洋与探索海洋的意识。

本案例的学习者为四年级学生,学生通过之前的学习对海洋动物、海洋环境等海洋相关的内容有了基本的了解,逐渐形成了爱海、亲海的海洋意识。学生基本具备了小组合作学习的能力,养成了自主预习的习惯,课前能够结合自己感兴趣的海洋信息进行简单了解;也能够自主搜集相关的活动资料,并简单地加以整理、交流汇报。可是,他们对于帆船这一既熟悉又陌生的运动,对于铺天盖地的涉及不同领域和专业的网络信息资料,有些晦涩难懂的信息小学生根本无法理解,因此课堂上就会出现学生通篇读资料的情况,影响学习效果、降低课堂效率。四年级孩子独立思维能力还有待提高,灵活运用所提供的资料来区别和认识帆船类型对他们来说还有一定的难度。

基于教材特点和学生学情,《海上运动》这一课活动目标设定为:通过创设情境,联系自己生活实际,初步了解海上运动的含义及种类;借助微课,进行小组合作学习,探究了解帆船的基本结构及常见类型;了解帆船驾驶训练,培养对帆船运动的兴趣和爱好,激发健康向上的生活情趣。

教学时,教师有目的地调动学生探究帆船的兴趣和积极性,潜移默化地培养学生热爱海洋的意识。通过这一次活动探究研究帆船这一海上运动的方法。"微课"等信息化技术手段,使海洋教育课发生了翻转性的变化,学生不再是单一地被动地接受信息和感知神秘的海洋世界,而是成为学习的主人,在更有效的合作探究中探索海洋,习得解决问题的方法并加以灵活的运用,以此培养学生的热爱海洋、亲近海洋与探索海洋的意识,提高和发展学生的综合能力。基于对学习者能力的分析,为突破教学重点和难点,引导学生自主学习,这节课教师借助"微课"、小组合作探究模式实现课堂的翻转。

三、教学过程

本节课教师主要在以下几个环节运用微课突破教学重点和难点,让学生在自主、愉悦的环境中自主地学习。教师在以下几个环节运用了"微课"。

(一)课前指导,筛选资料

课前学生观看微课,学习"筛选查阅资料"的方法。指导学生结合《海洋教育》课本先进行初步质疑,或者结合课本中"创境导入"的疑问入手,将问题细化,带着感兴趣的问题去简单地了解帆船的相关信息。这样,学生结合自己的兴趣初步了解有关问题,便于提高课堂的学习效率。同时,学生也了解了查阅这类课题资料的方法,今后在研究自己感兴趣的问题时能够灵活地运用"筛选查阅资料"的方法。

(二)创设情境,激发兴趣

课堂初始,为了激发学生兴趣,教师播放《走进海上运动世界》这一微课。从呈现的情境之中,学生会认识到海上运动是在海面、海上或者海里的运动,包括滑水、拖伞、快艇、摩托艇、海钓、帆船、帆板等,让他们带着愉悦的心情进入本课的学习,调动他们探究海上运动的兴趣,感受它的惊险与刺激。

在了解海上运动时,教师则侧重引导学生了解这一运动主要是在海上区域范围内举行的活动,感受它带给人们无限的乐趣。而沙滩排球并不属于海上运动,明确海上运动的范畴为后续的思考质疑环节作好铺垫。

(三)习得方法,突破难点

习得方法,是为了有效地迁移运用这种方法,提高合作探究的效率。本节课的重点和难点是探究、了解帆船的基本结构及常见类型。相比之下,不同种类帆船或帆板的结构比较稳定,均有共同的组成部分。而帆船的类型相对而言比较复杂,根据不同的材质、级别也有不同的分类方法,学生在探究上存在一定的难度。教师的作用就是做学生学习攀登的拐棍,指导学生习得梳理方法。

因此,借助微课的方式,引导学生学会运用表格梳理出帆船的类型,提炼出区别帆船的方法。这样一来,学生就可以轻松地将帆船分为稳向板船、龙骨船、多体船和帆板这常见的四类,这常见的四种类型下又包含着诸多帆船级别。随后进行的小组合作讨论,学生在对比中会发现可以从两个方面区别帆船类型:一是观察帆上的信息,往往每一面帆上都印有帆船的级别以及所代表国家的英文缩写,仔细观察就能够简单地了解帆船的名字和国别;二是了解稳向板稳定与否、驾驶人数、帆船大小以及适合水域。学生通过微课的指导学习,能够自主梳理填写表格,总结出"观察帆面语言,区分船体信息"的方法,有了"法",万事皆迎刃而解。

每位学生结合这一方法来区别手中的帆船信息图片,尝试给陌生的帆船分类。小组合作交流中,学生能够有理有据地表达自己的分类原因,正确地认识并且介绍自己喜欢的帆船。"微课"的运用有效地提高了学生学习效率,将静态枯燥的文字变为动态演示,这一节课的重点和难点也在灵动的立体展示中得以突破。

(四)动手实践,亲身体验

真正驾驶帆船,做一名小帆手,都要做好哪些准备呢?"微课"模拟走进帆船训练营,拉近学生与帆船运动的距离,进一步调动了学生参与帆船运动的积极性,了解学习驾驶帆船的基本准备。"争当小小帆船手"的测试,学生结合微课互动,通过防眩晕、协调性检测、打绳结三部曲,让每位感兴趣的学生都亲身体验一下入门训练,为成为一名真正的小帆手作好准备。

四 效果评估

传统教学中,学生只是将自己搜集到的信息资料在课堂上一句句来读。由于分类方法的不同,可能造成学生对搜集信息的茫然和怀疑,很难正确地分析并且解决这一节课的问题。"微课"与传统教学的区别是学生角色的转换,而作为教师的角色则成为"扶手",寻找有效的教学策略,突破教学难点,引导学生学会用"扶手"去学习,并且解决其中的困难。教师精心设计的每一段"微课"都记录着教师个体对教学内容的理解,是记录教师帮助学生认知的教育策略、教学方法以及他与学生的情感活动。在这一个案例当中,每一个新的信息技术手段的使用,都是为了提高学生学习兴趣以及学习能力的。

课前指导学生查阅帆船资料,对于学生分析筛选信息的活动进行了指导,这样,课堂中交流认识帆船时候学生可以在有限时间内,抓住主要信息资料。而"创境"环节,走进激情的海上运动世界,学生的学习兴趣被调动了起来,课堂上会看到学生随着音乐摇摆,看到刺激惊险的运动项目会情不自禁地呼喊,这样,学习的热情被调动起来。合作探究环节是为了突破难点,学生精心学习并且有条理地分析、记录关键信息,将有关知识内化为自我认识;随后出示的"考一考",每个学生都能喊出帆船的类型以及自己是如何区别认识的。可见在学习的过程中,学生达到了预想的学习效果,也感受到了学习的快乐,能够灵活地区别、认识帆船是一件值得骄傲的事情,收获的喜悦溢于言表!学习探究帆船运动是为了让学生认识从而喜欢上这一运动项目。在最后争当小小帆船手环节,每位学生迫不及待地想尝试打绳结,体验抗眩晕训练,并且能够在30秒以内打出漂亮的八字结或绳套结。

五、案例总结

随着数字化创新技术的普及应用,新技术、新手段不仅仅优化了教师课堂教学中的教,还进一步激发了学生自主的学习过程。微课可以运用灵活的教学策略,更详尽、有趣地诠释知识,激发学习者的兴趣和热情,还可以有针对性地实施个性化教学,对同一个知识点可以有多样化的讲述方法。教师针对班上学生的情况可以采用更加灵活、个性化的施教方法。随着更多的信息技术手段的应用,这类课的教学策略也在灵活地变化、调整着。

这一节课教师还尝试运用电子书包教学将"微课"、学习的资料推送给学生,让学生在小组学习中通过明确的分工学会合作、学会学习、学会表达,从而提高自己的学习能力!随着信息技术手段越来越多元化,"微视频"制作研究、电子书包实验、合作学习"小班化教学"等丰富多彩的新型信息技术形式融入我们的课堂,使新的课堂更加灵动、活泼,学生的学习也充满了愉悦和收获!

浅议微课在综合实践活动中的应用

青岛南京路小学 雷 达

 案例 概述

综合实践活动是一门基于生活实践领域的课程,它是基于学习者的直接经验,密切联系学生自身生活和社会生活,体现对知识的综合运用的实践性课程。信息技术在其中发挥了非常重要的作用。随着综合实践活动的深入开展,信息技术的诸多功能将会得到更多的开发和利用。教学是一门智慧,更是一门艺术。只要教师从实际需要出发,合理地利用各种信息技术,学生的综合实践活动就可能取得预期的效果,让每一个学生全面发展这一美好的愿望就一定能实现。综合实践活动课程的起点是学生而不是教师,学生从自身经验中形成问题,从经验中去获得解决问题的途径与方法。综合实践活动强调学生的亲身经历,要求学生积极参与到各项活动中去,在"做""考察""实验""探究"等一系列的活动中发现和解决问题,体验和感受生活,发展实践能力和创新能力。在这一系列的活动中自然少不了信息技术的支持。

本案例选取的是《舌尖上的手擀面》,来自学校自主设计的特色选题。本次活动中,教师首先运用了微课展示了面条的美食文化历史,引发学生的兴趣。兴趣是最好的老师,当学生被浓浓的兴趣感染后,接着引入下一段微课,讲解手擀面的做法。教师利用微课播放制作的全过程,能保证教室每个学生都看得清楚,为学生动手实践提供了帮助。这样直观、清晰的画面,方便学生记忆,学生能很快地模仿,及时掌握要领并跟随学习制作。三年级的学生不论是学习习惯的养成还是学习知识的积累上都有了一定的基础,在手工制作方面,尤其是基本的一些制作步骤和方法也有了不少的基础,但是对于这个主题,学生平时接触的机会太少,实际操作上肯定有许多困难。这样,微课的播放可以很好地解决活动过程中的重点和难点。利用微课这种新型的教学模式,解决了场地、时间的限制问题,便于学生观看、记录;针对学生具体问题,可反复播放或某一环节指定观看。在实践活动中,不仅学生学习方法得到了指导,同时也提高了活动的效率。

二、教学设计

本节课的教学目标是初步了解手擀面的历史、种类以及制作过程。并且重点学习手擀面的制作方法。在本次活动中培养学生通过各种渠道收集处理信息、与伙伴分工合作的能力。通过动手制作的活动,培养学生动手实践能力和创新思维能力。在活动中还应注意培养学生的合作意识、提高学生的审美能力,并使他们获得亲身体验综合实践活动的愉悦和快乐。三年级的学生虽然已初步掌握了一些基本的动手制作技能,但熟练程度和现场学习以及实地操作技能还有待于进一步提高。针对这些特点,教师在执教过程中采用了新兴的授课方式——微课。目前,微课教学作为一种新型的教学手段随着现代信息技术的发展进入教育领域。微课有两个显著特征:一是以视频为呈现方式,二是凸显微课的"微"。"微"是微课的灵魂:① 教学内容含量小,每个视频只针对一个知识点或一个具体问题;② 微课视频时间短,一般在10分钟之内;③ 微课视频形式生动活泼,趣味性强,能在短时间内吸引学生的注意力;④ 微课切入课题迅速,讲授线索清晰,总结收尾快捷。微课这一新型学习资源以其灵活性好、短小精悍的特性在数字化时代的发展背景下应运而生。教育学家姜钰认为:"微课程是以简短、完整微型教学视频为主要载体,针对某个学科知识点或教学环节而精心设计开发的一种以流媒体形式展示的半结构化、情景化,可动态生成与交互的课程资源。"教师利用微课的教授方式,用直观的视频给学生自主学习的机会,并采用当堂请学生模仿学习微课的内容,然后实际运用这种学习策略,使得学生在直观、有趣的画面中熟练掌握了制作方法;而且在这一过程中教师还对一些重点和难点的环节采用了反复播放、指定细节播放等教授方法,有效地提高了课堂效率。

三、教学过程

微课的特点,就是"精""小",所以教师在一些项目活动比较复杂时可以将每一个重点、难点分割成比较细小的内容并制作成微课来讲解。这样,学生不仅在实际操作练习时可以分步骤实施,效率会有很大的提高,而且理解还不深刻的学生还可以重复、暂停播放相应的微课,重复学习从而掌握相应的技巧。比如,在此案例中有这样几个环节。

(1)(微课播放结束后)师问:同学们,看了刚才的微课,你认为哪一步是关键?还有哪一步你没看明白或觉得操作起来有困难?

(2)学生在经过小组讨论后,纷纷发言。

(3)教师利用微课播放的优势,对一些重点进行反复播放。

(4)师问:同学们还有什么问题呢?

在这些教学过程中,学生对擀面皮时必须前后拖动着擀面产生了疑惑。此时,教师就针对这一难点反复播放微课,学生在反复观看并跟随操作中渐渐掌握了要领,这一难点也就迎刃而解了。当学生继续观看微课、跟随模仿并渐渐学会开始实践操作后,有的学生发现,往切好的面条上洒干面,撒多少、怎么撒又出现了问题。在此环节中,微课的优势又很明显地体现出来了。教师将微课调整到相关的环节反复播放。学生们又一次直观地观看了相关的操作步骤和要领。

四 效果评估

执教者曾在两个平行班做过实验,在对照班采用传统的"教师讲+学生练习"的方式进行授课,实验班采用播放微课的模式进行教学。在经过几轮实验后,执教者对两个平行班的学生进行了操作技能测试,同时对实验班的学生进行问卷调查。通过统计研究执教者清楚地发现,教师通过制作微课,不但让学生可以事先学习模仿,而且在制作中有了方法的指引,微课的出现顾及了全班不同理解水平的学生,通过直观细致的分解讲解,再加上学生的创新,实验班学生的操作技能较传统讲授班级的学生确实提高了不少。

通过问卷调查,学生反映观看了微课后学习操作的过程更加清楚明了,提升了自己的实践操作水平。综合来看,实验班学生制作的美食更加细致,掌握的技法更加熟练,他们参与实践的热情也更加高涨,真正达到了在学中做、在做中学的效果。

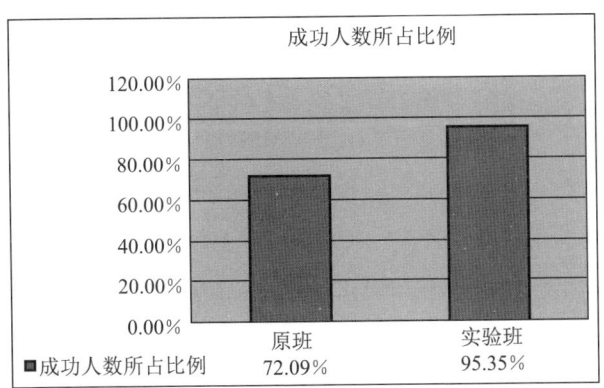

五、案例总结

微课丰富了课堂教学的传播形式,它不仅适合于移动学习时代知识的传播,也适合学习者个性化、深度学习的需求。综合实践活动和"翻转课堂"的共性是学生采用的探究性学习和基于项目的学习,让学生主动学习和实践。微课真的可以"翻转综合实践活动"。实施"翻转课堂",可以让学生在网上看微课,学习探究的方法;学生还可以在网络中交流学习的感受,互相启迪,共同经历探究过程,不断丰富自己的头脑,开拓自己的眼界。这样,所有的学生都参与到学习中,所有的学生都能获得个性化的发展。

运用微课优化《照相机和眼睛》教学案例

青岛新世纪学校　陈　冲

一　案例 概述

在小学科学(青岛版)五年级下册第二单元《照相机和眼睛》课上,让学生在认识凸透镜特点和结构的基础上认识照相机的结构,从而进一步研究视觉的形成过程。由于学生对于要制作的物品有了一定的了解,都想要自己动手制作一个简易的照相机,但是具体的制作的步骤学生不明确,需要教师的指导,但是如果只让教师示范制作,学生自己没有进行思考的话,并不是对学生能力的培养。教师如果进行演示的话,学生的关注度就会降低,并且教师演示的时候,有的学生看不清楚,教师需要反复地演示,这样就会浪费时间;在带领学生一步步制作的时候,由于学生制作的速度不同,教师要等制作慢的学生做完之后再进行下一步,使学生之间的制作效果会不同。怎样做才能让学生看清楚,还可以同时关注到学生的变化,就成为迫切需要解决的问题。

二　教学 设计

学生在日常生活中会经常接触到照相机,对照相机有浓厚的兴趣。眼睛是人体的重要的感觉器官,是我们观察周围世界的重要工具。照相机与眼睛有什么关系?照相机里面都有什么,为什么能照相?眼睛的内部结构是怎样的?我们是怎样看见周围物体的?这些都是学生经常会产生的疑问。本课让学生在认识了凸透镜特点和结构的基础上认识照相机的结构,从而进一步探究眼睛的结构及视觉的形成过程。

教学目标：① 能通过动手操作、分析、推理等方法了解照相机的结构，能表达自己的体会与见解。② 乐意研究生活中有关成像的现象，在制作中体验学科学、用科学的乐趣。③ 知道照相机的制作方法。

学情分析：科技的发展使每个家庭中都有各种相机，学生会经常接触到，但是对于照相机的基本结构了解得不多。这节课希望借助于拆装照相机和制作让学生感受简易的照相机，并了解照相机的基本结构，为后续对眼睛的构造及视觉形成过程的学习打好基础。

在教学过程中，导入环节：出示照相机的图片，随后安排了两个教学活动。

活动一：做个"照相机"，玩一玩。

第一个环节是首先出示照片，然后出示照相机的模型，让学生通过解暗箱的方法来了解照相机的主要结构。

第二各环节是让学生制作"照相机"。先让学生小组讨论然后全班进行交流，借助于实物展台或是微视频来帮助学生了解具体的制作方法。

活动二：眼睛是怎样看到物体的。

一是认识眼球的结构。出示眼睛的结构模型，让学生认识眼睛的主要结构，将眼睛和照相机进行比对，对眼睛的结构有一个整体的认识。

二是认识眼睛是怎样看到物体。可以借助于实验工具进行模拟，总结的时候借助于课本的资料卡来帮助学生理解对视觉的认识。

最后在拓展活动中，出示动物眼睛结构的视频资料让学生了解常见的几种动物的眼睛。激发学生兴趣，在课后继续研究。

三、教学过程

在导入环节，先出示一张照相机的照片，让学生猜猜今天我们要研究什么。学生可以很清楚地说出"照相机"。出示课题之后，让学生针对照相机提出自己想要研究的问题。

新授环节，要研究学生提出的问题。大部分学生会提到照相机的结构或是工作原理。教师在与学生进行交流之后，确定下课堂上研究的课题：照相机的主要结构和照相机的工作原理。进入活动一，教师拿出照相机的模型，让学生通过自己的观察先来猜测照相机的主要结构，然后进行解暗箱，拆装照相机来验证自己的猜想。

二是让学生制作照相机,让学生从生活中寻找制作材料。学生用空的香皂盒来制作照相机的机身,后面用半透明的薄纸做纸屏,用空牙膏盒制作光圈,用学具袋中的放大镜制作镜头。

学生在小组内先讨论一下制作的方法,然后就这些制作方法进行总结,在全班进行交流。教师播放微课,让全班学生都能够看清楚,尤其是一些重点需要关注的地方,教师可以强调一下或是再播放一遍。让学生认真观看之后,再复述一遍主要步骤,并将需要关注的地方进行总结。

照相机的制作方法:

(1)从空牙膏盒上截取10厘米的长度,在距离开口1厘米的地方穿一个空,将放大镜放在里面,这就是镜头和光圈。

(2)在空香皂盒的一侧掏一个可以将牙膏盒套进去的洞,在另一侧根据半透明薄纸的大小再掏一个洞。

(3)将半透明的薄纸贴到香皂盒上,把镜头和光圈与机身相连。

(4)调整镜头和光圈的位置,在半透明薄纸上就会出现物体的倒像。

照相机工作原理:凸透镜可以成倒立、缩小的实像。

为了更好地让学生参与讨论和制作,教师采用了小组合作探究之后,进行班级总结讲授,然后采用课堂内部分翻转的形式,让学生看到具体的制作过程,并内化为自己的知识独立进行制作简易照相机。

活动二:认识眼睛,了解眼睛的基本构造。

一是认识眼球的结构。先让学生根据自己在生活中获得的知识来进行阐述,然后让学生之间相互补充。接着出示眼球的模型,让学生来观察寻找,对比已经学过的照相机的结构,将照相机和眼睛联系起来:晶状体—镜头、视网膜—胶片、瞳孔—光圈等。然后出示图片,了解眼睛的主要结构有瞳孔、晶状体、视网膜、视神经等。

二是认识眼睛是如何看到物体的。先引导学生根据照相机的工作原理来推想眼睛怎样看到物体,接着利用研究模型进行成像实验模拟。但是照相机成像是倒像,而我们眼睛看到的是正像。这时候就要引导学生去考虑眼睛的主要构造:为什么要有视神经呢?此时需要借助于课本的资料卡来帮助学生理解视觉的形成:来自物体的光通过瞳孔、晶状体进入眼睛后,会在视网膜上形成这些物体的像;连接视网膜的视神经立即把这些光信号报告给大脑,我们就看到物体了。来自物体的光在视网膜上形成的是倒像,人脑能自动调节倒立的视觉信号形成正立的视觉。

最后在拓展活动中,让学生了解动物的眼睛结构。教师借助于一段视频资料让学生了解常见的几种动物的眼睛,并告诉学生若是还想了解,可以在课后继续研究,使学生养成查阅资料和合作交流的习惯。

四 效果评估

五年级的同学因为已经进行过多次简易模型的制作,所以对于动手操作,他们并不觉得困难。对于具体的操作步骤,尤其是开口位置和长度的选择,大部分学生愿意了解老师的做法,教师给出一个长度范围,学生就可以根据自己制作完成之后的照相效果进行相应的调节。在制作的时候,教师采用了两种方式进行对比。

第一种方式是先让学生讨论制作方法,然后教师通过实物展台带领学生制作。由于位置的关系,有的学生看不清楚,教师需要重复的进行展示。在制作的时候,由于学生的制作速度不同,教师等大部分学生都制作完成之后才能进行下一步,制作速度快的学生在时间上就要吃亏很多,而个别跟不上的学生就一直落后,基本上看不到具体的制作过程。教师在制作的时候由于既要进行制作又要关注学生的制作情况,有些力不从心,花费的精力也多很多。

第二种方法是先让学生讨论制作方法,然后全班进行交流,结合学生的相互补充,教师播放微课《制作简易照相机》,学生认真观看,总结制作步骤(用一两个字进行总结),相互进行制作提示,就可以独立进行制作了。这种方法进行教学,学生对于制作流程都能全部了解,不需要老师再解释了。学生不需要老师进行一步步地带领制作,自己独立制作的速度也很快,并且在制作的过程中因为之前的注意事项已经很明确了,所以基本上没有咨询老师,都在自己进行制作。

不管用哪种方法,学生在课堂上的参与意识都很强烈,不论是讨论还制作时都很认真,大家都积极地进行操作,课堂上的讨论意识非常强烈,学习氛围也很浓。

五 案例总结

在课堂授课的过程中尤其是制作简易照相机的时候,通过微课的使用,学生可以很好地完成整个制作过程,并且对制作方法也了然于心,而不需要在老师的带领下一步一步地进行。学生可以根据自己的构想和老师方法的指导,独立进行制作,这就为后续进行设计制作打下基础。

微课的使用在一定的程度上释放了教师的双手,可以让教师有更多的精力去关注更多的学生,这样在制作的时候可以指导他们,让更多的学生完成简易照相机的制作。

运用多星之夜软件优化《秋季星空》教学案例

青岛新世纪学校 马 瑞

一 案例概述

小学科学课程标准中对于地球与宇宙这一部分的目标定位是:"通过观察、记录各种天体的运动规律,探究它们的运动模式,了解人类对宇宙奥秘的探索。"青岛版小学科学五年级上册《秋季星空》一课与冬季星空、春季星空、夏季星空共同组成了观察、研究星空的系列课。从本课开始,将指导学生利用一年的时间对四季星空进行长期观察和研究,观察四季星空的主要代表星座,发现星座的变化规律,使学生参与中长期科学探究活动。

但是,由于现在的空气污染很严重,很多时候学生是不能进行直接观察星空的,家庭中的天文望远镜普及率也不高,这就是给教学造成了困扰,学生很难通过自己肉眼的观察参与实验、得出结论。为了达成教学目标,在授课过程中,教师将在网络上找到的 Starry Night Backyard 多星之夜 3.12 软件运用在教学过程中。这个软件将星空按时间和经纬度进行展示,是一个动态的软件,可以固定位置,调节时间观察,也可以固定同一时间,调整经纬度进行观察,帮助学生通过观察、记录各种天体的运动规律,探究它们的运动模式,很好地解决了这一教学难点。

本课在课前和课后分别运用了2个短小精悍的微视频,首先向学生展示美丽的星空的视频,激发学生的研究兴趣,为整个课堂探索作为铺垫。在课后,又设计了一个《制作观星箱》的微课,让有兴趣参与长期观察实验的学生在课下按照老师教授的方法制作观星箱,并且按照要求进行观测,完成研究性学习报告单；同时为学生后续的观察研究"种"下一颗种子，激发学生利用一年的时间对四季星空进行长期观察和研究，观察四季星空的主要代表星座，发现星座的变化规律，使学生能够参与中长期科学探究活动。

二、教学设计

本课与冬季星空、春季星空、夏季星空共同组成了观察、研究星空的系列课。教学目标主要包括：能提出对四季星空进行探究活动的大致思路，并能写出书面观察计划；能参与四季星空的中长期科学探究活动；在活动中愿意合作与交流和知道北斗七星，认识秋季里北斗七星在天空中的位置；了解秋季的其他星座。

整个教学过程中，教师先后选择了 2 个时间在 3 分钟左右的微课，一个是在导入环节展示美丽的星空的视频，激发学生的研究兴趣，为整个课堂探索做铺垫。随后安排了三个活动环节。

活动一：认识秋季星空的显著星座。

在导入课题观看微课过程中，教师在学生观察时适时地将秋季星空中的著名星座大熊座和仙后座指出并定格，让学生自己进行观察。

活动二：认准方向，把我们观察到的天空中相邻几颗星组成的形状画下来。

本环节中，教师在前一环节定格观察的基础上利用 Starry Night Backyard 多星之夜 3.12 软件，将大熊座和仙后座再次进行展示，由学生完成，并由实物投影进行反馈评价。

活动三：我们来研究星座。

学生自主提出"北斗七星的形状、在天空中的位置会发生变化吗"的问题后，教师帮助学生制订观察计划。为了使学生有更加直观的体验，可以利用 Starry Night Backyard 多星之夜 3.12 软件中自带的时间轴调节时间，由学生观察，掌握真正进行星空观测的方法，得出初步可能的结论，完成后续的中长期观察探究实验。

最后在拓展环节，教师展示第二个微课：如何制作观星箱。教师在课上布置制作观星箱的任务，由学生自主课下通过学习微课，制作，观察，下一课时进行检查。录制"制作观星箱微课"可以让有兴趣参与长期观察实验的学生在课下按照老师教授的方法制作观星箱，并且按照要求进行观测，完成研究性学习报告单。

三、教学过程

(一) 导入环节

教师首先提出问题："神秘而美丽的星空,曾经给我们带来无限的遐想,你想像科学家那样去解开星空之谜吗？"学生兴趣很高,异口同声回答："想。"随后,教师出示微视频,这是秋季星空的延时摄影视频。配合教师的讲解,浩瀚的苍穹繁星点点,若隐若现,悠扬的轻音乐在教室内飘荡,学生全神贯注仿佛置身星河。随后教师提问学生有什么感受,学生的研究兴趣完全被调动起来,纷纷表示"星空太美了""星空太神奇了"。教师随后导入课题,并提出欢迎学生提出自己的问题和收获进行自主学习的要求。

(二) 新课传授环节

活动一：认识秋季星空的显著星座。

首先让学生自主提出问题,包括"什么是星座""怎么观察星空""为什么星星眨眼睛"等问题。教师和学生一起交流,从正确认识星空开始进行研究,进入活动一。教师在学生讨论中,适时地将秋季星空中的著名星座大熊座和仙后座指出并定格,让学生自己进行观察。随后教师借助PPT,让学生自主描述大熊座中北斗七星和仙后座五颗亮星的形状特征。在教学过程中,教师和学生通过交流,首先认识人类对于星空的划分,全天共分为88个星座,并且介绍观察星空的方法。

活动二：认准方向,把我们观察到的天空中相邻几颗星组成的形状画下来。

在掌握了方法后,进入第二个新课教授环节画星座：把我们观察到的天空中相邻几颗星组成的形状画下来。让学生自主选择自己喜欢的星座画在纸上,首先要小组交流画星座时应注意的问题,如是否在纸上标明了方向及观察的是北天还是南天、星座所在的位置是否准确等。随后教师介绍Starry Night Backyard 多星之夜 3.12 软件,选择秋季时间段,青岛的经纬度,将大熊座和仙后座再次进行展示,由学生完成,并由实物投影进行反馈评价。

活动三：我们来研究星座。

在导入环节,学生已经提出了很多的研究问题。学生自主提出"北斗七星的形状、在天空中的位置会发生变化吗"的问题后,教师帮助学生制订观星计划。教师提问:"太阳、月亮每天东升西落,我们要观察的星座每天是否也有东升西落的现象?如果有,怎样才能观察到这一现象?"学生回答"要观察星座组成的形状在天空的位置是否会发生变化,需要我们在观察时间上做出计划和安排""可以在每晚的不同时刻进行观察""在不同日期的同一时刻进行观察"等,学生随后自主制订观察计划。

为了给予学生更加直观的体验,教师在此时可以利用 Starry Night Backyard 多星之夜 3.12 软件中自带的时间轴调节时间,分别展示 10 月 10 日,青岛固定经纬度,晚 8 点、9 点、10 点、11 点、12 点,凌晨 1 点、2 点、3 点、4 点、5 点、6 点的星空,然后再展示青岛固定经纬度,每晚 8 点,从 10 月 10 日至 10 月 31 日的星空,由学生观察,真正掌握进行星空观测的方法,得出初步可能的结论,完成后续的中长期观察探究实验。

(三)拓展环节,制作观星箱

教师和学生首先交流在长期观察中的注意事项,包括每一次观察时一定要选择一个固定的参照物以及要选择安全、开阔、固定的关系地点等。为了更好地进行观察,还可以制作观星箱。随后教师安排学生在课下通过自主学习微课,制作观星箱并进行观察,完成观察记录单。

四 效果评估

五年级的学生在首次接触星空观测类的课程时兴趣十分高涨,但是在以往的教学过程中,作为教师总是感觉十分遗憾。一方面,学生学习热情十分高,很希望将上课学到的各种著名星座,仙后座、大熊座通过自己的方法在天空中找到;另一方面,由于大气污染和天体望远镜的普及率低,学生很难用肉眼观察到。长此以往,不仅仅是关于星空变化的长期实验没有办法进行,哪怕是其他的实验,由于学生失去了兴趣,对于六年级学习的月相的变化也会产生影响。正是由于这个原因,今年,在又一次教学五年级《秋季星空》一课时,便想了各种方法去克服这一困难。

课堂上一开始播放的视频很好地唤醒了孩子对于星空知识的热爱,激发学生的学习兴趣。有很多学生在课下主动来找,再次感叹星空的神秘与神奇。学生的语言很简单,但是字里行间却流露出对于天文知识的渴求。而本课最重要的是使用了 Starry Night Backyard 多星之夜 3.12 软件。在上课过程中,教师首先和学生介绍清楚在实际操作中如何观星,再辅助以这个软件,就可以把难以实现的长期观察实验在短时间内给予学生直观、完整的认识。在上课过程中,教师很欣喜地看到,以往上课只能对着死板的图片给学生"硬讲"的状况被改变了,学生也不再像以前的那样只是把书上的内容背过而没有感性认识,在野外也依然找不到课上学到的著名星座。学生可以在模拟星空中,找到著名的北斗七星,从而确定大熊座的位置,再按照课本中讲授的方法,从北斗七星1、2号星的延长线5倍距离找到仙后座,再由仙后座出发找到著名的"王座星座"。学生也可以设定时间,记录每天20:00的北斗七星的形状与位置,从而得出星座的研究规律。课下,有许多学生来找到,把这个软件拷贝回家,在家中的电脑上继续探究。有的学生说:"老师,这是我第一次这么清楚地看到天空中还有这么多星星啊!"还有的学生在本课教学结束很长时间还会一起讨论更多的星座,甚至于到六年级教学《太阳家族》一单元时,还有学生运用这个软件可以找到木星、土星等。可以说,这个软件的应用改变了教学瓶颈,对于这节课乃至后续的教学起到了很好的促进作用。

五、案例总结

微课和 Starry Night Backyard 多星之夜 3.12 软件的使用,有助于提高学生学习的兴趣,让有兴趣参与长期观察实验的学生真正掌握方法、看到现象并完成长期观察研究性学习报告单;同时为学生后续的观察研究"种"下一颗种子,激发他们利用一年的时间对四季星空进行长期观察和研究,观察四季星空的主要代表星座,发现星座的变化规律,参与中长期科学探究活动。

现代化的信息技术教学虽然可以给课堂注入生气、带来活力,但这个软件唯一的缺陷就是它是一个外文软件,因此在上课之前,教师需要将一些比较著名的星座和天体的英文名称加以学习,如果可以开发中文的学习软件,对于学生学习的重要意义不言而喻。